本书是国家社科基金项目"二十世纪敦煌汉文叙事文献西方英译活动研究"（15BYY029）的成果

目 录

概 论 ……………………………………………………（1）

**第一章　20世纪敦煌汉文叙事文献英译研究：缘起、
　　　　方法与框架** ……………………………………（1）

第二章　敦煌叙事文献翻译活动及相关研究概述 ………（15）
　第一节　敦煌汉文文献的早期翻译 ……………………（15）
　第二节　20世纪非叙事类敦煌文献的翻译 ……………（22）
　第三节　20世纪敦煌叙事文献的翻译 …………………（24）
　第四节　早期敦煌文献翻译研究回顾 …………………（29）
　第五节　20世纪敦煌文献英译研究综述 ………………（31）

**第三章　西方语境中敦煌汉文叙事文献的
　　　　"接受性"** ……………………………………（38）
　第一节　《六祖坛经》敦煌本在西方英语语境的
　　　　　"接受性" …………………………………（39）
　第二节　陈荣捷、杨博斯基《六祖坛经》敦煌本
　　　　　英译的"接受性" ……………………………（45）
　第三节　西方英文语境中《敦煌歌谣故事集》
　　　　　《敦煌通俗文学作品》的"接受性" ………（48）

第四节　小结 …………………………………………（52）

第四章　敦煌本《六祖坛经》的英译叙事结构与文体特点 ……………………………………（54）

第一节　敦煌本《六祖坛经》的语篇分段及其主观唯心主义思想内涵 ………………………（55）

第二节　《六祖坛经》敦煌本的写本特点 …………（58）

第三节　敦煌本《六祖坛经》的叙事结构特点 ………（59）

第四节　敦煌本《六祖坛经》的语域特点 …………（63）

第五节　敦煌本《六祖坛经》英译的叙事结构特点 ………………………………………（64）

第六节　敦煌本《六祖坛经》英译中趋于"丰富"的第一、二人称代词 ……………………（78）

第七节　敦煌本《六祖坛经》英译的语域特点 ………（83）

第八节　小结 …………………………………………（85）

第五章　《伍子胥变文》英译的叙事结构和文体特点 ………………………………………………（87）

第一节　敦煌俗文学的类型 …………………………（87）

第二节　敦煌本《伍子胥变文》的叙事结构和语域特点 ………………………………………（90）

第三节　《伍子胥变文》英译叙事中的叙述"声音"和叙述信息 ……………………………（92）

第四节　《伍子胥变文》英译本中相同翻译问题的不同语言决策 …………………………（100）

第五节　小结 …………………………………………（112）

第六章　敦煌本《大目乾连冥间救母变文》英译的叙事结构和文体特点 …………………………………… (114)

第一节　目连救母的故事及其影响 ………………… (114)

第二节　《佛说盂兰盆经》的渊源之争 …………… (115)

第三节　《大目乾连冥间救母变文并图一卷并序》原卷及其叙事特点 …………………………… (117)

第四节　敦煌本《大目乾连冥间救母变文并图一卷并序》的英译叙事特点 ……………………… (120)

第五节　小结 ………………………………………… (134)

第七章　《敦煌歌谣故事集》中其他英译文本的叙事结构和文体特点 ………………………………… (136)

第一节　《敦煌歌谣故事集》中的其他英译叙事文本 ……………………………………… (136)

第二节　《敦煌歌谣故事集》中人物逸事类英译文本的叙事特点 ……………………………… (137)

第三节　《敦煌歌谣故事集》中神鬼玄幻类英译文本的叙事特点 ……………………………… (159)

第四节　《敦煌歌谣故事集》中佛经故事文本英译的叙事特点 ………………………………… (185)

第五节　小结 ………………………………………… (186)

第八章　《降魔变文一卷》《张义潮变文》英译的叙事结构及文体特点 …………………………… (191)

第一节　《降魔变文一卷》英译本的叙事特点 …… (191)

第二节　《张义潮变文》英译的叙事特点 ………… (198)

第三节　小结 ………………………………………… (200)

第九章　20世纪敦煌汉文叙事文献的英译活动"重构"：规范、过程与功能 …………（203）

 第一节　敦煌汉文叙事文献的英译活动规范 ………（204）
 第二节　敦煌汉文叙事文献英译活动的过程和功能 ………………………………………………（213）
 第三节　从"复译假设"看敦煌汉文叙事文献英译活动 ……………………………………………（222）
 第四节　敦煌汉文叙事文献英译策略的"正当性"：一个翻译伦理的视角 ………（224）
 第五节　20世纪以来敦煌汉文叙事文献的翻译景观 ……………………………………………（227）
 第六节　小结 …………………………………………（232）

第十章　叙事文献翻译活动方法论 ……………………（234）

 第一节　翻译语境化实现过程：一个活动理论视角 ……………………………………………（235）
 第二节　翻译活动的方法论决策机制 ………………（236）
 第三节　叙事文献翻译方法、策略和手段的选择 ……（238）
 第四节　叙事文献翻译的"声音"策略 ………………（241）
 第五节　文学虚构叙事中"造语"的翻译 ……………（244）
 第六节　翻译问题决策与翻译批评 …………………（254）
 第七节　从翻译方法论到翻译研究方法论 …………（264）

参考文献 ………………………………………………………（267）

概　　论

敦煌遗书指以莫高窟藏经洞出土文书为主体,在敦煌全境出土的古代文献的总称。作为敦煌遗书的重要部分,敦煌叙事文献讲释了中国传统的宗教哲学、载录了特定历史时期的民间文学和社会文化。随着20世纪初大量敦煌遗书被运至英、法、德等国家,敦煌叙事文献在西方文化语境中逐渐被研究、讲释和翻译,成为传播中国文化记忆的重要媒介。由于20世纪以来敦煌遗书中被译介最多的是叙事类汉文文献,而英文是最为广泛采用的目标语,故此敦煌汉文叙事文献的英译活动研究,是探究20世纪中国传统文化的英译规范、"重构"敦煌文化翻译史和交流史的途径。同时,有望为以叙事文献为媒介的文化记忆跨语言传播,提供方法论理据。

敦煌文献的翻译研究主要包括关于敦煌文献古代翻译活动的史学研究,以及对20世纪以来在英、德、法、西班牙语等文化语境中,所刊布、发行敦煌文献译作的评述两大类。虽然部分学者在其对敦煌叙事文献英译的点评和赏析中,已经论及了翻译语境、翻译决策等问题,但并未就此作深入探究。尽管研究者多认为,由于受制于文献抄录条件和作者教育水平等因素,敦煌叙事文献在书写、行文以及叙事结构等方面有时存在错讹、疏漏或缺陷,译者通常需调整目标语文本的语篇结构和叙事策略,然而对于译者普遍如何进行调整、其翻译策略具有怎样的规律性、译本在英语文化语境中的接受性如何等问题，尚未有专门论述。也就是说，目前敦煌叙事文献的英译研究多是针对翻译个案的规定性分析，目前还鲜有系统对比双语叙事结构和文体特点，探究策略规律、翻译规范、文化功能等问题的专题描写性研究。

有鉴于此，本书采用描写翻译研究方法，即以译本在目标语语境的"接受性"为起点，通过敦煌汉文叙事文献汉、英平行语料的对比分析，收集译本语篇特点和翻译行为规律的实证数据，"重构"敦煌汉文叙事文献的英译活动规范，并从"功能""产品"和"过程"等方面，构建敦煌汉文叙事文献英译活动的理论解释，探究该类翻译活动的方法论理据。本书主要针对20世纪历史语境下，西方汉学家对载录中国传统文化的敦煌汉文叙事文献所实施的英译活动。书中的敦煌叙事文献包括叙事性宗教典籍、说唱类俗文学作品，以及历史、军事等主题的纪实性叙事文献。书中的英文译本，其源语文本为敦煌汉文写本、写卷或是经过整理的敦煌汉文叙事文献。出于文类统一性的考虑，本书所针对的叙事文本指语篇主体内容是叙述事件，而非事物特征描写、事理说明或观点论辩的敦煌文献及其英译文本，不包含具有叙事属性的词文、诗、押座文等敦煌纯韵文。

本书分为语料描写和理论解释两个研究步骤。在"语料描写"阶段，本书从叙述方式、叙事结构和叙述信息三个方面，对比了双语文本的语篇特点，从语场、语旨和语式三个层次，分析了双语文本的语境特点。在"理论解释"环节，采用了解析社会活动系统及其实现机制的活动理论框架，基于第一个步骤所收集的实证数据，解释了敦煌汉文叙事文献英译活动产品、过程和功能的内在联系，并归纳了叙事文献翻译活动的方法论理据。

首先，本书发现了敦煌汉文叙事文献英译活动的策略规律。对于叙事类佛教典籍《六祖坛经》的英译，陈荣捷、杨博斯基、赤松等译者都将"六祖生平"部分的多人称复调叙述，转变成自叙传体的直陈式言语；并在六祖传法的"教谕式"言语里增添了第二人称代词，将听者等言语交际的情景因素纳入人物直接言语。参照译本的生成时间可见，这种人物言语中添加语外照应词的策略，普遍存在于每个译本，而且后译本中的应用较前译本更突出。也就是说，增强译文叙述的"展现性"特点，以及优化六祖言语交际的情景性和世俗性，是敦煌本《六祖坛经》英译者都会遵循的操作规范。当然，该操作规范还包括首译者通过增添叙述评论，缩小叙述者和受述者距离，采用日常通俗词汇替换源语佛教术语，降低译文宗教专业度，而后译者则会以人物言语替换源语转述，采用相应梵文转写词"还原"源语文本中的汉文佛经术语和专名等翻译手段。需要指出，该策略同样见于吐蕃占领敦煌时期（约公元786—848年）汉文佛经叙事文献的古藏文翻译活动，故此，它属于"支配"不同时期佛经类敦煌叙事文献翻译活动的操作规范。

对于敦煌俗文学叙事的翻译，首译者以"主题相关性"为参照，通过添加解释性叙述评论，对源语文本中与主要人物及主要事件相关度较小，或将与前文有重复的叙述内容进行缩减和概括，并用转述替代相关人物的直接言语，从而节约了话语时间、加快了叙述节奏，突出了短篇故事"整体连贯性"的特征。依凭插入的表情性叙述评论，对与主题直接相关的人物言语及行为进行判断、评价和解释，这虽然使得相应源语内隐信息明晰化，但却维护了整个叙事语篇所构建的价值规范，增强了译文叙述的连贯性。通过增添自觉叙述，对源语文本特点、叙事结构及叙述内容进行解释和评价，化解了因源语文本的遗漏、错讹或因标记性语篇特征而产生的翻译问题。虽然这些策略会淡化目标语叙事的"展现性",但让译文的叙述"声音"变得更急切、主动,使其所传递的叙述信息更明晰而直接,从而拉近了叙述者/讲唱者和受述者/听众之间的距离,使得目标语文本更适于用作在同一空间进行面对面讲唱表演的底本。此外,首译者面向普通读者,采用日常词汇替换宗教术语、佛教典籍名、地名和人物专名,虽然降低了所译敦煌文献的宗教专业度,但却凸显了源语文学文本"俗"的特点。由此可见,汉文敦煌叙事文学作品的"讲唱""通俗"等文类特征,是首译者进行翻译策略和语言手段选择的依据,也是其翻译操作规范的主要方面。

相较而言,后译者梅维恒等人并未对目标语文本进行主动"叙述干预",也未添加自觉叙述或"作者式评论"。同时,源语叙事文献的叙述内容也未有明显的缩减或增添:从双语文本的宏观叙事结构,到段落、句词等语篇微观结构都工整对齐。他们非但不会将源语叙述信息明晰化,而且还会增加凸显源语叙事价值规范的隐含叙述信息;面对目标语中难以重构的析词、摹形、析字等汉语修辞格,以及药名诗、道教符咒、测字占卜用语等蕴含特定汉语文化意义的习用表述,他们会选用英文或拉丁文中能产生相同或相近语境效果的修辞手段和语言单位替换,这种"功能对等"式策略的应用和隐含叙述信息的增补,并未使得目标语读者/受述者的认知、审美过程,较源语读者/受述者有所缩短,反而得到了延长,从而突出了英译本作为案头文学读本的功用。诚然,该策略虽然维护了相应源语叙述内容的文学价值及其所传达的隐含信息,但却弱化了源语文本作为讲唱底本的功能,同时在一定程度上给目标语文本赋予了英语或拉丁语文化属性。

其次,基于上述"文本证据"和解析翻译活动语境化实现过程的活动理论框架,本书提出了敦煌汉文叙事文献翻译活动

"产品""过程"和"功能"的理论解释。根据活动理论，翻译过程中译者是依次参照规约化和情景性译本功能、源语文本功能，制定整体翻译方法、选择翻译策略和语言手段的。所谓规约化功能，指目标语文本产生的既符合翻译社团的社会规则，又满足译者、委托人、出版商等所有翻译活动参与者需求的语境效果；情景功能即在特定情景中的目标语读者身上产生的与译者意图相符的语境效果。就敦煌本《六祖坛经》的英译而言，制定以源语文本的禅宗佛典功能为导向，且突出六祖言语真实性和世俗性的翻译方法，符合在西方禅宗热的历史语境下译者们所处社团的社会规则，同时能满足英译活动参与者既要促进目标语文本的广泛传播，又能践行禅宗思想的需求。以此为据，译者们选择了以自叙传式的直接言语，替换源语文本中惠能生平的复调叙述，并在六祖讲授禅理的言语里，增添了第二人称代词等指代情景交际因素的语外照应词。这些规律性的语言手段，正是敦煌本《六祖坛经》中"菩提般若之智世人本自有之""法元在人间，勿离世间觉"叙事规范的具体体现，也就是说与主题直接相关，当然它们与"源语佛典功能导向"的翻译方法是连贯统一的。

作为文学类敦煌汉文叙事文献的英文首译者，威利（Arthur Waley）等人考虑到20世纪60年代，在西方国家兴起东方文化热的背景下，制定以源语文化和敦煌俗文学文本表演功能为导向的整体方法，既能满足同处于西方文化社团的委托人、出版商和目标语读者的需求和期待，又符合其所处翻译社团的社会规则，当然也与其实施翻译行为的意图或目的相吻合。正由于此，他们通过加快译文叙述节奏、增强语篇整体连贯性，补充关于源语敦煌故事演进、发展的文化信息，降低译文叙述的宗教"专业度"，在突出源语叙事文献"俗"的文类特征及其讲唱功能的同时，又维护了译本的源语文化导向性，这无疑与其依据规约化译本功能制定的整体翻译方法是一致的。

随着20世纪80年代以来敦煌学的国际化，以及中西文化交流途径的多元化发展，西方英文语境中产生了更多专门从事汉学研究，或者对传统中国文学感兴趣的"专业"读者，为此，梅维恒等后译者制定了以保持源语敦煌文献专业度及其文学读本功能为导向的翻译方法。通过考证和研究相关学术文献，在目标语文本中纠正、补充了敦煌写本的错讹、遗漏之处，同时采用梵文转写词和学术话语，替换了敦煌文献中的汉文佛教术语和专名。面对因汉语特有的修辞格或语言表述而造成的翻译问题，译者采用"成就性"策略，以产生相同或相似语境效果的英文表述替换了相应源语叙述内容。诚然，这种"功能对等"式的替换手段，固然在一定程度上再现了源语文本的艺术和审美效果，但却增添了源语文本所没有的"他者"文化属性。需要指出，由于相关叙述内容在整个语篇的占比不高，同时其主题相关性也不强，故此这也在后译者所处汉学社团"规则"的许可范围之内，而且也满足了后译者试图挑战语言、文化差异，重构那些被首译者所缩减的文学价值的动机。也就是说，采用上述翻译策略和语言手段，实现了对源语敦煌文献专业度及文学读本功能的重构，从而维护了整体翻译方法的连贯性。

最后，基于上述语料描写和理论解释，本书提出了叙事文献翻译的方法论依据。在翻译活动中，译者根据规约化译本功能，制定整体翻译方法，选择翻译策略和具体语言手段，解决翻译问题和重构目标语文本的语篇结构。面对因文本的语境化功能之间不相符，或由于双语语言、文化的差异，以及因源语文本的标记性语篇特点而产生的翻译问题，译者在遵循整体翻译方法的前提下，以"主题相关性"为参照，即通过考量相应叙述内容之于主要事件/行为和叙事价值规范的重要性，选择翻译策略和语言手段。如果译本的规约化和情景功能一致，但后者又与源语文本功能相矛盾时，情景性译本功能便是译者进行翻译决策和语言选择的指南。当双语文本功能一致时，源语文本功能和叙述内容的"主题相关性"，则是解决语篇或规约性翻译问题的依据。需要补充，参照翻译活动的方法论决策机制，本书还提出了叙事文献翻译的"声音"策略及其应用原则，探究了药名诗等文学"造语"的翻译理据，并构建了"问题"导向的翻译批评模式。

第一章

20世纪敦煌汉文叙事文献英译研究：缘起、方法与框架

一 研究缘起和意义

敦煌遗书或敦煌文献指以莫高窟藏经洞出土文书为主体，在敦煌全境出土古文献的总称，分为藏经洞、土地庙、莫高窟及敦煌境内的古墓、烽燧等其他地点出土的写本、刻本类文书，其中20世纪初王圆箓道士在莫高窟藏经洞发现的文书最多（李并成，1996：48）。敦煌文献现存七万多件，其中主要为汉文文献，达六万件以上（张涌泉，2013：9）。目前收藏于英国、俄罗斯、中国、法国、日本、德国、奥地利、美国等国家的图书馆、研究所和档案馆。就年代而论，敦煌文献的成书时间跨越自东汉、三国、魏晋到宋代的十多个朝代。就内容而言，敦煌遗书可分为宗教和世俗典籍两大部分，前者包括经律、经囯、疏释、仔海文、僧传、赞文、发愿文等，后者除了经、史、子、集，还有涉猎百科的官私文书；就文类而言，叙事文本是敦煌文献的主体部分；就语言而论，敦煌文献的撰写包括了梵文、吐蕃文、龟兹文、回鹘文、粟特文、于阗文和突厥文等十多种文字（盛文林，2014：119-120）。

叙事指按一定顺序将"事件"呈现给读者的行为或行为的结果，它是传承文化、交流思想和记录历史的重要方式和手

段。叙事文献是记录叙事内容的有形载体，它展现了特定文化语境中社会主体的行为及其行为方式（Chatman，1978：25），通过解读叙事文献中载录事件的叙述语句，可获取历史经验、理解社会世界（Labov，1972：359-360；Somers，1992：600），探究文化传播（Baker，2006a：8-9），为此它是文化及跨文化研究的重要语料形式。作为敦煌遗书的重要部分，叙事类敦煌文献（或敦煌叙事文献）讲述着中国传统的宗教哲学，载录了特定历史时期的民间文学和社会文化。随着20世纪初斯坦因（Marc Aurel Stein）、伯希和（Paul Pelliot）等人将大量敦煌遗书运至英、法、德等国家，敦煌叙事文献在西方文化语境逐渐被研究、讲释和翻译，成为传播中国传统文化的重要媒介。由于20世纪以来，敦煌遗书中被译介最多的是叙事类文献，而英语则是最为广泛采用的目标语，为此，敦煌叙事文献的英译活动研究，是描写20世纪中国传统文化的外译规范、"重构"敦煌文化翻译史、传播史的途径。

目前，敦煌文献的翻译研究可分为两类：敦煌文献相关的古代翻译活动研究；敦煌文献的近、当代译介研究。前者主要指探究东汉至唐宋时期佛经翻译活动的史学研究；后者多是对20世纪以来英、德、法等目标语文化语境中，所刊布、发行敦煌文献译作的评析，尤其是从文学、史学角度，针对敦煌叙事文献英译本的点评和赏析。虽然部分学者已经提到了翻译语境、译者决策等问题，但并未对其作深入探析。尽管研究者多认为，由于受制于文献的抄录条件和作者教育水平等因素，敦煌叙事文献在书写、行文以及叙事结构等方面通常会有错讹和疏漏，译者通常会调整目标语文本的语篇结构和叙事策略，然而对于译者普遍如何调整、其翻译策略的规律性如何、译本在英语文化语境如何被接受和传播等问题，尚未有专门论述。换言之，上述敦煌叙事文献的英译研究多是针对翻译个案的规定性分析，目前还鲜有系统对比双语叙事结构和文体特点，探究策略规律、翻译规范、文化功能等问题的专题描写翻译研究。

描写翻译研究以译本在目标语语境的"接受性"为起点，通过双语平行语料的对比分析，收集可观察的实证数据，在归纳译本特点及双语转换策略的基础上，概括译者翻译行为的规律性、"重构"翻译规范，并从社会、文化关系、情景语境因素等方面对其寻求解释，逐渐构建关于翻译活动"功能""产品"和"过程"的规则系统和理论（Toury，2004：15；2012：93-110）。有必要采用描写翻译研究方法，探究敦煌叙事文献的英译活动。尽管马祖毅、任荣珍（1997）对汉籍外译史做过系统梳理，但并未论及敦煌文献的外译问题，该研究也是"书写"敦煌文化翻译史和传播史的内容。

简言之，本研究具有一定的应用价值和学术意义。一方面，全球化语境下敦煌文献英译规范的"重构"，能为中国文化"走出去"和"华夏文明传承创新区"文化品牌的国际推广，提供跨文化交流层面的方法论依据；另一方面，该描写翻译研究也是从"功能""译本"和"过程"三方面，构建汉—英翻译理论的途径，当然也是"书写"20世纪敦煌文化传播史和翻译史的重要内容，故此，具有一定的翻译学和历史学价值。

二 研究范围与目的

本书是一项关于20世纪敦煌叙事文献英译活动的描写翻译研究，其目的是通过探析目标语文本的叙事结构和文体特点，收集翻译活动规律的"可观察"文本证据，"重构"敦煌叙事文献的英译活动规范，并构建叙事文献的翻译活动方法论。鉴于现有敦煌叙事文献的英译多完成于20世纪，本书选择以"20世纪"特定的历史语境为参照，考察制约翻译活动的规范及其背后的社会、文化关系；同时，考虑到汉籍外译活动的主要实施者是国外汉学家（马祖毅、任荣珍，1997：6-7），而英译敦煌叙事文献多数以中国传统宗教哲学、民间文学、社会文化等为主题，故本书主要针对20世纪历史语境中，西方汉学家对载录中国传统文化的敦煌叙事文献的英译活动。书中的敦煌叙事文献，指敦煌遗书中传递中国传统文化信息的叙事类文献，具体包括：叙事性宗教典籍，如《六祖坛经》《大目乾连冥间救母变文》等；唐五代以来流行的说唱类通俗文学叙事作品；民俗、历史、军事等主题的纪实性叙事文献。书中的英译文本，其源语文本为敦煌汉文写本、写卷或是经过整理的敦煌汉文叙事文献，或者其源语文本本身也是敦煌汉文叙事文献的翻译版本。一般而言，书面文本的呈现方式无外乎叙述、描写、说明和议论。出于所选语料文类的统一性考虑，本书所针对的叙事文本指语篇主体内容是叙述事件（自发事件或行为），而非事物特征描写、事理说明或观点论辩的敦煌汉文文献及其英译文本，也不包含具有叙事属性的词文、诗、押座文等敦煌纯韵文。

三 研究方法与框架

作为一种自然情景的非控制性实证研究，描写翻译研究以译本在目标语中的接受为出发点，其实施过程可分为语料描写和理论解释两个步骤。前者包括语料收集与筛选、文本特征的对比与统计、翻译策略规律的归纳与概括，以及基于文外语境信息的翻译规范重构等环节；后者即构建翻译活动产品（译本）、过程和功能的理论解释，以及翻译活动方法论。需要指出，描写翻译研究的对象并非仅是翻译文本，而主要是生成翻译文本的具有特定社会—文化属性的翻译活动。翻译活动是译者在特定动机的驱使下，在不同社会分工的委托人、出版商和目标语读者的参与下,将源语文本转化为对所有参与人都有意义的目标语文本的过程(Sang,2018:129)。活动理论是解析社会活动功能及其实现机制的哲学框架,采用该框架,可对双语语料描写的结果进行解释和理论提炼,从而实现进一步认识敦煌文献翻译活动的目的。

(一) 理论框架:活动理论

活动理论(Activity Theory)滥觞于20世纪早期,最初指维果斯基(L. S Vygotsky)等人提出的心理学社会—文化历史学派,后经里昂提耶夫(Leontjev,1978;1981)、恩吉斯特罗恩(Engestron,1999)等人的发展,逐渐演进成一个探究社会活动的多学科框架,现已应用于管理学、经济学、教育学、社会学、语言学等研究领域。基于该框架,斯坦纳(Steiner,1988:144-173)探讨过儿童语言的发展问题,他提出语言使用本身就是一种社会活动;兰多夫(Lantoff,2000)据此构建了二语学习的社会—文化理论;凯拉里(Kiraly,2000)提出了译者培养的社会建构主义方法论;切斯特曼(Chesterman,1997:88-90)和金努能(Kinnunen,2010:125-165)以活动理论为参照,分别探讨了翻译策略及口译译员的能力与需求等问题。需要指出,桑仲刚(Sang,2011:291-306;2018:125-141)构建了解释翻译活动实现过程及译者策略选择机制的活动理论模式,该模式可作为对翻译活动的描写发现进行"理论解释"的理据。

具体而言,翻译活动是一个受"社会规则"制约的系统。翻译活动的构成要素包括译者、源语文本或没有文本形态的源语思想和观念(指伪译)、目标语文本、双语转化工具(目标语语言、翻译工具、双语词典等),以及由不同社会分工的委托人、出版商和目标语读者构成的翻译社团。由于实施和参与翻译活动的社会成员需求、动机不同,其视角、声音、利益也会不尽相同，故此在活动实施过程中，便会产生对社团所有成员都具有约束力的"社会规则"。通常"社会规则"可分为翻译相关的法律、规章等强制性规则，以及在大量同类翻译活动中形成的翻译规范、职业伦理、意识形态等规约性规则。"社会规则"除了协调实施者、参与者的"声音"和利益，保证目标语文本对所有参与者都有意义，还有确保翻译活动"合法性"的功能。所谓"合法性"，指翻译活动的结果即目标语文本，既能够被目标语读者所接受，又不会妨碍其他社会个体的利益和权力（Sang, 2018：130）。"社会规则"是制约翻译活动的系列社会—文化语境因素的体现。

根据活动理论，受"规则"制约的翻译活动通过"目的导向"（goal-directed）的情景翻译行为（situational translation action）来实现，而翻译行为最终通过受"条件"制约的惯例化操作行动（routinized translation operations）来实现（Sang, 2011：291）。换言之，翻译活动是从情景行为到操作行动逐层实现的，"目的导向性"和情景性是翻译行为的特点，受客观条件制约的翻译操作行动具有惯例化和程序化的特点。所谓"目的导向"，指译者依据其在特定翻译情景中的个人意图，实施翻译行为方案。翻译行为目的是译者主观意图在翻译情景的客观化，翻译情景包括时间、场合、翻译活动参与者之间的人际关系、委托人和出版商的诉求、目标语读者的期待等要素。制约翻译操作行动的"条件"，主要指因双语语言、文化的差异而造成的翻译问题、译者的语言选择惯习、翻译工具水平、翻译能力等因素。所谓翻译问题，指每位译者在操作行动中都会面对的双语转换任务，具有客观性或主体间性特点（Nord, 2006：166），它主要因在目标语中不能完整重构的源语语篇特征、语言表达和文化意义而产生，它是制约翻译操作行动的客观"条件"因素。面对翻译问题，译者须对源语语篇内容、形式或功能的某个或某些方面进行调整、解释、替换、补充或修订。

翻译语境既指影响、制约和促成翻译活动的诸多因素，更指这些因素之间相互作用为译者的翻译决策和语言选择提供依据的动态过程（Sang，2018：127）。在翻译过程中，翻译规范、职业伦理、意识形态、法律规章等社会—文化因素，被操作化为"规约化译本功能"，即在大量翻译活动中形成的，同类译本所产生的既能被所有活动参与者所接受，又符合翻译社团"社会规则"的语境效果（Sang，2018：130）；"译本的情景功能"指译本在特定翻译情景中产生的与译者意图相符的语境效果，它是翻译目的和其他情景因素的具体体现；在译本功能和源语文本功能一致的情况下，后者是操作行动中翻译问题的决策依据。换言之，在翻译活动实现过程中，译本的规约化功能、情景功能和源语文本功能，分别是社会—文化因素、情景和条件等分层语境因素的操作化，它们依次调控、导向和促成了译者的翻译决策和语言选择（Sang，2018：134-135）。从这个意义上讲，翻译语境既是翻译活动的制约，又是译者的决策资源（strategic resource）（Baker，2006：328；332）；翻译活动便成了译者参照诸多制约语境因素，展示其主体性的语言使用过程。

活动理论强调以历史—发展的视角考察社会活动；发展不仅是活动理论的研究对象，更是研究的方法。首先，实施活动的技术手段和操作工具是不断演进的，技术和工具的革新是活动发展水平的标志。其次，活动社团的社会规则也处于不断的变化之中：社会规则是伦理规约、意识形态、法律规章等社会—文化因素的具体体现，这些因素在不同历史时期也不尽相同。就翻译活动而言，其操作工具包括双语词典、翻译语料库等，技术手段有人机耦合的机助翻译、在线翻译平台（Google

Translator、有道翻译）等，这些均处于动态发展中。根据科兹洛娃、普雷萨斯（Kozlova & Presas，2005：610）的研究，译者的翻译能力由工具能力、心理—生理水平、双语能力、语外交际能力（extra-linguistic sub-competence）、策略能力等构成。通常，一个职业译员翻译能力的构成成分也是不断演进发展的。除此之外，在对同一个源语文本反复翻译的过程中，先期出版的译本很大程度上为后译者的翻译决策和语言选择提供了参照，也就是说成了后译者实施翻译活动的"工具"。为此，在对20世纪敦煌汉文叙事文献的英译研究中，有必要对不同历史阶段的翻译活动进行区分，除了对比同一个汉语文献多个译本的叙事结构和语篇特点，还应考虑不同时期影响、制约和促成翻译活动文外语境因素的差异性。

（二）双语平行语料的描写与分析

"语篇和语境特点"是文本分析的主要内容。与其他英美学派的语篇分析理论相比，范·迪克（Van Dijk，1975；1979；1980）的语篇结构模式更具操作性。以此为依据，通过对比汉—英双语叙事文本的语篇结构和特点，可收集关于译者翻译策略的文本证据。由于本书只针对叙事语料，为此双语文本分析中还需考虑叙事文本的语篇特征。

范·迪克（1975；2014）的语篇分析理论经历了一个从语篇结构、语篇认知逐渐转向文外语境的过程，他的语言思想融合了转化生成语法和功能主义语言观，既强调意义是文本和语境交互的结果，又提倡语篇的形式主义分析方法。依据"语篇语法"理论，读者是将语篇作为一个连贯的整体结构来认知和解释的，该结构即语篇宏观结构；宏观结构是关于语篇宏观命题的整体结构，宏观命题（即主题）是在"删减""归纳""建构"等宏观规则的基础上，对一系列有序的局部微观命题进行推理和归纳而获得的（Van Dijk，1980：85 - 91）。命题是由主词和谓词构成的逻辑语句，主词通常由名词、名词短语或者另一个命题构成，谓词则主要是动词、副词、形容词、介词短语和语义衔接手段。在逐级演进、生成宏观命题的认知过程中，局部命题本身是其相应上级命题的主词。与语篇微观命题、宏观结构相对应的是微观结构和上层结构（superstructure）。前者指关于句群、句子及其衔接手段、词组、词、词素和语音形式特点的表层结构；后者则指语篇的整体图式化表层结构，比如小说叙事结构、议论文论辩图式等（Van Dijk，1980：107-122）。

关于叙事文本的上层结构分析，桑仲刚（2014：9）曾在中国作家的短篇小说自译研究中，采用了由叙述形式、叙述内容和叙述信息构成的分析框架。其中叙述内容指人物及其行为、自发事件和场景；叙述方式（mode of narration）包括评论、描述、转述和言语。描述即对场景、人物及事态属性或特征的语言呈现；转述指叙述者对人物行为的介绍和概括；言语即人物思想或意识的直接表达形式，有内部言语和外部言语之分，内部言语又可分为思想和感知两个层次（Bonheim，1982：18-34）。所谓评论，指叙述者对故事内容即事件、人物和场景的概括、评价、判断或对自己叙述行为所做的解释（Chatman，1980：228），它是叙述者的"声音"，是对叙述进程的干预，是其主体性的体现。叙述评论可分为信息、表情和感染评论三类。信息评论是为了弥补和受述者共享信息的不足，或者为了保证某一情景中叙述交际的顺畅，叙述者提供的客观事实、背景信息，或对上文所述事件进行的概括和归纳；表达性评论即明显流露叙述者的情感倾向和价值立场的叙述评论；感染性评论指具有"呼吁"功能，意在缩小受述者和叙述价值规范的距离，使其对叙述的整体伦理或审美规范产生"同情"的评论。

叙述信息属于叙事文本的深层语义结构，有明晰和隐含之分（Prince，1982：35）。明晰信息是通过解析叙述语句的逻辑语义结构，便能直接获取的叙述信息；隐含信息指需要对叙述语句和交际语境进行综合推理，方能获得的叙述信息。由于叙事文本相关的交际行为可由下至上地分为三个层次：叙事人物间的语言或副语言交际行为、叙述者和受述者之间的语言交际行为、现实作者与读者之间以叙事文本为媒介的语言交际行为，故此交际语境和隐含叙述信息也有层次性特点。一般而言，现实作者是各层隐含信息语言线索的提供者，而叙述者是其与受述者交际层面和人物交际层面隐含信息的操纵者，所以每一层隐含信息对于其本层和上层交际行为的发起者而言是外显的、明晰的，所谓"隐含"仅是针对相应交际层次的受众而言的。当然，就文学叙事文本而言，作者和读者的交际是前者将自己的情感、价值、思想和意识等图式化，然后由后者结合特定的语境因素和主体因素，从认知和审美上填补具体叙事"未定点"的过程（Dziemidok & McCormick，1989：29 - 33），为此，读者获取的隐含信息并非作者能够设定和操控的。

　　此外，现实读者通过叙事文本所获取的隐含叙述信息，不但来自叙事人物和叙述者的交际层面，更包含其参照文本语境进行推理而获得的信息。由于文本语境至少有社会—文化和情景语境两个层次（Halliday，1985：11），从读者角度来讲，其所阅读叙事语篇中的隐含叙述信息，便有社会—文化和情景隐含信息之分。需要指出，隐含信息能增强认知难度、延长审美过程，具有产生诗性效果（poetic effect）的功能（Sperber & Wilson，2001：222），它是叙事文本的语篇特质。故此，本书侧重隐含叙述信息的分析。

　　需要指出，由于"主题"相关性被分配到文本和语境的各个方面（Van Dijk，1979：113），无论是对于叙述话语、叙述方式，还是叙述内容的深、表层结构，它都是一个必不可少的分析参数。这样，基于桑仲刚（2014：172）叙事语篇的图式结构分析框架，可用图1.1规划本书敦煌文献叙事结构的分析参数：

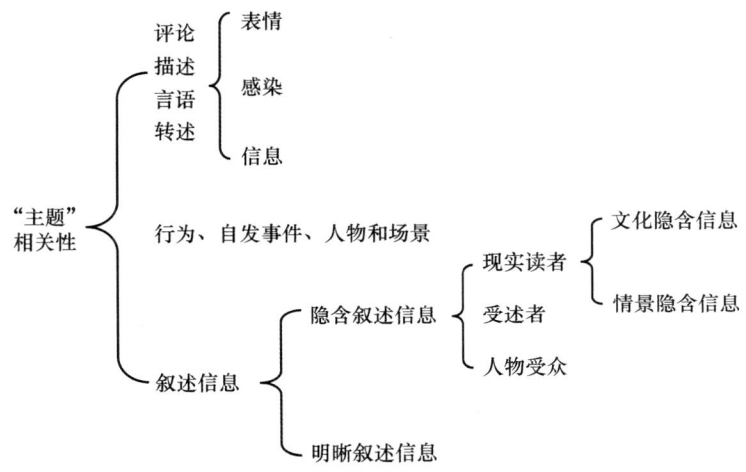

图1.1　双语小说叙事结构的分析模式

此外，考虑到语域是情景语境因素在语篇结构中的具体体现，为此它是本书文本语境分析的内容。基于韩礼德的功能主义语法理论，斯坦纳（Steiner，2004：14）进一步划分了语域的语场、语旨和语式等三个层次，具体如图1.2。

如图1.2所示，语场、语旨、语式是自上而下构成语域的三个方面。语场又可内分为经验域（experiential domain）、目的导向（goal-orientation）和语言活动（activity）三个变量。经验域指语篇或话语涉及的话题主旨领域（subject area/field），它直接通过语篇的词汇场、术语、词汇链、标题、题名和及物性等方面来实现；目的导向指属于同一文类文本的规约化目的或功能，包括指示、说服、论辩、描写、说明和叙述等。所谓

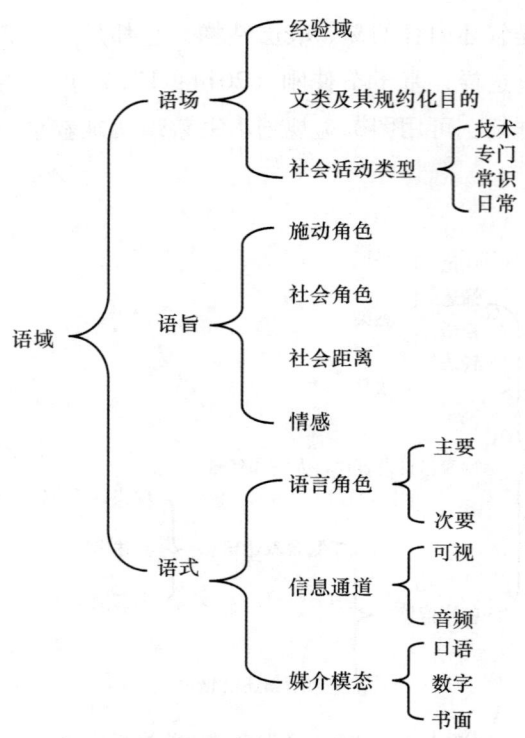

图 1.2　语域分析参数（Steiner，2004：14）

社会活动，指语言使用者为了满足其需求而发起的生产、交换、交流、消费等社会实践（Steiner，2004：14-16）。按照"专业度"（technicality），可将社会活动依次分为技术、专门、常识和日常四类（Eggins，1994：67）。

语旨主要指影响语言选择的人际关系和场合等因素，具体可分为施动角色（agentive role）、社会角色、社会距离和情感。施动角色即语言交际行为中作者和读者、说者和听者、信息给予者和接受者、卖方和买方等符号性角色在语篇中的体现，具体通过语篇的情态、语气、基调等实现；社会角色可从社会阶层、专长水平、教育水平等层面进行分析；社会距离指语言交际参与者对语境空间（contextual space）的占有程度，这取决于说者和听者之间互动的频率和范围；情感指对语篇中自我、他者、语篇主旨等内容的情感态度（Steiner，2004：16－18）。语式包括语言角色、信息通道和媒介模态三方面。其中语言角色指文本或话语在交际活动中的地位是主要（constitutive）还是次要的（ancillary），前者即文本对于语言活动的重要性，后者指在非语言活动的作用和价值；语言交际的信息通道分为视听两种；媒介模态指语言交际的书面、口头、数字等媒介形式（Steiner，2004：18－20）。以上便是本书双语文本语境特点分析的参数。

（三）数据收集和分析

本书以考察译本在目标语语境的接受性为出发点，参照上述语篇和语境分析参数，试图通过对敦煌汉文叙事文献及其英译本的宏、微观语篇结构的对比，收集关于译者语言决策特点的文本证据，并基于所收集的文外语境信息，重构20世纪敦煌叙事文献的翻译活动过程及翻译规范。本书主要采用内容分析法处理译本接受性、翻译策略特点和翻译语境三方面的数据。对于敦煌叙事文献英译的接受性问题，基于谷歌英文图书数据库（1800—2008），采用谷歌图书N元语法检视器（Google Books N-gram Viewer）为检索工具，探究敦煌叙事文献英译关键词引用频率的变化，同时对亚马逊等书刊销售网站的读者评论，和好读网（Goodreads）等读书社区网站的评论进行内容分析。关于叙事内容和文本深层语义信息，本书首先根据上述参数对比双语语料、收集"可观察"数据，采用量化统计和质性分析相结合的方式归纳、概括，进而构建"盖然性"的结论。所谓"盖然性"，指假如条件X存在，行为特征Y出现的概率就会更大或更小（Toury，1995：265）。由于本书的研究语料包含文学和宗教类文本，同时部分源语文本是古代写本，其文字排列中难免存在错讹和纰漏，而学界对特定词句的解释和辨析也会有差异，对此，本书拟参照多数学者认可的观点，收集内容分析的数据。

（四）本书的内容框架

参照描写翻译研究的程序，本书正文可分为十章。第一章介绍本书的研究缘起、方法设计和内容框架。第二章梳理敦煌叙事文献翻译活动及相关研究成果。第三章是西方文化语境中敦煌汉文叙事文献英译的"接受性"研究。第四章至第八章是双语平行语料描写，旨在收集敦煌汉文叙事文献英译产品及翻译策略规律的"文本证据"：第四章对比、分析敦煌本《六祖坛经》各个英译本的叙事结构和文体特点；第五章探究《伍子胥变文》不同英译本的叙事结构和文体特点；第六章针对《大目乾连冥间救母变文》的英译叙事结构和文体特点；第七章描写《敦煌歌谣故事集》中其他英译本的叙事结构和文体特点；第八章针对《降魔变文一卷》《张义潮变文》的英译叙事结构和文体特点。第九章概括20世纪敦煌汉文叙事文献的英译活动规范，对该类翻译活动及其语境化实现过程进行解释性重构，在此基础上，修订了"复译假设"，并从"翻译伦理"的角度分析了翻译活动策略的"正当性"，最后还描述了20世纪以来敦煌汉文叙事文献的翻译景观。第十章基于所收集的"文本证据"和活动理论，探究了叙事文献翻译活动方法论，归纳并提出了叙事文献翻译中"声音策略"的应用原则、药名诗等造语的翻译理据，以及基于"问题"的翻译批评模式。简言之，本书的研究重点是描写敦煌汉文叙事文献英译的语篇特点和翻译策略规律，"重构"敦煌汉文叙事文献的英译活动规范，其目的在于从"功能""产品"和"过程"等方面，构建20世纪敦煌汉文叙事文献英译活动的理论解释，并解析叙事文献翻译活动的方法论决策机制。

第二章

敦煌叙事文献翻译活动及相关研究概述

第一节 敦煌汉文文献的早期翻译

敦煌地处古代"丝绸之路"的中西汇通之地,是佛教从印度经西域向中原传播的重要节点。"安史之乱"爆发之后,吐蕃于公元786—848年占领敦煌。在此期间,吐蕃政权倡导佛教文化,实行吐蕃、唐人、吐谷浑人杂居的多民族政策和多语言政策,废除乡里制、推行包括僧人在内的部落制。"鼓励汉藏经籍互译,倡导民众通过官办学校或私塾的渠道学习汉藏语言"(余仕麟等,2007:330)。这促成了当时汉藏双语翻译活动在敦煌的繁荣。当时的敦煌汉文文献翻译多针对文化典籍和宗教文献,藏译汉文典籍包括《尚书》《战国策》《孝经》《春秋后国语》等,藏译汉文佛典有《贤愚经》《天地八阳神咒经》《解深密经疏》《楞伽阿跋多罗宝经》等。

一 儒家典籍藏译

《尚书》是中国最早的记言体史书,是采用当时的雅言(即官话或普通话)记录的"辞"书(朱自清,2015:27-28);它是中国儒家经典之一。《尚书》多数内容是上古的官方文书，是当时政府行政管理的行文体例集和理据，现存有《今文尚书》《古文尚书》、清华大学收藏的包括《傅说之命》在内的战国简书等版本。其中《今文尚书》为西汉时秦博士伏生所传，用汉隶书写，共 28 篇，分为《虞书》《夏书》《商书》《周书》四种；《古文尚书》一种为孔子家传，一种为东晋梅赜所传。后者共 58 篇，学界一直认为是"伪书"。《尚书》的敦煌古藏文译本是法国国家图书馆伯希和整理的 P.T. 986 号文献，共 158 行文字，包括《牧誓》《武成》及《泰誓》（中、下）四篇文章（王尧、陈践，1983：68 - 69）；其源语文本是当时的通行本《古文尚书》（王尧、陈践，1983：66）。通过对比可见，藏译和汉文《古文尚书》在语义连贯和句法结构等方面未有明显差异，只是叙述中多了评论、少了描写。例如：

> 惟戊午，王次于河朔，群后以师毕会。王乃徇师而誓，曰："呜呼！西土有众，咸听朕言。我闻吉人为善，惟日不足；凶人为不善，亦惟日不足。今商王受，力行无度。播弃黎老，昵比罪人。淫酗肆虐，臣下化之。朋家作仇，胁权相灭，无辜吁天，秽德彰闻。惟天惠民，准辟奉天。"《古文尚书：泰誓中》

> 藏文还译（P.T. 986，1 - 3 行）：
> 及至十三年春，行次洛水北岸（王作誓），（从西方）聚集的人众，听我告诫之辞："（善人）虑及善事难成，故平日力行善事，永无懈怠。譬若善行与……殷之纣王，违法悖理，疏离方正元良，（亲昵）恶人，肆溺于不良之残酷暴行……与亲人为敌，以暴力行内争，彼此杀戮，无辜者被任意残虐，生民怨声载道。王之暴行……皇天后土亦

明白见闻。昊天为救众人,降命人主,应敬天奉道。"(王尧、陈践,1983:69)

法国国家图书馆藏伯希和整理的《战国策》藏译文书(P. T. 1291),其翻译早于源语文本鲍注、姚校本的成书时间,约在吐蕃统治敦煌这一时期。该文献收录了《魏策》六篇,即《田需贵于魏王》《秦魏为与国》《华军之战》《王假三年》《秦王使人谓安陵君》《魏攻管而不下》,共96行藏文文字;通过双语文本对比可见,该藏译本并未与汉文语句严格对应、对齐,很大程度上采用了解释性的翻译策略(王尧、陈践,1983:66),比如:

《魏策二·田需贵于魏王》
田需贵于魏王,惠子曰:"子必善左右。今夫杨,横树之则生,倒树之则生,折而树之又生。然使十人树杨,一人拔之,则无生杨矣。故以十人之众,树易生之物,然而不胜一人者,何也?树之难而去之易也。今子虽自树于王,而欲去子者众,则子必危矣。"

藏文还译
襄王薨,子哀王继立。哀王为政,以田需为相臣,颇得王之信任。智者惠子对田需说:"你已为大臣,应该谦恭啊!比方以杨树为例,横放着它,它也会生长。但是,如果一个人去拔它,它就不长了。十个人种杨树,只用一个人去拔它,它就长不了。十个人用合力去种植像杨树那样易于生长的树,只用一个人去拔的话,它就会不长。这究竟是什么道理呢?这就是因为种植、生长比较困难,而毁坏它、拔除它却比较容易的缘故啊!如今,你被任命为大臣，很得大王的宠信，那些不喜欢你，一心想把你逐出大臣之位的人很多。所以，你要警惕啊！你要以大臣的规矩来约束自己啊！"（王尧、陈践，1983：85）

可以发现，译文中增添了背景信息"襄王薨""子哀王继立"，用下义词"哀王"替代了"魏王"，此处语义所指变得更具体，同时通过增加对惠子的评论"智者"，使译文叙述者的声音趋于主动，叙述者和受述者之间的距离也因此缩短。需要指出，虽然在小句结构和小句复合体之间的语义关系等方面，译文与其源语文本并未严格对齐，但语篇的宏观结构还是基本一致的。

《春秋后国语》（又名《春秋后语》）为东晋时孔子后人孔衍所作，原本已经遗失，现存的仅有残卷片段，其藏文翻译共有六段文字，从语篇内容来看，译者增添了自己对相关历史事件的主观见解和评论（马学良，1994：155）。除了《春秋后国语》及《尚书》《战国策》，敦煌文献中的藏译汉籍还有《孝经》《孔子项讬相问书》（S. T. 724, P. T. 992, P. T. 1284）等，通过对比可见，译者在这些文献的藏文翻译中有意识地融入了宗教主题，也就是说采用了"改写"策略（余仕麟，2007：326-327；333）。

二 汉文佛教文献藏译

吐蕃统治敦煌时期的多语语言政策和弘扬佛教的宗教政策为规模佛经翻译活动提供了社会保证。管·法成（Vgo Chosgrub）是当时著名的佛经翻译家，除了将藏文佛经译成汉文，比如《般若波罗蜜多心经》《萨婆多宗五事论》《大乘稻芉经随听疏》《释迦牟尼如来象法灭尽之记》等，管·法成还用藏文翻译了汉文佛经或佛经释论，具体包括《贤愚因缘经》《楞伽阿跋多罗宝经》《金光明最胜王经》《解深密经疏》《善恶因果经》等二十余部。其中《贤愚经》的藏译敦煌文献收藏于大英图书馆，其文卷号分别为 S.T. 943、S.T. 217、S.T. 218；《解深密经疏》为初唐僧人圆测所撰，原本已经遗失，管·法成的藏译是其现存的唯一文本依据，现存于藏文大藏经《甘珠尔》（李并成，2007：178）。

《佛说天地八阳神咒经》虽然有署名译者为竺法护的《八阳神咒经》、玄奘译《佛说八阳神咒经》和义净译《佛说天地八阳神咒经》三种版本，但学界普遍认为这是一部汉文撰写的伪经，其藏译写本有二十五种，包括法藏 P.T12、P.T. 43、P.T. 106、P.T. 454、P.T. 1258、P.T. 2110、P.T. 2206、从 P.T. 729 至 P.T. 749 和英藏 S. 416、S. 527、从 S. 458 至 S. 463 等，这些多版本的藏文翻译，其成书时间应该是唐朝中原文化和吐蕃文化交流的鼎盛时期（才让，2016：505 – 506）；通过汉、藏双语文本对比可见，目标语文本一致性地突显了藏文佛经的文类特征，都沿用了藏文佛经术语、摒弃了音译法翻译佛教专名；相比之下，其语篇的宏、微观结构和从梵文译入藏语的佛典译本更相符（才让，2013：80 – 82）。需要指出，除了儒家和佛教经典，敦煌遗书中还有用古藏文翻译的《火灸篇》（见 P.T. 127，P.T. 1044）等中医古籍（容镕，2016：34）。

三 敦煌汉文文献的回鹘文翻译

公元 9 世纪中叶，回鹘汗国分裂，其西迁甘肃、新疆的部分，在文化上受到了西来佛教的显著影响。之后，佛经或相关佛教文献不断被译为回鹘文（源于古粟特文的一种文字），其中包括《法华经》《佛说天地八阳神咒经》《阿毗达磨俱舍论》《金光明最胜经》《俱舍论实义疏》等。作为大乘佛教的重要典籍，《法华经》自东汉以来被多次译为汉文，流传最广的当属鸠摩罗什的译本《妙法莲华经》，多数回鹘文译本都以此为源语文本；《佛说天地八阳神咒经》是用回鹘文翻译最广的佛经文献，其翻译写本和刻本在敦煌、西域一带发现的就达189种，也就是说这部在中原广为流传的"伪经"，当时也在回鹘文使用地区被复译多次。就策略而言，最初的译者整合了波斯拜火教的教义思想，对源语文本进行了改写和修订，但随着时间推移，后译者逐渐放弃了这种宗教式"改写"，其译本的语篇特点愈趋于接近源语文本（杨富学，1995：1-3）。《善恶两王子的故事》回鹘文写本（法国国家图书馆P. 3509号）以汉文《大方便佛报恩经》为底本，其翻译参照了《贤愚经》及相关因缘故事，叙事内容有变化。此外，回鹘文写本《俱舍论实义疏》成书于元代，现藏于大英图书馆（Or. 8212：75A-75B），译者为无念（Asmrta），其源语文本也是汉籍（杨富学，1995：18-19）。

四 《六祖坛经》的西夏文翻译

《坛经》载录了六祖惠能得法、弘法的事迹及其言教语录，它是被国际佛教界唯一尊为"经"的中国宗教文献，现有唐代敦煌本、宋代惠昕本和契嵩本、元代德异本和宗宝本等多种版本，其中唐代敦煌本通常被认为最接近原本。北宋时期，笃信佛教的西夏国与宋朝有密切的文化交流和地缘政治联系。从"天赐礼盛国庆二年二月"（1071年2月）开始，历经四个月，《六祖坛经》的西夏文译本于敦煌附近的瓜州完成（蓝吉富，1988：179-180；王孺童，2014：321）。如杨曾文（2003：221）所言，敦煌本、敦博本、西夏文本，皆源于敦煌原本《坛经》。就译文语篇结构而言，《坛经》西夏文译本和唐敦煌本（法海本）最为相似，但与宋代惠昕本、契嵩本的差异明显（史金波，2003：86-87）。

诚然，敦煌汉文文献作为古代中国文化的文字载体，其回鹘文、西夏文和藏文的翻译传播促进了不同历史时期中原和西北各民族间的社会、文化交流。就文类而言，这些翻译活动主要针对汉文佛经和儒学典籍。需要指出，所译敦煌汉籍中有相当一部分是伪译或伪经，同时复译（即针对相同源语文本的多次翻译）是这些汉籍译介活动的形式之一。所谓伪译指假托翻译之名进行文本生产的语言使用活动；是以"翻译"之名被阅读传播，但在文本生成之前，任何语言中都不存在其源语文本的语言现象（Toury，1995：40）。伪经即伪译活动产出的宗教或文化典籍。如波波维奇（Popovič，1976）所言，伪译活动的目的在于赢得更广泛的读者和受众（1976：20）；故此，伪译作者在语言选择过程中通常需参照目标语文本的文类规范和语篇特征，以实现"操控读者期待"、提高伪译文本接受度的目的（Toury，1995：46）。

作为从天竺经西域向中原传入的第一部佛教典籍，《四十二章经》就被认作是一部伪经（梁启超，2001：30），也就是说，东汉明帝求法，得来的可能是一部"汉人托伪之作"（王铁钧，2009：8），正由于此，该经"摄要引俗"、模仿《孝经》《老子》，"别撰成篇"（梁启超，2001：30）。如前文所述，《佛说天地八阳神咒经》学界也普遍认为是伪经，但经过多次撰抄和反复转译，该文献在古代中原和中国西北多民族地区得到了广泛传播，这与其满足世俗读者"诵佛经、祛病灾"的认知期待不无关系。尽管东晋梅赜所传的《古文尚书》自宋代以来被认定为"伪书"，但在原本已失的背景下，其与当时朝廷治理国家和学界崇尚古雅经典的需求相契合，为此能流传一千多年。从这个意义上讲，伪译活动是古代中国文化交流和思想传播的重要途径。

此外，汉文典籍的古藏文、回鹘文、西夏文复译活动中，早期译者会参照目标语的文化信仰或宗教教义对语篇结构进行改写或修订，然而后译者则趋于紧依源语文本，在思想内容和语篇特性等方面设法维护源语文本的经典性；对于汉文佛经中的佛教术语，多数译者趋于使用那些与梵文相对应且在目标语业已存在的表述相替代，并非会采用直接从汉文音译的策略。20世纪敦煌汉文文献的翻译活动中是否具有相同的策略特点？该问题还有待探讨。

第二节 20世纪非叙事类敦煌文献的翻译

1900年6月22日（光绪二十六年五月二十六日），王圆箓道士开启了莫高窟第十六窟，自此大批敦煌遗书被发现，其中十七窟藏经洞中的古代文献数量最多。之后随着斯坦因、伯希和等西方探险家在敦煌地区多次考古活动的完成，大批敦煌遗书被运往英、法、德等国家。自此，西方汉学家便开始对敦煌古文献进行勘校、整理、译介和研究。

最早译介敦煌文献的西方译者是翟林奈（又名小翟理斯，Lionel Giles），他两次翻译了《敦煌录》。该敦煌写本（S.5448）约893个汉字，记录了敦煌交通、地理、历史等内容。翟林奈的首译本"Tun-Huang Lu: Notes on the District of Dunhuang"包括《敦煌录》信息考证、译文、译文注释以及源语文献的影印图片。需要指出，由于原本部分文字字迹模糊难辨、通假字歧义较多，译文中有相当一部分是文字辨析和原文查证说明（Giles，1914：703-728）。在整合胡适（Hu，1915：35-39）及其父亲赫伯特·翟理斯（Herbert Giles）针对其首译文的反馈意见后，翟林奈对《敦煌录》进行了复译（Giles，1915：41-47），复译中删减了大量译注，并做了段落标记对齐。

自 20 世纪 30 年代开始，英国学者托玛斯（Frederick William Thomas）便致力于敦煌藏文文献的研究和翻译，曾分别于 1935 年和 1957 年出版了《有关西域的历史文献和文书》第一、二卷［*Tibetan Literary Texts and Documents Concerning Chinese Turkestan*（Ⅰ），（Ⅱ）］，其中第一卷为于阗历史文献英译，第二卷主要是有关古代敦煌和中国西北地区社会文书的辑录和译注（杨铭，2007：76）。贝利（Harold Walter Bailey）曾师从托马斯，他对敦煌等地出土的 35 种于阗语佛教文献进行了拉丁文转写和英译，于 1951 出版了《于阗语佛教文献集》（*Khotanese Buddhist Texts*）。

随着敦煌学的国际化发展，20 世纪 50 年代起，越来越多的敦煌文献被译成西方语言。戴密微（Paul Demiéville）此时已开始敦煌俗文学的法文译介和研究，他于 1952 年出版了《吐蕃僧诤记》（*Le concile de Lhasa*），对公元 8 世纪在拉萨举行的中印僧人辩论会的相关文书进行了译释。此后戴密微分别于 1958、1959 年相继出版了《禅宗：敦煌俗文学作品（王梵志）》［*L'école du Tch'an: textes de littérature vulgaire de Touen-houang（Wang Fan-tche）*］和《王梵志诗歌研究》（*Etude de l'oeuvre poétique Wang le Zélateur*），对敦煌写本中的王梵志白话诗进行了翻译和探究。苏远明（Michel Soymié）于 1954 年也用法文译介了《孔子项讬相问书》（*L'entrevue de Confucius et de Hiang T'o*），他所依据的主要源语文本为敦煌藏文写本（P. T. 992）。需要指出，苏远明是首位翻译敦煌变文的西方学者。此外，迈克唐纳（Alexander W. MacDonald，1967；1972）用法文编译出版了《西藏民间文学研究资料》（*Matériaux pour l'étude de la littérature populaire tibétaine*），其源语文本多为敦煌吐蕃文献。

威利在此期间也开始了英译敦煌俗文学，他于 1963 年发表了译文"A Song from Tun-Huang",其源语文本是英藏敦煌汉文文献（S. 1479；No. 6174 of Descriptive Catalogue of the Chinese Manuscripts from Tun-Huang in the British Museum），该文献是以"牛郎织女"故事为主题，曲牌名"喜秋天"，采用五更转的歌谣形式，即以夜晚的五个时段分段行文，共12组74首。在不妨碍源语内容的前提下，威利注重对韵律格式的英文重构。需要指出，威利在译文中参照的是"卜算子"词牌格式（Waley, 1963: 150 – 151）。20 世纪后期，随着信息化和全球化进程的加快，更多的西方汉学研究者开始关注敦煌学，他们以学位论文为契机，对中国文化典籍包括敦煌文献进行研究和译介，比如太史文（Teiser, 1988）在完成题为《中国中世纪的鬼节》（*The Ghost Festival in Medieval China*）的博士论文后，先后英译了《十王经（P. 2870）》（*The Scripture on the Ten Kings*）、《盂兰盆经赞述（P. 2269）》（*Commentary Praising the Yu-lan-p'en Sutra*）、《净土盂兰盆经（P. 2185）》（*The Pure Land Yu-lan-p'en Sutra*）以及《盂兰盆经讲经文（台湾藏敦煌本32号）》（*Lecture Text on the Yu-lan-p'en Sutra*）等敦煌卷本（Teiser, 1994）。

第三节　20 世纪敦煌叙事文献的翻译

就主题而言，敦煌叙事文献分为宗教和世俗两类；根据文本功能又可分为宗教典籍、文学叙事及载录民俗、军事、历史事件的纪实类叙事文献。除了奥尔夏克（Olschak, 1967）的德译《古代西藏文学中的珍珠：文学简编》（*Perlen alttibetischer literatur-Eine Kleine Anthologie*），以及丘古耶夫斯基（А. И. Чугуевский）1983 年的俄译《敦煌汉文文书》（*Китайские Докумеиты из Дуньхуана*）等为数不多的西语翻译，在西方文化语境最为多见的还是敦煌叙事文献的英译。虽然早在20世纪之初，翟林奈（Giles，1914；1915）等人就开始对个别敦煌文献进行英文译介，但以译著为成果的敦煌叙事文本英译多始于20世纪中期。

托玛斯（Thomas，1935）《有关西域的历史文献和文书》(*Tibetan Literary Texts and Documents concerning Chinese Turkestan*)第一卷中"The Religious Annals of the Li Country"（黎国宗教史）一节的源语文本就是敦煌文献（P. T. 254）；该书第二卷的源语文本主要为"吐谷浑大事纪年""午年仆射致瓜沙刺史碟"等纪实类敦煌叙事文献。此外，托玛斯（Thomas，1957）还将六个敦煌藏文文卷合集并翻译为《东北部藏区的古代民间文学》(*Ancient Folk Literature from Northeastern Tibet：Introduction, Texts, Translations and Notes*)，其内容包括：①（A）美好时代的结束与马和牦牛的悲剧，（B）父亲登根聂巴的葬礼与金保牙塞新娘的故事；② 金保牙塞新娘的故事；③ 美好时代的没落；④ 没法的时代："儿"王国及其宗教；⑤ 苏毗母亲的教谕；⑥ 巫师"摩"的占卜术（王尧，1992：16）。

德国学者狄庸（J. W. de Jong）1989年还出版了宗教类敦煌叙事文献的英文译著《西藏的罗摩故事：敦煌卷本与翻译》(*The Story of Rāma in Tibet：Text and Translation of the Tun-Huang Manuscripts*)。需要指出，在贝利（Bailey，1951）的《于阗语佛教文献集》(*Khotanese Buddhist texts*)中，也包含其用拉丁文及英文译注、转写的佛教敦煌叙事文献。

文学类汉文叙事文献的英译有威利（Waley，1960）的《敦煌歌谣故事集》(*Ballads and Stories from Tun-huang：An Anthology*)、梅维恒（Mair，1983）的《敦煌通俗叙事文学作品》(*Tun-huang Popular Narratives*)。威利的译著主要以王重民等人（1957）的《敦煌变文集》为源文本，共包含《伍子胥变文》

("Wu Tzu-Hsü")、《目连救母》("Mu-Lien Rescues His Mother")、《燕子赋》("The Swallow and the Sparrow")等24篇叙事文本和曲子词。梅维恒的译作收录了四篇叙事类说唱（prosimetric）文学作品：《降魔变文一卷》("Transformation Text on the Subduing of the Demons, One Scroll")、《大目乾连冥间救母变文》("Transformation Text on Mahāmaudgalyāyana Rescuing his Mother from the Underworld")、《伍子胥变文》("The Story of Wu Tzu-hsü")、《张义潮变文》("Transformation Text on Chang I-ch'ao")。需要补充，《伍子胥变文》《大目乾连冥间救母变文》是他们所译的相同敦煌叙事文本；梅维恒的翻译参照了威利的英文译本和入矢义高（1961）的《敦煌变文集口语语汇索引》(《敦煌變文集口語語彙索引》)。

自20世纪30年代以来，不同版本的《坛经》先后被翻译成英、日、法、德、韩、捷克文等多种文字，同时又不断被修订和翻译。最早将《坛经》译成英文的是黄茂林（Mou-lam Wong），在佛教文化人士狄平子的赞助下，其译著 *Sutra Spoken by the Sixth Patriarch on the High Seat of "The Treasure of the Law"* 于1930年由上海净业社出版。黄茂林的译本后经戈达德（Dwight Goddard）、韩福瑞（Christmas Humphreys）等人修订，多次在美国波士顿、伯克利和英国伦敦等地出版发行。除黄茂林译本之外，以《坛经》宗宝本为据的译本还包括陆宽昱（1962）的 *The Altar Sutra of the Six Patriarch*、冯氏兄弟（Paul Fung & George Fung, 1964）的 *The Sutra of the Six Patriarch on the Pristine Orthodox Dharma*、恒贤法师（1964）所译的 *The Sixth Patriarch's Dharma Jewel Platform Sutra*、克利瑞（T. Cleary, 1998）的 *The Sutra of Hui-Neng: Grand Master of Zen*。另外，还有穆拉尔特（R. von Muralt, 1958）的德译本 *Das Sûtra des Sechsten Patriarchen*、雅兰德（U. Jarand, 1989）的德译本 *Das*

Sutra des sechsten Patriarchen-Das Leben und die Zen-Lehre des chinesischen Meisters Hui-neng（638 – 713）等。21世纪以来《坛经》的英译活动仍在延续，主要译著有迈克瑞（J. McRae，2000）的 *The Platform Sutra of the Sixth Patriarch*，以及恒实和恒朝法师（Heng Sure & M. Verhoeven，2014）所译的 *The Sixth Patriarch's Dharma Jewel Platform Sutra* 等。2016年经广东四会六祖寺组织、赞助，华文出版社出版了《坛经》英文、法文、德文、西班牙文、俄文、韩文、日文、僧伽罗文、泰文、柬埔寨文、缅甸文11个语种的译本。

《六祖坛经》敦煌本是最接近原本的唐代写本，其题名为《南宗顿教最上大乘摩诃般若波罗蜜经 六祖惠能大师于韶州大梵寺施法坛经一卷——兼受无相戒弘法弟子法海集记》，分为大英博物馆所藏S.5475号敦煌本（即斯坦因本，由日本学者矢吹庆辉于1923年发现）和1935年任子宜所发现的敦煌博物馆抄本，两者抄自同一种《坛经》，它们在题目、编排形式、字词内容、错漏之处几乎完全相同，只是后者增补了前者脱漏掉的三行68字（杨曾文，2004：7）。敦煌本的翻译包括柳田圣山（1974）的日文译作《禅语录》（《禪語録》）、托萨利（C. Toulsaly，1992）的法文翻译 *Sūtra de la plate-forme* [*Texte imprimé*]／*sixième patriarche* [*Huineng*]，性彻和悬吐（1987）的韩文译本《합천:장경각》以及拉米雷斯（L. Ramírez，1999）的西班牙文译本 *Sūtra del estrado* (*Tan jing*) 等。敦煌本《坛经》的英译有铃木大拙（Suzuki，1935：42 – 46）和艾凡赫（Ivanhoe，2009：14 – 27）等人的摘译、陈荣捷（Chan，1963）和杨博斯基（Yampolsky，1967）对英藏敦煌本《坛经》的完整翻译，以及赤松（Red Pine/Bill Porter，2006）和林光明等人（2004）对敦博本的翻译。日本学者铃木大拙（Suzuki，1935：42 – 46）曾依据英藏斯坦因本，摘译过第48

段及第 24 段至 30 段有关般若的内容，艾凡赫（Ivanhoe，2009：14-27）也摘译了第 12 段至 19 段。对英藏敦煌本《坛经》的完整翻译是陈荣捷（Chan，1963）的 The Platform Scripture：The Basic Classics of Zen Buddhism 和杨博斯基（Yampolsky，1967）的译作 The Platform Sutra of the Sixth Patriarch：The Text of the Tun-huang Manuscript with Translation, Introduction, and Notes，前者所依铃木大拙等人所校《敦煌出土六祖坛经》而译，后者的源语文本是杨博斯基参考柳田圣山等人的研究成果而校订的敦煌本；敦博本的翻译有林光明（2004）等人的 The Mandala Sutra and its English Translation：The New Dunhuang Museum Version Revised by Professor Yang Zenwen，以及赤松（Red Pine，2006）的 The Platform Sutra：The Zen Teaching of Hui-neng。需要指出，赤松在其译作中还补译了宗宝本《坛经》的第七章（Red Pine，2006：277-297）。

本书是一项描写翻译研究，其主要语料为 20 世纪敦煌汉文叙事文献及其英译文本，辅助语料为宗宝本《坛经》及 21 世纪出版的敦煌汉文叙事文献的英文译本。贝克尔（Baker，2006a：29-39）曾将叙事文本分为本体（ontological）、公共（public）、观念（conceptual）和元叙事（meta-narrative）等几类，所谓本体叙事指对所处社会环境和个人历史的自我讲述；公共叙事即在家庭、宗教或教育等社会组织或机构交流、传播的故事；观念叙事指研究者为了阐述其思想、理论而叙述的解释性故事。如索莫斯（Somers，1992：605）所言，元叙事是从历史角度讲述社会发展、时代变迁的"史诗剧"（epic dramas）。可以发现，威利（Waley，1960）、梅维恒（Mair，1983）英译的敦煌汉文叙事文献都属于公共叙事文本。需要指出，陈荣捷（Chan，1963）、杨博斯基（Yampolsky，1967）、赤松（Red Pine，2006）等人所译的敦煌本《坛经》，既包含讲述惠能传记、法海身世的本体叙事文本,更包括六祖讲释南派禅宗的观念叙事文本。当然,《坛经》也是在佛教社团、机构或在佛教活动场所用来交流的公共叙事文本。广义而言,上述英译敦煌叙事文献均可归为载录古代中国的文化风俗、社会变迁的元叙事文本。

第四节 早期敦煌文献翻译研究回顾

目前,敦煌文献的翻译研究可分为两类:敦煌文献相关的古代翻译活动研究,敦煌文献的近、当代译介研究。前者主要指探究东汉至唐宋时期佛经翻译活动的史学研究;后者多是对 20 世纪以来英、德、法等目标语文化语境中,所刊布、发行敦煌文献翻译尤其是敦煌叙事文献英译的评述和赏析。虽然在马祖毅(2006:65-123)、王铁钧(2009)的翻译史研究,以及在陈福康(2011:13-24)、朱志瑜和朱晓农(2006)的佛经翻译理论史研究中,都有中国佛经翻译活动的专题论述,但均未论及敦煌翻译活动或敦煌文献的翻译活动。经过梳理可见,敦煌文献相关的古代翻译研究主要包括王尧(1992;1994)、王尧和陈践(1983)、扎西卓玛(2011)、才让(2013;2016)、张延清(2008:75-93)等人对敦煌文献的汉、藏和梵、藏翻译研究,以及杨富学(1995:1-23)、王红梅(2000:92-107)等人对敦煌文献中的回鹘文佛经翻译活动的历史考证等。

具体而言,王尧(1994:191-199)首先解释了《贤愚经》古藏文翻译对吐蕃戏剧、绘画和民间文艺的影响,考证了源语文本的版本出处,提出:《贤愚经》并非从梵文转译而来,而是西游僧人访问天竺时所整理的听课笔记,后用汉文汇编而成的;《贤愚经》的古藏文译者是公元 9 世纪活跃在敦煌和甘州一带的藏族翻译家管·法成。除了佛教文献，王尧和陈践（1983）还从源语文本考证、双语文本语篇特点比对、目标语文本的社会—文化功能等角度，探究了敦煌文献中《尚书》《战国策》等汉文典籍的古藏文翻译。才让（2013：83-87）考证了敦煌文献中《天地八阳神咒经》的各种藏译本及其流变过程，通过对比、描述写卷 P. T. 106、P. T. 746、P. T. 748 及其藏译文语篇特点，归纳了该敦煌佛教文献的藏文翻译策略特点（才让，2013：79-82）。党措（2006）在其博士论文中，从文本考据、译作的文化影响等方面重构了敦煌汉藏翻译家管·法成的翻译活动。张延清（2008：75-93）则从身世经历、信仰教育、佛经译校等方面梳理了有关管·法成的敦煌文献。扎西卓玛（2011）在其博士论文《藏传佛经翻译史研究》中，对敦煌写本中藏译佛经《宝云经》《金光明经》的源语文本及其译者进行了考证，着重探究了吐蕃占领敦煌时期的翻译家摩诃衍、管·法成等人的梵—藏、汉—藏翻译活动及其对藏区佛教文化演进的影响，评述了这一时期（公元 8 世纪后期到 9 世纪前期）完成的藏译佛经名目汇编《登迦目录》（dkar-chag-ldan-dkar-ma）。

杨富学（1995：1-23）梳理、考证了《佛说天地八阳神咒经》《阿烂弥王本生故事》《善恶两王子》《俱舍论实义疏》《阿毗达磨顺正理》《说心性经》《妙法莲华经玄赞》《大般若波罗蜜多经》《阿含经》等敦煌佛经文献的西夏文翻译年代、译者身份、源语文本出处、译本特点以及翻译副文本信息。王培培（2016：34-39）通过对比俄藏西夏文敦煌写本《佛说天地八阳神咒经》及英藏汉文写本（Or. 12380-3921/K. K），提出公元 8 世纪到 13 世纪，该汉文版本在中国西北地区流传广泛，西夏文翻译应该在此期间完成，但该译本是依据当时的《大藏经》有关内容翻译而成的。可以发现，上述敦煌文献的古代翻译活动研究侧重对译者、译本和源语文本出处的历史考证以及双语语篇特征的对比，也就是说主要是翻译活动主体、对象及其结果的文献重构。

第五节 20世纪敦煌文献英译研究综述

在20世纪之初，大量莫高窟敦煌遗书被发现，其一部分被转运至英、法、德等国家，至此，西方汉学家便开始对敦煌文献进行译介和研究，而英语是被采用最广的目标语言。最早对敦煌文献英译进行研究的是胡适（Hu, 1915: 35-39）对翟林奈（Lionel Giles）《敦煌录》英译的评论。胡适分析了由于汉英句读差异而产生的翻译问题，纠正了翟林奈在源语文本理解和汉字辨析方面的不当之处。此外还探讨了一个翻译伦理问题，即当作者由于教育程度和语言修养等原因，源语文本存在书写错误时译者的语言决策。

对于托马斯（Thomas, 1951）纪实性藏文敦煌文献的英译《有关西域的历史文献和文书》（*Tibetan Literary Texts and Documents concerning Chinese Turkestan*），克劳森（Clauson, 1937: 177-178）认为该译作不仅整理、归类了时序性欠缺的真实史料，还为大量文化术语、专名做了翔实评论和译注。但克劳森也指出，由于托马斯的主要兴趣在于藏传宗教史，尤其是个别佛教寺庙的历史，为此该译著包含最多的是藏传佛教文书，对相关历史事实的叙述仅是粗略带过，缺少时间的延续性，其地名的翻译也缺乏对有关地理文献的参考，故此对相关历史研究的文献价值有限。杨铭（2007: 76; 2012: 74-81）则认为该译著可作为研究古代西藏的"藏学家手册"。显然，克劳森等人关注的主要是译作的史学价值。

对于狄庸（de Jong, 1989）对敦煌藏文文献中罗摩故事的英译，戈尔德曼（Goldman，1991：584）探析了双语文本的故事结构和主题，从性心理（psycho-sexual）角度对故事人物做了剖析，指出该译本将多种译文并行排列，并附有丰富的语文学注释，这增加了该译著的古印度民间文学的研究价值。卡拉（Kara，1994：222）认为它是研究印—藏文学关系的里程碑式的译著，其译注可作为研究古藏文、蒙古文正字法、文化俗语及惯用语的学术资料。在针对贝利（Bailey，1951）用拉丁文和英文转写、翻译的于阗语佛教文献评论中，雷恩（Lane，1952：504-506）解析了于阗语和伊朗语的渊源关系，指出该成果是贝利基于其近十年的研究发现而著成的，填补了于阗语及佛教文献研究的空白。

关于威利的敦煌汉文文献英译《敦煌歌谣故事集》（*Ballads and Stories from Tun-huang: An Anthology*），克伦普（Crump，1962：390）梳理了注释、附录、索引中的源语文化信息，他指出该译本整体上以那些无法获取汉文敦煌文献的普通英文读者为导向。在王重民等人勘校、辑录的《敦煌变文集》出版还不到四年之际，威利就选择英译了其中24篇宗教和世俗的叙事类敦煌文献，这些文献代表了当时中国学研究的最高成就，译本后记中，威利也提出了自己关于佛教壁画与变文关系的理论解释。由于源语文本中的《捉季布传文一卷》《汉将王陵变》等存在语言、语篇结构等方面的诸多缺陷，文学性并不很强，为此译者出于对读者期待的考虑，试图通过在注释部分添加文学评论、调整源语故事结构和叙事策略以作弥补，比如《伍子胥变文》的译文就以伍子胥临终遗言结尾，放弃了源语文本中"伍子胥给吴王托梦"等事件的冗余叙述。对此，倭切特（Twitchett，1962：375）认为威利的贡献在于将唐代近乎"粗略"（vulgar）的民间文学片断，转译为可读性强的完整英文故事。倭切特指出由于源语文本的抄录者多为未受正规传统教育、仅会"识字"的普通民众,而且当时对"变文"的研究缺少系统性,为此这增加了敦煌变文翻译的难度。倪切特认同威利将"变文"等同于佛教主题的绘画"变相"的观点,但是他指出威利有时对源语文本的删减,会有削弱其文学性的风险,比如《张义潮变文》《张淮深变文》内容上反映了公元9世纪敦煌人民反抗并驱走吐蕃统治者的历史事实,威利所删去的汉文片段,恰恰是近似于传统英雄史诗的民歌—律诗体的典型体现。如哈兹佩斯(Hudspeth,1961:632)所言,与原作相比,威利的译本更容易使普通读者走进一个宣扬孝义、虔诚、忠贞、善良,流传帝王、贤圣传奇事迹和异域婚俗故事的古代神秘中国。需要指出,克伦普、倪切特等人的分析一定程度上讲还是翻译文学鉴赏,并非对威利翻译策略规律、特点的系统描写。

针对梅维恒(Mair,1983)所译的《敦煌通俗叙事文学作品》(*Tun-huang Popular Narratives*),奥弗梅伊尔(Overmyer,1985:132)认为该译著加深了学界对"变文"缘起及其文类特点的理解:在译者前言中,梅维恒将"变文"定义为用近乎口语化的古代汉语记录的包含音韵散文片段的通俗故事,它不同于"讲经文"等规范化的文学体式,也不是口头叙述的即兴书写,变文在演进过程中受到了印度佛教故事和初唐民间戏剧的影响;除了两篇倡导虔诚信仰的佛教题材变文,该译著其他内容均为世俗历史故事,全书参考中文和梵文源语文献的译注达139页。《目连变文》讲述目连冥间成功营救罪母,《降魔变文》通过舍利弗与"外道"六师斗法的故事,展示了佛法无处不在的宗教思想。尽管这两个佛教故事以古代印度为背景,但与同一时期信奉道教的唐朝听众的认知期待相一致,《降魔变文》中妖魔、万物的魔幻变化预设了后来《西游记》中孙悟空的"七十二变"。梅维恒所译的世俗故事以英雄主义、爱国主义、暴力和流血为主题：伍子胥悲惨的宿命展示了英雄主义；张义潮的事迹歌颂了爱国情怀，这些都是该译著文学性之外的价值所在（Overmyer，1985：133）。

金冈翔子（Kanaoka，1987：279）认为，梅维恒的叙事类敦煌俗文学作品英译，是在王重民等人的《敦煌变文集》基础上，对变文研究的一大推进：译著中梅维恒将变文界定为讲述者或人物借用直观道具、手势或音乐将听者从现实世界带入一个奇妙世界的叙事形式，"变"的目的是释放（release）生死轮回过程中产生的情感（sentiments）；以图画和音乐为媒介，听者可以获得从现实世界进入佛经世界的审美体验；整体而言，梅维恒的英译基于大量敦煌文本的细致对比和准确分析，严格依照了源语文本的语篇结构，比如对《降魔变文》的翻译就参考比较了 S.5511、P.4615、S.4938v、P.4524v 等四个敦煌文献，《目连变文》的英译参照了 S.2614、P.2319、P.3485、P.3107、P.4988v 等多种敦煌文献，《伍子胥变文》的翻译也查证了 S.328、S.6331 和 P.2794v 等汉文敦煌文本。除了紧依源语文本，该译著的另一特色就是附有丰富的译注和评论，梅维恒在注释中比对了梵文佛经术语和汉文表述，对相关中国文化专名进行了详细说明（Kanaoka，1987：279-282）。但是金冈翔子同时也指出，正是由于该特点的存在，译著中常常出现一些冗余解释：有时译文对于目标语读者并未有认知难度，译注中却提出了两种甚至多种不同解释，这一点常见于韵文诗歌的翻译（Kanaoka，1987：282-285）。

余国藩（Yu，1983：674-679）提出，梅维恒基于斯坦因、伯希和等人所收集、辑录的敦煌文献，选用了四个典型敦煌变文文本，他对源语叙事凝练、流畅的重构使得读者在快乐阅读的同时，更能领略中国古代小说的叙事策略和规范，尽管源语文体风格粗简，但梅维恒力求在保持对原文忠实和构建翻译风格之间寻求平衡，比如译者巧妙采用了具有双关含义的英文药本植物名，成功重构了伍子胥与其妻的药名诗对答。虽然梅维恒、威利都英译了敦煌叙事文献，但艾迪玛（Idema，1985：283）认为前者的译著并非对威利的补充：其"前言"和"译注"部分所提供的详尽文学、文化和佛教信息，使得该译著具有很高的文学史研究价值。对此，斐伏尔（Feifel，1984：660－667）指出该译本是学者和普通读者都适于研读的中国文学典籍。可以发现，译本的文学价值是斐伏尔、金冈翔子、余国藩等人的评论重点所在。

关于陈荣捷（Chan，1963）对《坛经》的敦煌本英译，羽毛田义人（Hakeda，1965：507）指出源语文本在公元8世纪前后由学识并不渊博的法海和尚所著录，文中出现多处错字、别字，同时又包含唐代口头语和佛经术语，这是大量翻译问题产生的主要原因。对此，陈荣捷查询了各种版本的《坛经》文献，在确保忠实于原作的同时，力求使译文能够让非专业读者通顺阅读。尽管羽毛田义人和陈荣捷在南派禅宗"坐禅"的观点上存在分歧，但他仍认为这不失为一部成功的敦煌典籍翻译（Hakeda，1965：508）。在对杨博斯基《坛经》译本的评述中，玛尔兰（Marlan，1968：215）首先分析了"般若""冥想""一行三昧"的佛理概念以及"无念""无体""无住"的禅宗思想，指出杨译本丰富的译注、译评常常为同一个翻译问题提出了多种解决方案，这不但有助于准确理解源语佛典，而且为源语相关的佛经专名研究提供了历史语料；该译本为进一步理解"禅宗"的发展历程打下了基础，充分表明"禅"的思想本原既须通过"精神"（spirit）来传播，同时也能在文献和实践中来交流（Marlan，1968：216）。

布洛菲德（Blofed，1968：634－635）认为杨博斯基的翻译是以汉学家及研究宗教发展史的学者为导向的。由于该译本基于 20 世纪 60 年代之前所发现的敦煌文献，半个世纪以来其错讹之处不断被修正，对此巴雷特（Barret，2013：338）主张，对该译作的评判应充分考虑翻译的文本语境，不能仅依照当今流行的相关源语文本。显然，巴雷特虽已提到了翻译语境问题，但他并未细论。需要指出，肖志兵（2016；2017a；2017b）通过双语文本对比，分别归纳了威利、梅维恒所译敦煌变文的文体特点，但是他所关注的仅是句词等语篇微观层面的对等，并未考虑双语文本的叙事结构对比以及译文叙述话语的变化，其针对文本个案的列举式描述，亦需通过从上而下的语篇分析来完善。此外，陈惠（2012）在她关于威利翻译的专题研究中，也论及了其敦煌变文的英译，但并未就此作详细探讨。

诚然，上述研究多为基于个案解析的译评或书评，虽然个别研究者已经论及翻译伦理、翻译语境等问题，但整体而言，他们关注的主要是译著的文学价值，其文本分析多为文学主题赏析和随感式的点评，并非对 20 世纪敦煌文献英译活动策略规律、过程及其功能的描写重构，其对译本功能的探讨远不及对古代敦煌文献翻译活动的研究成果。诚然，敦煌文献中大量文化表述和佛经术语的存在、文本语境和读者的差异，以及源语文本抄写过程中的错讹和疏漏，增加了翻译这种跨文化、跨语言交际活动的难度，故此"厚译"策略便成了译者必须选择的手段。所谓厚译，指通过在译文中附加注释或评论以加深读者理解源语文化信息的翻译方法或手段（Appiah，1993：812；817）。需要指出，如果译者仅采用厚译法翻译敦煌汉文叙事文献，即单通过附加译注等副文本信息，解决因双语语言、文化差异或由于源语文本的标记性语篇特征而产生的翻译问题，这势必会影响译文叙事的连贯性和目标语读者认知过程的流畅度，故此，译者是否会采用其他策略进行弥补的问题有待探讨。此外，通过前文梳理可见，复译是古代敦煌汉文文献藏文、回鹘文、西夏文翻译活动的主要形式。在这些复译活动中，前期译者通常会参照目标语文化语境的宗教信条修改源语语篇结构；相反，后期译者则会力求实现双语文本在语篇内容、形式、语境效果、术语表达等方面的相似性，也就是说设法维护源语典籍的权威性。在20世纪敦煌汉文叙事文献的翻译活动中，以西方汉学家为主体的译者，其策略是否也具有该特点，该问题亦需通过20世纪敦煌文献英译活动的描写研究来解答。

第三章

西方语境中敦煌汉文叙事文献的"接受性"

翻译是一种跨语言、跨文化的社会活动,翻译活动功能主要取决于特定目标语读者对翻译文本的接受程度。翻译活动通过与相关社会活动的互动而存在(sustains itself by interacting with other activities),翻译的相关活动,主要指共享其结果的目标语阅读活动;翻译活动社会功能实现的前提是译本业已成为目标语阅读活动的对象,并转化为与阅读活动参与者预期相符的结果(Sang, 2011: 297-298)。探究20世纪英译敦煌汉文文献的"接受性",就是解答这些译本为处于哪些英语文化社团的读者所阅读、阅读规模如何、读者反馈如何的问题,当然还要解析这些问题的历时变化轨迹。

谷歌图书语料库(2009版)经过扫描、筛选,收录了1800—2008年出版的800多万册书籍。关于敦煌本《坛经》在西方英文语境的接受历程,可采用谷歌检索工具"谷歌图书N元语法检视器"(Google Books N-gram Viewer),以译著题名及其篇章题名为关键词,检索其在谷歌英文图书数据库(1800—2008)的出现频率和热度,归纳所引图书主题及其作者所处文化社团的类型,并描写20世纪英文读者对敦煌汉文叙事文献接受的历时变化轨迹。当然,探讨"接受性",还可参照"好读网"(Goodreads)等网络读书社区关于英译敦煌汉文文献的读者评论。

第一节 《六祖坛经》敦煌本在西方英语语境的"接受性"

20世纪之初,日本佛教学者释宗演及其弟子释宗活在美国开始讲释禅宗思想,成立了美国佛教协会(后更名为"美国第一禅堂");五六十年代以来,禅学在欧美地区被广泛接受和传播,之后还掀起了"禅宗热"(温金玉,1997:78),这与铃木大拙(D. T. Suzuki)、陈荣捷(Chan,1963)和杨博斯基(Yampolsky,1967)等人对禅宗典籍《六祖坛经》的翻译和讲释是分不开的(蒋坚松,2014:50)。敦煌本《六祖坛经》是最为接近原本的禅宗典籍,通过检索谷歌图书英文数据库,可解析其在20世纪英文语境的接受问题。

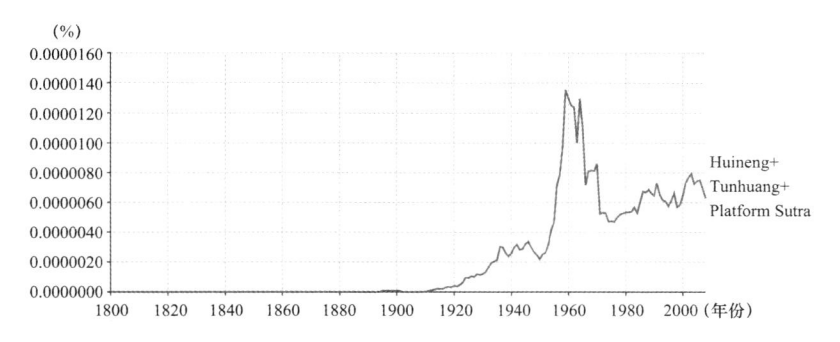

图3.1　20世纪英文书籍中《坛经》敦煌本关键词出现频率的历时变化

"Huineng""Tunhuang""Platform Sutra"是早期多数敦煌本《坛经》译本中,"惠能""敦煌""坛经"的英译对应词,也是译本题名中的关键词。通过检索这些关键词在(1800—

2008年出版的）英文书籍中的共现频率，可得出图 3.1 中的数据曲线（横轴指出版年份，竖轴即出现频率）。如图所示，西方英文书籍对敦煌本《坛经》题目关键词的引用始于 20 世纪初。谷歌图书的源数据表明，这一时期对《坛经》的引用多见于亚洲问题和佛学研究的国际会议论文集，1920 年前后多见于西方探险家介绍其考察中国西北地区成果的杂志或专著。在 20 世纪 30 年代，英文书籍中这三个共现的关键词出现频率显著上升，它们常见于《坛经》英译、译评和佛学教材。在此前后，铃木大拙的多部禅学英文专著和论文集出版；美国佛教协会也在此期间成立。60 年代，陈荣捷（Chan，1963）和杨博斯基（Yampolsky，1967）等人所译敦煌本《坛经》出版并发行。可以发现，这一时期是引用热度达到峰值的关键节点，每年度约有百部哲学、文化、历史、艺术、医学、社会学等领域的英文专著论及或涉猎敦煌本《坛经》，其中以宗教哲学和文化研究为主题的论文集、专著最为多见，以下是六七十年代出版的引用敦煌本《坛经》且他引率最高的书籍统计表。

表 3.1　　　　引用敦煌本《坛经》且他引率
最高的 20 世纪六七十年代英文书籍

Type of Publication （出版物类型）	Year of Publication （出版年份）	Book Title（书名）
Anthology（论文集）	1961	Essays in Zen Buddhism, First Series
Monograph（专著）	1976	Buddhist Philosophy: A Historical Analysis
Anthology	1978	Truths and Fabrications in Religion: An Investigation from the Documents of the Zen (Cho'an)
Anthology	1964	The Ways of Thinking of Eastern Peoples: India-China-Tibet-Japan
Anthology	1960	Zen and Zen Classics

续表

Type of Publication（出版物类型）	Year of Publication（出版年份）	Book Title（书名）
Monograph	1978	Zen and Hasidism: The similarities between Two Spiritual Disciplines
Anthology	1971	China, India, and Japan: The Middle Period
Monograph	1974	A Study on Tones and Tonemarks in Middle Korean
Anthology	1976	Selected Papers from the Hall of Harmonious Wind
Anthology	1971	Readings in World History: China, India, and Japan: The Middle Period
Anthology	1970	The Evensongs
Anthology	1976	The Middle Way
Anthology	1962	The Essentials of Zen Buddhism, Selected from the Writings of Daisetz T. Suzuki
Anthology	1972	Seminar Papers Series: California State University
Anthology	1979	The Voice of the Valley: Zen Teachings
Anthology	1976	Asian Culture Quarterly
Monograph	1975	The Ways of Religion
Monograph	1971	Vajra Bodhi Sea

可以发现，这一时期对敦煌本《坛经》引用最多的是以宗教、哲学、历史和文化研究为主题的论文选集或专著，其大部分是关于禅宗佛理的阐释和解读。需要指出，这些英文书籍的题名中，关于"禅"的表述除了日文转译的"Zen"，还出现了中文的音译词"Ch'an"。随着汉语拼音的推广，到1982年成为国际标准（中文罗马字母拼写法），英文书籍中对"敦煌"的音译逐渐为"Dunhuang"所取代，为此在20世纪70年代后对上述关键词的引用频率出现下滑和波动。通过检索

"Huineng""Dunhuang""Platform Sutra",可得出以下数据曲线。

由图3.2可见,采用汉语拼音音译的敦煌本《坛经》题名关键词在20世纪70年代后出版的英文书籍中出现频率和热度陡然上升。经过检索源数据可见,2000年有将近200本哲学、历史、社会学、医学等专著论及或引用《坛经》敦煌本。随着敦煌学文献的数字化和敦煌学国际化的发展,英语文化语境对敦煌文献的传播媒介和手段越趋于多元,引用频率也因此递增。此外,以相同方式检索谷歌图书语料库可见,英文书籍中宗宝本《坛经》题名关键词的出现频率,无论在20世纪以来的哪个阶段,都低于敦煌本《坛经》,具体如图3.3。

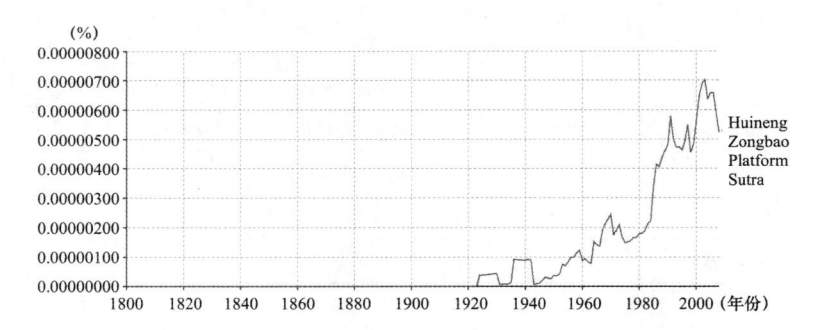

**图3.2 英文书籍中采用拼音音译的敦煌本《坛经》
关键词出现频率的历时变化**

由图3.3看见,虽然宗宝本是明代以来中国流传最广的《坛经》版本,但在英、美国家出版的英文书籍中,其题名关键词"Zongbao""Platform Sutra"出现频率和热度均低于敦煌本的"Tunhuang""Platform Sutra",这显然与后者被普遍认为最接近原本不无关系。

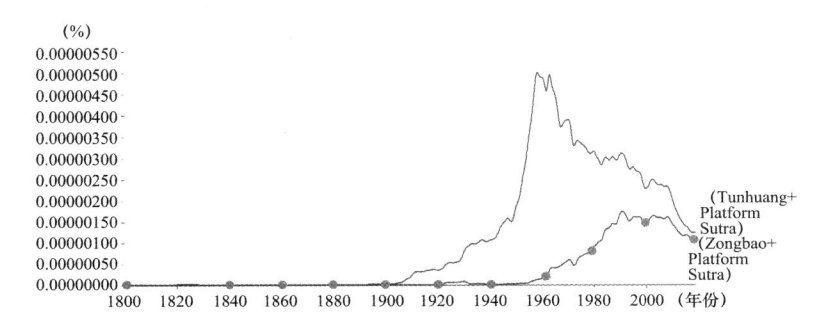

图 3.3　敦煌本、宗宝本《坛经》题名关键词在英文书籍中的出现频率比较

此外，通过检索谷歌美、英图书语料库，还可描述《坛经》在这两国所出版英文书籍中引用热度的历时变化轨迹，具体如表 3.2、表 3.3 所示。

表 3.2　英国出版的英文书籍中"Platform Sutra"出现频率

	WORD(S)（检索词）	CHARTS（制图工具）	TOTAL（总频次）	1900	1910	1920	1930	1940	1950	1960	1970	1980	1990	2000
1	Platform Sutra	G	230			24	4	8	11	3	27	44	45	64

表 3.3　美国出版的英文书籍中"Platform Sutra"出现频率

	WORD(S)（检索词）	CHARTS（制图工具）	TOTAL（总频次）	1900	1910	1920	1930	1940	1950	1960	1970	1980	1990	2000
1	Platform Sutra	G	2770						10	77	457	383	848	995

从表 3.2 可见，早在 20 世纪 20 年代英国出版的书籍中就出现了"Platform Sutra"，但之后的数十年，其引用热度变化幅度不明显；直到 70 年代《坛经》的引用频率回升，而且之后

一直保持增长的态势。20世纪之初英国出版的英文书籍对《坛经》的关注，源于1907年大不列颠及爱尔兰佛教协会（Buddhist Society of Great Britain and Ireland）的成立及其会刊《佛学评论》（*Buddhist Review*）的发行；20世纪20年代初是该佛教协会发展的"鼎盛时期"，在伯明翰、曼彻斯特、利物浦等英国主要城市都设有分会，但由于该协会的宗旨并非宗教传播，而是佛教的学术研究，因而其社会影响力有限，该协会在20年代末自行解散。1972年，从日本留学归来的英籍禅师肯特（Roshi Jiyu Kennet）创立了斯洛赛尔·胡尔修道院（Throssel Hole Priory），从此禅宗便逐渐进入了英国，其影响力现已仅次于藏传佛教（黄陵渝，1992：50-55），这也是20世纪70年代以来，英国书籍对《坛经》引用热度逐年提升的原因。

如表3.3所示，美国所出版英文图书（1900—2000）对《坛经》的引用或讨论始于20世纪50年代，60年代后其热度增加显著，虽然在80年代稍有回落，但90年代之后其热度又大幅提高。需要指出，尽管英美两国所出版的英文书籍面向全球读者发行，但其首先针对的是本国受众。因此可以说，自20世纪中期以来，《坛经》在美国的接受度增长明显，而英国读者虽然接触敦煌文献的时间早于美国受众，但读者群体相对固定，其接受禅宗思想的社会热度有限。

20世纪禅宗的译介和传播，直接影响了美国战后"垮掉派"的文学和文艺思潮、佛教和基督教的对话以及新兴宗教的发展（王欣，2009：i；ii）。禅宗在美国的广泛接受是历史、社会、文化等诸方面因素共同影响的结果。19世纪末，随着大批亚洲劳工移民的到来，佛教南传巴利语系、北传汉语系、北传藏语系先后传入美国，20世纪之初的佛教信徒就达400万之多，在此期间，释宗演、释宗活、铃木大拙等日本佛教人士开始传播禅宗并成立了美国佛教协会；50年代移民政策放宽，来自中国的妙峰法师、乐渡法师、宣化上人等开始在美国译介、宣讲和传播佛经，现如今包括基督教神职人员在内的社会各阶层人士参与坐禅，佛教业已成为美国的第二大宗教，形成了一种强调禅修、倡导平等互助和全社会参与的新的美国化佛教形态（瑞法，2017：36-40）。美国社会接受禅宗的另一个原因是第二次世界大战、朝鲜战争、越南战争以及高度机械化的工业社会模式，给美国民众带来深度信仰危机，伴随着人性与自然、家庭、社团疏离的是迷惘、消极、颓废的社会性精神郁结，倡导感悟人性本真的禅宗佛理自然而然地成为当时治疗这种郁结的精神处方。当然，作为一个以移民为人口主体的国家，除了印第安土著民、早期的英国殖民后裔，美国还有非洲裔、拉美裔、犹太裔、亚洲裔等不同信仰的文化族群；在接受、融合不同外来文化的过程中，美国主流文化具有了一定的差异包容性，这也是源于古印度、流行并发展于亚洲的佛教能够进驻其精神家园的原因之一。换言之，20世纪的上述历史、社会、文化等因素，促成了载录禅宗思想的敦煌本《六祖坛经》等典籍在英语文化语境的接受和传播。

第二节　陈荣捷、杨博斯基《六祖坛经》敦煌本英译的"接受性"

20世纪美国受众对禅宗哲学的接受度逐年递增，这与铃木大拙等日本学者早期在美国对《坛经》典籍的英文译介、讲释和推广是分不开的，当然60年代出版的陈荣捷、杨博斯基的英译敦煌本《坛经》，也是禅宗在美国广泛传播的重要媒介。杨博斯基的译本曾于1967、1978、1984、2012年由哥伦比亚大学出版社多次出版。根据"好读网"（Goodreads）网络读书社区的读者评价数据(2019年2月1日)①,杨博斯基所译的敦煌本《坛经》(1978年版)共有813人添加阅读,其中252人评分,均分4.17(满分5);该译本的各个版本总共被1592人添加阅读,530人评分,30人发表评论,平均分值4.28,97%的读者标记为喜欢阅读。从学术引用、"好读网"(Goodreads)社区标记阅读的读者数量和评分来看,在英文语境中杨博斯基的《坛经》译本具有很高的接受度;通过分析网络评论可以发现,对禅宗思想感兴趣的普通读者是该译本的主要受众。根据谷歌学术数据库,该译本先后被引用达400多次,同时还有40个可供下载的网络版本,直接引用该译本且他引率最高的英文出版物主要是哲学类学术专著,如表3.4。

表3.4　　引用杨博斯基的《坛经》译本且他引率最高的英文书籍

Subject Matter (主题)	Year of Publication (出版年份)	Works with the citation (引用《坛经》的著作)	Frequency of being cited in other works (被他引的频次)
Philosophy	1993	*The spectrum of consciousness*	1230
Psychology	2007	*Effortless action: Wu-Wei as conceptual metaphor and spiritual ideal in early China*	419
Psychology	1996	*Chan insights and oversights: An epistemological critique of the Chan tradition*	300
Philosophy	2018	*Relics of the Buddha*	280
Philosophy	1999	*The collected works of Ken Wilber*	277
Philosophy	2004	*Skillful means: A concept in Mahayana Buddhism*	231

---

① 见 https://www.goodreads.com/book/show/261463.The_Platform_Sutra_of_the_Sixth_Patriarch。

陈荣捷是敦煌本《坛经》的首个全译者，其译著先后于1963、1975、1998年由圣约翰大学出版社（St. John's University Press）出版。根据谷歌学术数据，虽然陈荣捷译本的直接学术引用次数远不及杨博斯基的译本，但收录该译本的《中国哲学资料书》（A Source Book in Chinese Philosophy）（Chan, 1963b）的学术引用多达3210次，直接引用该翻译文集且他引率最高的著作如表3.5。

表3.5 引用《中国哲学资料书》且他引率最高的英文书籍

Subject Matter（主题）	Year of Publication（出版年份）	Works with the citation（引用该书的著作）	Frequency of being cited in other works（被他引的频次）
Philosophy	2018	Order out of chaos: Man's new dialogue with nature	10786
Psychology	1983	Conceptual structures: information processing in mind and machine	5773
Psychology	1975	The relaxation response	5077
Philosophy	2012	The righteous mind: Why good people are divided by politics and religion	3702
Philosophy	1990	The absent body	3239

陈荣捷用英文编译的《中国哲学资料书》中收录了其翻译敦煌本《坛经》的大部分内容，该文集由普林斯顿大学出版社先后于1963年9月21日、1969年4月1日、2008年9月2日出版。如表3.5所示，引用该文集且他引率最高的主要是哲学、心理学领域的学术专著，这些图书他引均在3000次以上，其中对2018年出版的《从混沌到有序：人与自然的新对话》（Order out of Chaos: Man's New Dialogue with Nature）一书的学术引用超过了10000次，由此可见收录敦煌本《坛经》英译的

《中国哲学资料书》在目标语语境的接受程度。根据"好读网"（Goodreads）网络阅读社区的读者反馈（2019年2月1日检索），该书单单1969年版就有1015人添加阅读，278人评分，其中95%的读者标记为喜欢阅读；从"好读网"（Goodreads）网络评论可见，从事中国哲学、历史和文化研究的西方高校师生与学者，是陈荣捷所译敦煌本《坛经》及中国哲学文献的主要英文受众，这与杨博斯基的《坛经》译本主要面对从事佛教或对佛教禅宗思想有兴趣的英文读者有所不同。

第三节　西方英文语境中《敦煌歌谣故事集》《敦煌通俗文学作品》的"接受性"

威利所译的《敦煌歌谣故事集》（Ballads and Stories from Tun-huang: An Anthology）于1960年由乔治·爱伦和爱文出版公司（George Allen & Unwin Ltd.）和麦克米伦出版社（Macmillan Publishers Limited）分别在伦敦和美国出版，2005年由罗德里奇（Routledge）公司再版，2012年电子版网络发行。根据谷歌图书数据，威利的敦煌叙事文献英译本被学术引用75次，被网络引用263次，其中对《目连救母》（"Mu-lien Rescues His Mother"）一文的引用达到137次。按照他引指数，可对引用威利译本的英文专著进行列举，如表3.6。

表3.6　引用威利《敦煌歌谣故事集》且他引率最高的英文书籍

Subject Matter（主题）	Year of Publication（出版年份）	Works with the Translation Included（引用该译著的著作）	Frequency of being cited in other works（被他引的频次）
Literature	2016	The classic Chinese novel: a critical introduction	328

续表

Subject Matter （主题）	Year of Publication （出版年份）	Works with the Translation Included （引用该译著的著作）	Frequency of being cited in other works （被他引的频次）
Cultural studies	2001	Society and the supernatural in Song China	239
History	2009	China: A history	109
Politics	1998	Politics and transcendent wisdom: The scripturefor humane kings in the creation of Chinese Buddhism	102
Law	2008	Divine justice: Religion and the development of Chinese legal culture	95
Sociology	2008	Ethnic identity in Tang China	87
Music	1994	Songs of the Shaman: The ritual chants of the Korean Mudang	42
Translation studies	1989	Miraculous retribution: A study and translation of T'ang Lin's Ming-pao Chi	41
Literature	2013	Literary migrations: Traditional Chinese fiction in Asia (17th-20th Centuries)	35
Literature	2001	Encyclopedia of folk heroes	30
Literature	1984	The lotus boat: The origins of Chinese Tz'u poetry in T'ang popular culture	29

从表3.6可见，威利的敦煌叙事文献英译被引于以文学、文化、政治、法律、考古、音乐和翻译研究为主题的高引率学术专著，也就是说相较于《六祖坛经》，文学类敦煌叙事文献在英文语境的读者群更广泛，其所处的文化社团更多元。从出

版时间来看，这些出版物发行时间多在20世纪80年代以后。需要指出，虽然在20世纪中前期英国曾先后涌现出翟林奈、威利、托马斯、贝利等敦煌学专家，但在70年代该领域的研究明显减缓，直到80年代中后期英国敦煌学研究才开始回暖；1994年国际敦煌项目（International Dunhuang Project）创立，该项目秘书处设在大英图书馆，旨在通过敦煌文献的数字化共享，推动敦煌学研究的国际化发展，2004年《国际敦煌项目通讯》（International Dunhuang Project News）发行，提供了一个推送最新敦煌学资讯的平台，这是敦煌叙事文献20世纪80年代后在英国接受度提升的原因。

"好读网"（Goodreads）网络读书社区发布的《敦煌歌谣故事集》阅读体会中，署名"斯密莉"［Smiley（aka umberto），2015］的读者于2015年5月31日所发的评论关注度最高。他/她在曼谷一家名为"DASA"的书吧里偶然发现了《敦煌歌谣故事集》，当时使他/她产生兴趣的不是标题而是封面的一行文字："在中国最西部的一个洞穴里，竟然封存了从公元5世纪到10世纪的大量古文献，里面丰富的民间文学典籍有着和主流上层文学（upper-class literature）一样的功能"。"斯密莉"首先对敦煌遗书及威利的英文译著进行了介绍，然后概述了他/她最为喜欢的三篇故事："Han P'eng"（《韩朋赋》）、"The Wizard Yeh Ching-neng"（《叶净能诗》）、"Mu-lien Rescues His Mother"（《大目乾连冥间救母变文》），他/她认为威利深厚的学术素养，使这些罕见的中国古代文学篇章对普通读者也变得易于接受，故此这是对世界文学的贡献。从"好读网"（Goodreads）网络读书社区和亚马逊购书网站的评论内容可见，威利译著的英文受众不仅是专注于中国古代文学、文化及社会研究的欧美学者，还有来自英、美等英语国家之外的爱好文学的普通读者。

梅维恒所译的《敦煌通俗叙事文学作品》(*Tun-huang Popular Narratives*) 1983 年 11 月由哥伦比亚大学出版,之后于 2007 年 7 月再版发行。通过检索谷歌学术数据库可见,该译作被主要以社会学、语言学为主题的学术出版物引用 90 多次,这与摘引威利所译敦煌文献的英文专著不同,后者的主要内容多为文学、文化研究,具体见表 3.7。

表 3.7　引用梅维恒《敦煌通俗叙事文学作品》的英文出版物

Subject Matter（主题）	Year of Publication（出版年份）	Works with the Translation Included（引用该译著的著作）	Frequency of being cited in other works（被他引的频次）
Sociology	2015	*Life Along the Silk Road*	159
Sociology	2000	*Chinese sociologics: an anthropological account of the role of alienation in social reproduction*	133
Sociology/History	2009	*China's Cosmopolitan Empire: The Tang Dynasty (History of Imperial China)*	130
Linguistics	1994	*Buddhism and the rise of the written vernacular in East Asia: The making of national languages*	101
Linguistics	1991	*The Sanskrit origins of recent style prosody*	73
Cultural Studies	1988	*Having Once Died and Returned to Life: Representations of Hell in Medieval China*	65
Literature	1992	*In the Voice of Others: Chinese Music Bureau Poetry*	50
Cultural Studies	2008	*Travels in the Netherworld: Buddhist popular narratives of death and the afterlife in Tibet*	46

以上是参引梅维恒《敦煌通俗叙事文学作品》且他引率最

高的英文出版物，其主要内容是中国古代社会、语言、文化研究，也就是说该译本的英文读者群已经从文学、宗教拓展到了社会和文化研究的社团。就文类而言，梅维恒选译的《降魔变文一卷》《大目乾连冥间救母变文》《伍子胥变文》《张义潮变文》四篇敦煌叙事文献中，两篇为通俗民间故事、两篇为佛教题材变文，但表3.7中所列的参引英文专著，其主题已经跨越了文学、宗教研究的学科边际，显然该译作在目标语语境的学术功能在延展。

第四节　小结

典籍是载录某个国家、民族或社团在长期社会生产活动中形成的知识、思想、信仰以及文化传统、社会习惯的重要古代文献。敦煌汉文叙事文献讲释了中国化佛教思想的缘起和要旨，涵括了唐五代时期中国俗文学的典型叙事样本。在20世纪全球化背景下，来自英、美等国的汉学家对敦煌叙事典籍的译介和传播，促进了以西方读者为主体的英文受众对中国古代社会文化的理解。诚然，20世纪早期释宗活、铃木大拙等日本佛教人士或佛学专家在欧美地区对禅宗思想的传译和宣讲，二战后美国等西方国家人们精神的颓废、迷茫和困顿等因素，培育了20世纪中后期欧美民众对倡导"直指人心、见性成佛"禅宗思想的认知期待，从而促成了对陈荣捷、杨博斯基英译的敦煌本《六祖坛经》的广泛接受，《坛经》英译本也因此成为欧美国家形成"禅宗热"的重要传播媒介。相较而言，陈荣捷的《坛经》译本多被用于教授中国哲学、历史、文化及文学的校本教育和相关学术活动，杨博斯基所译《坛经》的受众则主要是从事禅宗活动的专业人士或对佛教思想感兴趣的英文读者。作为首个敦煌汉文叙事的英译文集，威利译作的受众既包含文学、文化、考古和语言学研究社团中的专业读者，又有对中国古代史及民间俗文学有认知兴趣的普通读者，同时也有出于好奇而阅读敦煌故事的英语国家之外的受众。需要指出，20世纪后期梅维恒译本的受众，已经从文学社团延展到了社会学和文化研究社团，也就是说该译本已经成为目标语受众研究中国古代社会、文化的参考文献和语料工具。

第四章

敦煌本《六祖坛经》的英译叙事结构与文体特点[*]

翻译既是双语转换行动（act），也是一种社会活动（social activity/event）（Toury，1999：9；17）。描写翻译研究通过双语语料的对比分析，收集"可观察"（observable）的实证数据，在此基础上，概括翻译行为规律、"重构"（reconstruct）翻译规范，逐渐形成关于翻译活动"产品""过程"和"功能"的理论解释（Toury，2012：87-110；2004：15）。双语语篇结构对比是获取文本证据的途径。从语篇宏观层面来看，敦煌文献的叙事结构可以"主题相关性"为参照，从叙述形式、内容和叙述信息三个方面进行分析；其中叙述形式包括评论、描述、转述和言语，叙述内容分为场景、人物和事件（偶发事件和人物行为），此外，叙事信息有隐含、明晰之分。关于语篇微观层面的文体特点，可从语音、词组、小句、句群及衔接手段等角度进行分析，当然，"主题相关性"也是微观层面分析语篇特点的参照系。

---

[*] 本章部分内容作者曾发表于《澳门理工学报》（人文社会科学版）2022年第2期。

第一节 敦煌本《六祖坛经》的语篇分段及其主观唯心主义思想内涵

禅宗是中国化的佛教思想体系，唐开元年间产生了南北派系，分别由五祖弘忍的弟子神秀和惠能创立，北派神秀重渐修，南派惠能主顿悟。唐末南派禅宗又分成了江西曹洞、广东云门、河北临济、湖南沩仰、南京法眼五宗。就内容而言，《六祖坛经》可分为"说般若、禅法和授无相戒""惠能生平传记"和"惠能与弟子的机缘（师徒关系）"三部分（杨曾文，1992：24-30）；第一部分是讲述惠能生平的本体叙事，第二部分即阐述佛理的观念叙事，第三部分则属于公共叙事的范畴。宗宝本《坛经》分为行由品、般若品、决疑品、定慧品、坐禅品、忏悔品、机缘品、顿渐品、护法品、付嘱品十部分。当然，按照惠能说法的地点，还可将《坛经》分为"大梵寺说法""南华寺说法""国恩寺作别"三个段落（林光明等，2004：48）。需要指出，公田连太郎、铃木大拙（1934）所校《敦煌出土六祖坛经》中的"五十七分段法"是学术界分析敦煌本时普遍采用的方法，其具体如表4.1。

表4.1 公田连太郎、铃木大拙对《六祖坛经》的五十七分段

节次	题名	节次	题名
1	集记者法海旁白	6	神秀书偈
2	惠能说法	7	五祖见偈
3	弘忍惠能答问	8	惠能作偈
4	五祖集门人索偈	9	惠能受法
5	诸门人不敢呈偈	10	惠能向南

续表

节次	题名	节次	题名
11	慧顺求法	35	西方刹那见
12	般若智自有之	36	续说在家修行无相颂
13	定慧体一	37	授无相戒与答问后 惠能归曹溪
14	一行三昧	38	传授《坛经》以为秉承
15	定慧如灯光	39	南能北秀
16	法无顿渐	40	神秀派志诚谒惠能
17	无念为宗亦不立	41	为志诚说戒定慧
18	坐禅不著心不看净	42	法达来参
19	坐禅一切无碍	43	智常来参
20	见三身佛	44	神会来参
21	发四弘愿	45	三科法门
22	无相忏悔	46	三十六对法
23	授无相三皈依戒	47	教授《坛经》
24	大智慧到彼岸	48	大师告别真假动静偈
25	摩诃解义	49	祖师传衣付法颂
26	般若波罗解义	50	六祖作二颂
27	从一般若生八万四千智慧	51	最终告别 说四十代祖师
28	说《金刚经》	52	见真佛解脱颂
29	小根不悟大智能修	53	自性见真佛解脱颂 8 月 3 日三更迁化
30	一切法皆在自身	54	灭后与葬仪奇瑞 送葬立碑
31	自心善知识三昧解脱	55	坛经传授
32	说发愿不退即须分付此法	56	如付此法 须得上根知
33	说无相颂	57	流通品
34	修福与功德		

从表 4.1 可见,《坛经》的主体部分是关于"授无相戒和说般若波罗蜜法"的观念叙事（12—33 节），其次是讲述惠能

身世的本体叙事（1—11节）。所谓"无相戒"即持心戒、佛性戒，以众生内心所具佛性为戒，由于心无相，佛性实相无相，故曰"无相戒"。惠能的"无相戒"由皈依自三身佛、四弘誓愿、无相忏悔、三性三皈依戒构成：法身、报身、应身都在自身，所谓"皈依三身佛"指皈依自身所具有的法、报、应三身佛性；惠能将传统佛教的"四弘誓愿"（众生无边誓愿度，烦恼无边誓愿断。法门无边誓愿学，无上佛道誓愿成。）解释为自性自悟成佛的信念理想；"无相忏悔"即对自己在身、语、意三方面所犯的罪过，彻心忏悔，"前念后念及念念，念念不被愚迷染"；需要指出，惠能强调自心忏悔，不注重诵念忏悔经文等传统佛教规仪；所谓"三性三皈依戒"，是将对他者的信仰转化为对自心佛性的信仰，惠能此处用皈依觉、正、净替代了传统的佛、法、僧（杨曾文，1992：30-31）。简言之，惠能传授的"无相戒"主张佛在心性之中，众生通过自修自悟都可成佛，世人的身、语、意须以其与生俱来的佛性为戒体（杨曾文，1992：30）。

佛性普世皆有且众生平等、人心具足佛性且心佛无异，是惠能主观唯心主义禅宗哲学的出发点，是其"无相戒"的思想根源，是贯穿《坛经》始终的语篇主旨。《坛经》第3节惠能在与五祖弘忍的问答中就提出："人即有南北，佛性即无南北，獦獠身与和尚不同，佛性有何差别"（惠能，1934：74）；在12节中，惠能（1934：80）强调，"菩提般若之智，世人本自有之"。换言之，众生皆有佛性，都有清净法身，有与生俱来的般若本源，不论愚智、无论南北，其佛性本无差异，都有成佛的可能。在《坛经》第25节、30节、52节等部分，惠能反复重申了他对佛性的界定："性含万法是大，万法尽是自性""故知一切万法，尽在自身心中""我心自有佛，自佛是真佛""自若无佛心，向何处求佛"（惠能，1934：88；91；113）。

惠能的"佛性说"分为三层含义：佛性不离自心、不离众生的现实之心、即心即佛和悟在自心（潘蒙孩，2010：41-43）。

"不二法门"是惠能在《坛经》中所倡导认识世界、事理的方法论和佛性的本体论；所谓"不二"指反对二元对立、反对执着"两边"和差异分别，主张采用"中观"视角认识事物；"不二"是消解差异、废除对立的修行境界，是佛法的实性或固有属性：善恶、生死、有无其本质上是一致无二的；佛性不增不减、不生不死、不常不断（潘蒙孩，2010：41-43）。诚然，惠能与北派禅宗的显著不同之处是其"一悟即到佛地"的顿悟主张：如《坛经》第16节、31节中所述，"迷即渐劝，悟人顿修""今学道者顿悟菩提，各自观心，令自本性顿悟"（惠能，1934：92；100），也就是说，假如学道者业已自悟到自心的本有佛性，无须求助于外界手段，便可"顿修成佛"（杨曾文，1992：32）。

第二节 《六祖坛经》敦煌本的写本特点

《坛经》敦煌本即大英图书馆所藏斯坦因本（S.5475/or.8210），1923年由日本学者矢吹庆辉（Yabuki Keiki）所发现。该写本共有52页，其中第1页、第44页、第49—55页空白，第2页和第48页下半页空白，每一页中间画竖线或留白分开，左右各约6竖行，每行约22个汉字，字里行间无句读停顿标记；间或有小字插入其中，书写中间或有增添、涂改、圈改和标记，文中富含通假字，多有字迹含糊难辨之处。如杨博斯基（Yampolsky，1967：89）所言，"敦煌写本中的文字不乏错讹、误抄、重复和前后不一的现象，各种错误几乎都包含其中，该写本应该是在记录听述早期《坛经》内容时仓促完成的"。正是由于《坛经》敦煌本的这些特点，国内外学者先后对其进行了校对，出版了不同点校本，包括公田连太郎、铃木大拙（1934）的《敦煌出土六祖坛经》、印顺（1970）的《精校敦煌本坛经》、郭朋（1983）的《坛经校释》、潘重规（1993）的《敦煌坛经新书》等。需要指出，陈荣捷和杨博斯基的英译本其源语文本都为公田连太郎、铃木大拙的点校本《敦煌出土六祖坛经》，但杨博斯基在其翻译过程中还参照了入矢义高、柳田圣山等人的研究成果、陈荣捷的译本、宗宝本《坛经》及其部分英译本。

第三节　敦煌本《六祖坛经》的叙事结构特点

一　叙述内容

叙事结构可以从叙述内容和形式两方面分析，叙述内容主要指人物、事件和场景等故事要素（Chatman，1975：295）。人物是具有特定品质和个性特点并参与事件、行为的人或人们；人物塑造指对人物形象、言语、心理、动作、行为、思想和生活方式的描述和呈现（Chatman，1978：107-108）。叙事文本中的人物不同于现实中人，她/他们是读者认知和审美建构的结果（Chatman，1978：119-131）。"主题相关性"是人物分析的参照系，叙事文本的"主题"指主要事件（行为或自发事件）及作者通过主要事件试图达到的目的或意图（Van Dijk，1975：286-90）。

敦煌本《坛经》兼具了僧传、禅宗经典、六祖语录三个文类功能。其叙述的主要事件即惠能施摩诃波罗蜜法、授无相戒，主要场景为韶州大梵寺、曹溪山宝林寺和蕲州国恩寺。参与或见证惠能大梵寺说法的有"僧尼道俗"一万余人，其中包括《坛经》集记者法海、韶州刺史韦据以及随从官僚儒士数十人。惠能在大梵寺接见了韦刺史，解释了达摩祖师对梁武帝的功德评价，指出"见性是功，平等是德""功德自心作"，开释了韦使君"愿往生西方，得生彼否"的疑惑。需要指出，惠能在大梵寺的言语行为还应包括对自己求法、得法及其生平经历的讲述。参与惠能曹溪山讲解"三科法"和"三十六对法"、传授《坛经》的"人物"除了韦据的门人僧法海（大弟子），还有从北派神秀处来拜谒惠能、后"即为门人"的志诚，前来求解《法华经》的法达，"问四乘法义"的智常、南阳神会，以及智通、志彻、志道、法珍、法如等其他弟子。惠能于蕲州国恩寺的主要行为包括"造塔""作别"和"付法"，参与者主要是其门人弟子。

毫无疑问，六祖惠能是《坛经》的主要人物。惠能自小聪慧，悟性颇高，听客人诵读《金刚经》"心明便悟"。他耿直果敢，初见五祖弘忍，不论其如何刁难质问，惠能仍能据理反驳。尽管在碓坊"踏碓"八月余，但惠能意志坚定，其所作偈颂最终得到五祖赏识，从而得授其衣法。惠能为人宽厚包容，来往的不仅有刺史官吏、儒道僧俗，更不乏芸芸布衣，其弟子既有韦据的门人僧法海，也有来自不同宗派的志诚、法达、神会等。惠能富有革新精神，他反对其圆寂后"著孝衣，作世情悲泣、受人吊问、钱帛"等传统风习，创造性地提出了"顿悟成佛""无相戒""不二法门"等思想主张。

敦煌本《坛经》中的五祖弘忍睿智而思远、心思缜密而处事周全。惠能远涉岭南，前来求法。五祖有意以"汝是岭南人，又是獦獠，若未为堪作佛法"的尖刻问题刁难，并让其在"碓坊踏碓八个余月"，以劳其心志。尽管他非常赞赏惠能"识心见性"的心偈，但为了避免引起其他弟子的猜忌而有害于惠能，五祖仍当着众徒弟面以"此亦未得了"作评，直到"夜至三更"，才唤惠能传衣付法。《坛经》中的另一重要人物为禅宗北派神秀,该人物的主要叙事功能在于映衬惠能的形象塑造。当五祖告知弟子"自取本性般若之知各作一偈",要付衣法、传六代时,"诸人"畏惧神秀"教授师"的权威,知其心而"尽不敢呈偈"。神秀既欲求衣法,又顾忌"夺圣位"的嫌疑,"良久思惟",索性夜至三更,在南廊壁上题作心偈。然而翌日五祖发现后,却仅给了神秀"见解只到门前,尚未得入"的评价,从而为第8、9节童子引惠能堂前读偈、惠能请人壁上题偈、五祖三更"传顿教及衣"该主要事件做好了铺垫。此外,惠能在曹溪山行化期间,神秀派门人僧志诚前来"看惠能见解",并再三叮嘱"莫言吾使汝来,所听得意旨,记取却来与吾说",然而在听完惠能讲释"定慧"说之后,志诚拜服,便"不离大师左右"。显然,神秀派门人"看惠能见解",而后者转投惠能门下,该事件凸显了《坛经》褒扬惠能及其南派禅宗,而有意贬低神秀及其北派禅学的价值立场。

需要指出,神会是敦煌本《坛经》"师徒缘记"部分有意凸显的人物。第49节中当惠能回答法海"法付何人"的问题时,其言语中设下了一个悬记:"吾灭后二十余年,邪法缭乱,惑我宗旨,有人出来,不惜身命,定佛教是非。树立宗旨,即是吾正法。衣不合传……"该谶语至少有两方面的功能:增加了《坛经》叙事的宗教神秘性、印证二十年后神会(在滑台大云寺的无遮大会)"定教是非""树立宗旨"的正当性和权威性。在大师临终告别之际,"法海等众僧涕泪悲泣,唯有神会不动亦不悲泣",对此神会得到了《坛经》中大师仅有的赞许:"神会小僧,却得善等,毁誉不动,余者不得"。此外,除了六祖惠能,神会是敦煌本《坛经》中唯一一个有交代籍贯的人物。显然,通过第44节、48节、49节关于神会的叙述和六祖的言语,敦煌本《坛经》写作者或修订者有意凸显"神会"该人物对《坛经》的重要性,这也是胡适(2012:154-155)

认为敦煌本《坛经》为神会一系修订并流传的原因。相对而言，集记者法海虽然见证了《坛经》中叙述的主要事件，但该人物并未对事件的发展进程产生影响，整个语篇也未对其有专门描述，也就是说他仅作为场景因素而出现。

二 叙述方式和策略

人物的言语是"展现"叙述内容的重要途径。整体而言，惠能的直接言语作为贯穿《坛经》始终的主要叙述形式，是其讲释禅宗顿教的途径，故此，占据了整个叙事语篇的主要部分。关于"描述"，该叙事语篇中主要针对三个场景，包括第1节中对大梵寺听解《坛经》受众的叙述："座下僧尼道俗一万余人，韶州刺史韦据及诸官僚三十余人，儒士三十余人"；第38节中对惠能在曹溪山韶、广二州门人的叙述："若论门人，僧之与俗，约有三五千人，说不可尽"；第54节惠能圆寂后自然天象的描述："大师灭度之日，寺内异香氤氲，经数日不散。山崩地动，林木变白，日月无光，风云失色……白光出现，直上冲天，三日始散"。就叙述功能而言，以上描述与主要人物惠能及其行为直接相关。

可以发现，文中的多处叙述评论都针对《坛经》"依约传法"的功能。比如，叙述者在第1节开篇便指出："与学道者，承此宗旨，递相传授，有所依约，以为秉承，说此《坛经》"。第38节对此又有重复："若论宗旨，传授《坛经》，以此为依约。若不得《坛经》，即无禀受"。第55节梳理了敦煌本《坛经》的传付过程："此《坛经》，法海上座集。上座无常……付门人悟真；悟真在岭南漕溪山法兴寺，现今传授此法"。从而与第1节、第38节中关于《坛经》功能的评论做了呼应。当然，此"悟真"是否为唐宣宗敕授"京城临坛大德"的敦煌名僧还有待考证。不难看出，文中关于依约《坛经》传法的反复叙述评论，以及第49节六祖"法即付了""衣不合传"的言语，突出了敦煌本《坛经》不同于其他佛经典籍的特殊功能。换言之，敦煌本《坛经》中六祖惠能"依约《坛经》传法"与五祖弘忍"传衣付法"的做法不同，这是文中设置上述评论的意图所在。此外，文中第39节关于禅宗南北之分的叙述评论"法即一宗，人有南北，因此便立南北"，突出了该叙事文本中惠能一系为禅宗正法传承的价值规范。

敦煌本《坛经》中惠能在大梵寺设坛说般若波罗蜜法、授无相戒，在曹溪山传授"三科法"和"三十六对法"，以及惠能在国恩寺"造塔""付法""作别"等行为，均是采用第三人称全知叙述来讲述和呈现的。需要指出，从叙述者对人物的称呼语气来看，敦煌本《坛经》的叙述具有"复调"性特点：前十一节中叙述者对神秀的称呼为"秀上座""上座"，而从第40节开始则被替换为"秀禅师""神秀师"，叙述者的身份也因此从"神秀的师弟僧友"转变为禅学晚辈；也就是说，前者是叙述者以惠能的语气或模仿惠能的语气，而后者是法海或惠能门人的叙述口吻。此外，敦煌本《坛经》中除了第49节、第55节称呼法海为"上座"，其余各处均直呼其名，而这两节正是叙述法海见证惠能嘱托"衣不合传"、设"二十年后有人定佛教是非"悬记，及其依约《坛经》付法的关键段落，而它们显然并非集记者法海所作。

第四节 敦煌本《六祖坛经》的语域特点

参照斯坦纳（Steiner，2004）的语域模式，可解析敦煌本《坛经》的语域特点。就"语场"而言，《坛经》的主旨领域是南派禅宗思想构建，该文本相关的社会活动为专门类禅宗佛教思想的交流和传播，其"目的导向"或主要功能为"指引"

和"说服"禅佛信众践行"摩诃般若波罗蜜法""无相戒""三科法""三十六对法"等南派禅宗思想。当然,敦煌本的功能还在于"说服"读者《坛经》是传付六祖顿悟佛法的依约根据,并印证惠能圆寂二十年后神会"定教是非""竖立宗旨"的正当性。在"语旨"层面,《坛经》的写作者或修订抄录者是信息给予者,他/他们依托六祖禅宗的思想要旨,赋予该文本特有的权威性,使读者与其保持了较大的"语境空间"或社会距离。需要指出,写作者或修订抄录者通过添置叙述评论,表露了其对南北禅宗思想及惠能和神秀不同的情感立场。此外,《坛经》在相关语言交际中的角色须是主导性的;考虑到佛经典籍既颂又读的特点,依托该文本的言语交际通道和媒介模态应既有书面可视化属性,也有口头听颂的特点。

第五节 敦煌本《六祖坛经》英译的叙事结构特点

一 英译叙事中"人称"和叙述方式的转变

参照敦煌本《坛经》的源语文本,通过对比陈荣捷、杨博斯基等人英译的故事结构和叙述话语,可发现这些译本中对叙述人称、叙述方式、人物言语,以及对"主题"相关的题名和术语关键词的处理具有趋同性特点。首先,无论是敦煌本《坛经》的首译者陈荣捷,还是后译者杨博斯基、赤松等人,他们均对《坛经》(第2—11节)"惠能生平传记"中的叙述人称做了修改。比如,在第2节的下列内容中:

1)大师不语,自净心神,良久,乃言:"善知识,静听。惠能慈父,本贯范阳,左降迁流岭南,作新州百姓。惠能幼小;父又早亡。老母孤遗,移来南海。艰辛贫乏,

于市卖柴。"(惠能,1934:73-74)

  Then the Great Master remained silent, concentrated in mind and tranquil in spirit. After a long while he said: "Good and learned friends, Listen quietly. My deeply loving father was originally a native of Fan-yang. After his demotion from office, he was banished to Ling-nan and became a citizen of Hsin-chou. My father passed away when I was young. My aged mother and I, an orphan, Moved to Nan-hai..." (Chan, 1963: 27)

  The Master stopped speaking and quieted his own mind. Then after a good while he said: "Good friends, listen quietly. My father was originally an official at Fan-yang. He was [later] dismissed from his post and banished as a commoner to Hsin-chou in Ling-nan. While I was still a child, my father died and my old mother and I, a solitary child, moved to Nan-hai..." (Yampolsky, 1967: 126)

  After a long time, he spoke again, "Good friends, please listen. My kind-hearted father was originally from Fanyang. But he was dismissed from office and banished to Lingnan and lived in Hsinchou as a commoner. My father died when I was quite young. And my widowed and destitute mother moved to Nanhai, where I experienced hardship and poverty and sold firewood in the marketplace..." (Red Pine, 2006: 3-4)

  以古代汉语载录的敦煌本《坛经》,其字里行间无任何句读停顿标记，当然也没有叙事文本中标示人物直接言语的单、双引号。正因为如此，源语文本中关于惠能大师生平的同一种文字中，便出现了两个不同人称、不同方式的叙述，即第三人称转述和第一人称言语："惠能慈父，本贯范阳，左降迁流岭南……惠能幼小，父又早亡。老母孤遗，移来南海。艰辛贫乏，于市卖柴……"既可能是叙述者（法海）模仿惠能的语气，对六祖在大梵寺设坛说法时其言语的转述，也可能是大师以其名"惠能"代指自我，模仿叙述者的语气讲述其自传的直接言语。由于所述内容为六祖幼年和青年时期的人生阅历，集记者法海在其转述中，去掉了"大师"的尊称语而直接使用其名号也是合理的，更何况"惠能"就是从小家人为其所起的名字（释明生，2012：40-41）。需要指出，在《坛经》第 11 节之后的直接言语中，除了用"惠能"自指，六祖还会使用"吾""我"等其他代词，然而在第 2 节至 11 节两千多字的传记体叙述中，竟一贯用"惠能"或"能"指代六祖，并未使用"我"或"吾"等人称代词，从这个意义上讲，此处关于六祖传记的叙述，是叙述者仿造惠能语气，而对其言语进行转述的可能性更高。换言之，第 2 节大师在"自净心神，良久乃言：善知识静听"之后，便开始讲述自己的身世经历，而考虑到大师此处的言语太长（超过两千字），不便于用文字驾驭呈现，集记者索性效仿大师语气，用插叙式的转述切换了其直接言语。

可以发现，陈荣捷、杨博斯基、赤松等人的英译本中，均将源语文本中仿效叙事人物语气的第三人称转述或模仿叙述者语气的人物言语，转变为直陈式的第一人称叙述（I-narration），"惠能"一致性地被第一人称代词"I""my"所替换。一般而言，在自传体叙述中，由于叙述者与其"年轻时的自我"（young self）之间存在特定的时空距离，为此拥有一定的空间和认知优势,也就是说在事件发生之时,他/她会讲述"年轻自我"认知之外的事情(Edmiston,1989:732)。如查特曼(Chatman,1978:155)所言,第一人称叙述者采用"年轻自我"的视角回顾往昔,但表达的却是"成熟"叙述者的观念或意识形态。故此可以说,与源语文本相比,敦煌本《坛经》的英译中讲述"惠能生平"的第一人称直陈式言语,更易于使受述者和读者走近一个在情感心智、佛法修为等方面趋于成熟的六祖惠能。又如:

2)五祖夜至三更,唤惠能堂内,说《金刚经》。惠能一闻,言下便悟。其夜受法,人尽不知。(惠能,1934:78-79)

The Fifth Patriarch waited till midnight, called me to come to the hall, and expounded the *Diamond Scripture*. As soon as I heard this, I understood. That night the Law was imparted to me without anyone knowing it. (Chan, 1963: 41)

At midnight the Fifth Patriarch called me into the hall and expounded the *Diamond Sutra* to me. Hearing it but once, I was immediately awakened, and that night I received the Dharma. None of the others knew anything about it... (Yampolsky, 1967: 133)

At the beginning of the third watch, the Fifth Patriarch called me into his room and explained the *Diamond Sutra* to me. As soon as I heard the words, I understood. And that night, unknown to anyone. (Red Pine, 2006: 9)

"At midnight, the Fifth Patriarch called me into his chamber and preached the *Diamond Sutra* to me. As soon as I heard it, I was awakened." "I received the Dharma that night and no one knew anything about it…"（林光明等，2004：97）

《坛经》第9节主题为"惠能受法"。经过多次考察，五祖弘忍发现惠能悟性远超神秀等其他弟子，为了不引起他人妒忌，弘忍深夜唤惠能堂内付法传衣，使其成为"六代祖"。可以发现，双语文本的叙述都是零聚焦，即叙述者不受时空限制能自由出入人物心理世界。当源语文本的主要叙述对象"惠能"被统一替换为第一人称代词"I""me"（译文可回译为：夜至三更，五祖唤我入堂内，给我讲释《金刚经》。我一闻便悟其理。是夜受法，他人不知），译文的叙述者和叙述人物便合为一体，此时，六祖惠能的全知叙述内容直接反映了其观念、价值和情感立场。虽然作为叙述者的六祖大师与其言语中的"青年惠能"在心智、感知、观念和情感等方面还存在一定差距，但比模仿叙述者语气的自我讲述或者模仿叙事人物语气的第三人称转述，更有助于构建《坛经》叙事的人物真实性，而让六祖大师亲自"出场"，讲述其人生履历，无疑更有助于强化叙述内容的可信度。

二 杨博斯基等后译者对叙述方式的转变

需要指出，作为敦煌叙事文本的后译者，杨博斯基、赤松等人通常会通过以"直接言语"置换"转述"、增加人物言语的表达性，来调控叙述距离。例如，《坛经》第52节"见真佛解脱颂"是惠能入寂之前开示弟子的言语：

3）法海又白："大师今去，留付何法？令后代人如何见佛?"六祖言:"汝听,后代迷人但识众生,即能见佛;若不识众生,觅佛万劫不可得见也……"法海愿闻,代代流传,世世不绝。(惠能,1934:112)

"…Fa-hai, please listen. Hand the teaching down to successive generations, and do not allow it to be cut off." (Yampolsky,1967:180)

Fa-hai said, "If we could hear this, it will be passed down without interruption from one generation to the next." (Red Pine,2006:48)

"I, Fahai, wish to hear it, and shall have it transmitted from generation to generation, not letting it die out throughout all times." (林光明等译,2004:299)

"法海愿闻,代代流传,世世不绝",是对法海言行的"转述",意指法海愿意听闻六祖开解《坛经》,以便将其流传后世。可以发现,尽管杨博斯基将其转化为六祖惠能的言语,而赤松、林光明等以法海的言语相替换,但上述译者均改变了叙述方式,将转述替换成了直接言语。然而,敦煌本《坛经》的首位(全)译者陈荣捷仍保留了源语故事的转述:"Fa-hai expressed a wish to hear the verse as it would prevail generation after generation without end"(法海表达了其愿意听讲的愿望,以求《坛经》能够世代不绝地流传下去)(Chan,1963:141)。相比之下,杨博斯基、赤松等人的复译本更趋于直接呈现六祖惠能的言语行为及其门人弟子的言语内容。需要指出,与杨博斯基等后译者不同,陈荣捷在其英译中会增添针对人物的叙述评论，比如：

4）惠能幼小，父又早亡。（惠能，1934：73-74）

My deeply loving father was originally a native of Fanyang.（Chan，1963：27）

While I was still a child, my father died and...（Yampolsky，1967：126）

My father died when I was quite young.（Red Pine，2006：3-4）

"my deeply loving"（我深爱着的）是关于惠能"父亲"的叙述评论，是叙述者对所述人物情感和态度立场的流露，属于表情性评论。陈荣捷译本增添了该评论后，此处的叙述"声音"变得主动和急切，而杨博斯基等后译者并未增加类似的叙述评论，其叙述"声音"依然平静和从容。可见，除了增添针对人物的叙述评论，陈荣捷译本中通常不会改变源语叙事中的叙述方式，而杨博斯基等人的英译中则会采用人物的直接言语替换源语转述，更趋于"展现"叙述内容。

三 英译叙事中语境化的人物直接"言语"

《坛经》中惠能的言语是其禅宗要义的主要叙述方式。通过双语文本对比可见，与陈荣捷不同，杨博斯基等后译者还会特意关照言语交际情景中的人物因素，优化其对言语会话的参与度，具体如下：

5) 人即有南北，佛性即无南北；獦獠身与和尚不同，佛性有何差别？（惠能，1934：74）

Although people from the south and people from the north differ, there is no north and south in Buddha nature. Although my barbarian's body and your body are not the same, what difference is there in our Buddha nature? (Yampolsky, 1967: 127 - 128)

People come from the north or south, not their Buddha nature. The lives of this jungle rat and the Master's aren't the same, but how can our Buddha nature differ? (Red Pine, 2006: 4)

《坛经》第 2 节中叙述惠能受买柴客资助前往黄梅冯墓山礼拜五祖弘忍（惠能，1934：73）。初次见面，弘忍便质问惠能："汝是岭南人，又是獦獠，若为堪作佛！"惠能反驳道："人即有南北，佛性即无南北；獦獠身与和尚不同，佛性有何差别？"杨博斯基、赤松、林光明等均通过增添代词"I""my""your""our"，将会话中的"你""我"双方都纳入惠能言语的结论句，译文可回译为"虽然我的獦獠身与你的和尚身不同，但我们的佛性有何差异？"显然，译文中通过调节人物的参与度，强化了惠能言语的表达性：听完弘忍不无偏见的盘问，惠能的言语直接表露了其愤懑而急切的情绪。如此，人物、叙述者和读者之间的距离也随之被缩小，读者因而会获得更多的审美体验（白春香，2010：107）。也就是说，从读者的视角看，译文中惠能的言语更真实、更易引起共鸣、其个性特点更鲜活。需要指出，首译者陈荣捷的译文并未采用上述策略:"The physical body of the barbarian and that of the monk are different. But what difference is there in their Buddha-nature?"(野蛮人与和尚的身体不同,但他们的佛性有何差异?)(Chan, 1963: 31)。又如:

  6)著空则惟长无明,著相即惟长邪见。(惠能,1934: 106)

  If you cling to emptiness then you will only be increasing your ignorance. If you cling to form, you will only increase your false views. (Yampolsky, 1967: 172 – 173)

  If you become attached to emptiness, you will only increase your ignorance. And if you become attached to appearances, you will only increase your delusions. (Red Pine, 2006: 42)

  To be attached to Emptiness merely means to increase ignorance. To be attached to characters merely means to increase perverse views. (Chan, 1963: 127)

《坛经》第46节中,惠能对弟子讲解"三十六对法"。所谓"三十六对法"指超越事物与现象表面上存在的差别与对立,以一种非有非无的方法来开启佛法智慧;惠能认为,宇宙实相,自心佛性,都是空有不二的,著有固然不对,著空亦非正道(孙亦平,1999: 158)。源语文本中"著空则惟长无明,著相即惟长邪见",是惠能对"不二"法门的具体阐释,杨博斯基等后译者通过添置第二人称代词"you",将其转化成对弟子的告诫和劝诲:"汝若著空则惟长汝无明,汝若著相即惟长汝邪见。"译文中惠能带有祈使语气的言语，缩短了其与弟子之间的情感距离。也就是说，与源语宗教典籍相比，译文的叙述更具贴近世俗生活情景，更具表达性。需要指出，陈荣捷并未做类似调整，其目标语文本可回译为："执着于空仅是增加了愚昧，执着于相只是助长了邪见。"

7）莫百物不思，念尽除却。一念断，即无别处受生。（惠能，1934：82）

But do not stop thinking about everything and eliminate all thought. As soon as thought stops, one dies and is reborn elsewhere. (Chan, 1963)

If you stop thinking of the myriad things, and cast aside all thoughts, as soon as one instant of thought is cut off, you will be reborn in another realm. (Yampolsky, 1967: 138)

But don't think about nothing at all. Once your thoughts stop, you die and are reborn somewhere else. (Red Pine, 2006: 13)

禅宗法门体现为"无念、无相、无住"三个方面，分别指"不起虚妄分别之念想""不执取对象的相对相、差别相""没有任何住着、执着的心灵状态"，这三方面是践行禅宗佛理的纲领指南（方立天，2000：41）。《坛经》第17节"无念为宗亦不立"中对此做了补充："莫百物不思，念尽除却。一念断，即无别处受生"一句，惠能强调"无念"并非"百物不思"，一个人倘若"一切念断"则会"即无"而"别处受生"。不难发现，虽然陈荣捷、杨博斯基、赤松、林光明等人对此句的理解有些许差异，但是后译者杨博斯基等人对惠能此处言语的英文处理都添加了第二人称代词"you"或"your"。由于惠能说摩诃波罗蜜法、授无相戒时"座下僧尼道俗一万余人"，其中有数十位韶州的官僚和儒士，为此，译文所添置的第二人称代词应当回译为"汝等""尔等""你们"等复数称语。也就是说，杨博斯基等人英译的《坛经》敦煌本中，惠能在组织讲法释禅的言语时，兼顾了大众听者的认知期待，考虑到了"受众"该情景语境因素。相对而言，作为《坛经》敦煌本的首个全译者陈荣捷，其译本紧依汉语文本，依然留存了源语说教的言语风格。又如：

8）心不思本源空寂，离却邪见，即一大事因缘。内外不迷，即离两边……一念心开，出现于世。心开何物？开佛知见。（惠能，1934：102）

The mind has nothing to do with thinking, because its fundamental source is empty. To discard false views, this is the one great causal event. If within and without you are not deluded then you are apart from duality... If you awaken to this Dharma, in one instant of thought your mind will open and you will go forth in the world. What is it that the mind opens? It opens Buddha's wisdom and the Buddha means enlightenment. (Yampolsky, 1967：166)

When a person's mind has no thoughts and is fundamentally empty and still and free of false views, this is the greatest of all causes—which occurs when you aren't confused about the inside or the outside, when you are free of dualities. Once you understand this teaching, your mind will develop in an instant. But what does the mind develop when it appears in the world? It develops the understanding of a Buddha. Buddha means "enlightenment". (Red Pine, 2006: 37)

When the human mind is free from thoughts, its original source will be empty of differentiated characters and be tranquil, and perverse views will be gone. That is the same as causing the great event. When one is free delusions both internally and externally, he is free from both extremes. (Chan, 1963: 113)

《坛经》第42节中，法达参见惠能，垂询《法华经》的"正法之处"，求解成佛的一乘之法；由于惠能"不识文字"，一边让其诵读，一边为其开释："人心不思本源空寂，离却邪见，即一大事因缘，内外不迷，即离两边……"，意指世上的人或者执于诸相、或者迷于空无，如果能内外两边不执不迷，在一念之间悟此法门，就是一件成佛的"大事因缘"，心门开启之际便悟得了佛理大智慧。可以发现，与陈荣捷不同，杨博斯基、赤松等人在惠能的直接言语里都增添了第二人称代词"you"："只要（法达）你'即离两边''内外不迷'，即成'一大事因缘'，你就会顿悟佛理、开启佛的智慧之门。"显然译文此处惠能的语气更具人情味，更贴近世俗情景。又如：

9) 善知识！何名忏悔？忏者，终身不为。悔者，知于前非恶业，恒不离心，诸佛前口说无益。（惠能，1934：87）

Good friends, what is repentance (ch'an-hui)? "Seeking

forgiveness" (ch'an) is to do nothing throughout your life. "Repentance" (hui) is to know the mistakes and evil actions you have perpetrated up to now, and never to let them be apart from the mind. It is useless to make a confession in words before the Buddhas (Yampolsky, 1967: 144 – 145)

Good friends, what does repentance mean? Repentance means to be aware of past misdeeds and not to commit them again for the rest of your life. Unless bad practices are forever removed from your mind, reciting this before buddhas won't help you. In this Dharma teaching of mine, repentance means to stop once and for all. (Red Pine, 2006: 19)

Good and learned friends: what is repentance? To repent means never again to do evil in one's life time. To regret means to realize the evil of precious deeds and not to allow that realization ever to slip from the mind. It is useless merely to say so before the Buddhas. (Chan, 1963: 65 – 66)

"忏悔"是通过音义兼备、"梵华双举"的方式汉译的梵文佛教术语，即取"Ksama"（忏摩）之梵音和汉文"悔"之意整合而成。《坛经》第22节是惠能对"无相忏悔"的讲释。"无相忏悔"即以自身佛性为戒体的"自性忏悔"，所谓"忏悔"，指"前念后念不被迷痴染"，除却从前恶行、骄狂、妒忌心，而且"恒不离心""永断不作"（惠能，1934：86 – 87）。可以发现，杨博斯基、赤松等分别在译文中对惠能界定"忏悔"的言语中增添了"you""your"等语外照应词，将言语交际情景中的听者因素也引入了六祖的直接言语，杨博斯基的译文可回译为：

> 诸位良友："何为忏悔？'忏'者即寻求宽恕，指在你们整个一生再也不做任何过错；'悔'指已经知道你们以前所犯的错误和恶行，而且永远不会将其从你们心中分离出去。（忏悔时）在佛前所说的坦白话语是没有用处的。"

惠能关于"无相忏悔"的上述言语功能，除了为受众提供知识信息，主要是劝导和影响。不难看出在添置了语外照应的第二人称代词后，杨博斯基等人译文中惠能言语的影响劝导功能愈加突出。相较之下，首译者陈荣捷则紧依敦煌文献，译文中仍保留了源语文本中六祖讲解"无相忏悔"时的说教语气，惠能与其听众之间的情感距离未发生明显变化。

"照应"（reference）是语篇衔接的手段之一，通常有"文内照应"（endophoric reference）和"语外照应"（exophoric reference）之分，前者指语言单位的所指对象在文本或话语内部，而后者则在情景语境或文本环境中（Halliday，1994：308－309）。《坛经》英译叙事中人物言语内增添的第一、二人称代词，属于人物言语的语外照应词，指代人物言语交际情景中的说话人或听众等语境因素。一般而言，日常生活中的言语交际情景包括说话人、受众、交际行为目的、人际关系、时间、地点、场合等因素（Nord，2001：1），说话人、受众及人际关系是制约叙事人物间言语交际的重要情景因素。敦煌本《坛经》中人物之间的言语交际行为也会受到这些情景语境因素的制约和影响。后译者杨博斯基等人规律性地将主要人物的直接言语"语境化"，即通过在译文人物的直接言语中增添指代说话人或听者的语外照应词（人称代词），优化了英译叙事中人物言语交际的世俗情景性，增强了叙述内容在生活语境的真实性。不难发现，译文中惠能直接言语的"语境化"，正是对源语《坛经》第三十六节"法元在世间""勿离世间""若欲修行，在家亦得"六祖禅宗思想的践行（惠能，1934：96；98），也就是说，译者采用"语境化"手段优化译文叙事的情景真实性，其依据是《坛经》"佛法在人间、不离世间觉"的思想内容。由于隐含叙述信息是需对文本和语境进行综合推理方能获得的信息（Gutt，1996：242），《坛经》的英文后译者通过人物直接言语的语境化，增添了与双语文本主题直接相关的隐含叙述信息。

第六节　敦煌本《六祖坛经》英译中趋于"丰富"的第一、二人称代词

考虑到陈荣捷译本接受度最广的内容是收录于《中国哲学文献选编》（*A Source Book in Chinese Philosophy*）中的章节（《坛经》第 3、4、6、7、8、9、12、13、16、17、18、19、20、30、31 节的英译），为此选取陈荣捷、杨博斯基、赤松等人英译本中对应章节的语料，通过采用语料分析工具 WordSmith Tools 统计源语及不同译本中第一二人称代词的出现频率，可描写敦煌本《坛经》各版本英译的文体特点。首先将源语文本及各个译本进行扫描、转写、对齐、归类并存储为纯文本或 HTML 格式，然后借助 WordSmith Tools 7.0 导出《坛经》各个译本的词表（wordlist），我们可统计出人称代词的出现频次等数据，具体如表 4.2。

表 4.2　陈荣捷敦煌本《坛经》英译的人称代词词表

N	Word/Chan. txt	Freq.	%
21	YOU	31	0.73
28	THEY	28	0.66

续表

N	Word/Chan. txt	Freq.	%
31	WE	25	0.59
33	THEIR	23	0.54
34	I	22	0.52
39	HE	18	0.42
43	THEM	17	0.40
57	YOUR	15	0.35
61	ME	14	0.33
63	OUR	14	0.33
94	HIM	8	0.19
95	HIS	8	0.19

所选陈荣捷的英译语料总字数为4195，其中第一人称代词（包括单、复数代词、指示代词和物主代词）出现75次，占比（即代词字数与所选语料总字数之比）为1.77%；第二人称代词出现46次，占比为1.08%，远高于其他人称代词。

表4.3　杨博斯基敦煌本《坛经》英译的人称代词词表

N	Word/Yampolsky. txt	Freq.	%
4	YOU	122	2.66
9	I	57	1.24
16	YOUR	47	1.03
40	HE	40	0.44
41	ME	28	0.44
42	MY	19	0.41
47	HIS	17	0.37
57	THEY	14	0.31
80	WE	11	0.24

杨博斯基的译本所选语料字数为4376，第一人称代词出现115次，占比2.62%；第二人称代词出现169次，占比达3.86%，具体如表4.3。

表4.4　赤松敦煌本《坛经》英译的人称代词词表

N	Word/Red Pine. txt	Freq.	%
5	YOU	103	2.35
7	I	64	1.46
10	YOUR	60	1.37
15	WE	43	0.98
39	HE	23	0.52
40	THEY	22	0.50
43	OUR	19	0.43
47	HIS	17	0.39
53	THEIR	16	0.36
59	ME	15	0.34
60	MY	15	0.34

赤松译本的相应章节语料达4282字，其中第一人称代词出现156次，占比达3.64%；第二人称代词出现163次，占比为3.80%。

表4.5　敦煌本《坛经》的人称代词和高频专名词表

N	Word/敦煌本《坛经》. txt	Freq.	%
1	惠能	21	0.54
2	汝	20	0.50
3	我	16	0.4
4	吾	7	0.18
5	汝等	3	0.08
6	其	1	0.50

敦煌本《坛经》相应章节的语料总量为 3906 字，其中专名"惠能"出现 21 次，占比 0.54%；第一人称（"我""吾"）和第二人称代词（"汝""汝等"）均出现 23 次，占比分别为 0.58%。这样，从源语敦煌本《坛经》到陈荣捷首个英文全译本，再到后译者杨博斯基、赤松等人的复译本，其第一、二人称代词数及其与相应章节语料总字数之比，可用图 4.1、图 4.2 来展示。

从语料总量来看，所选源语文本及其对应英译本的字数都在 4000 字左右，其中英译本均在 4200 字上下浮动，考虑到古汉语与英语语言的差异，语篇字数的差距应不具有区分标记性文体特点的价值。如果进一步对比上述数据，可发现 20 世纪的英译本中第一、二人称代词的数量，随着文本生成时间的推移而渐趋显著增强。如图 4.1、图 4.2 所示，作为敦煌本《坛经》的首位全译者，陈荣捷的英译本中这两类人称代词的数量及其与语料总字数的占比值增加显著：第一、二人称代词分别为源语文本的 3.26 倍和 2 倍，而后译者杨博斯基、赤松等人的译本中这两类代词则相较于陈荣捷译本又大幅增加，其中第二人称的增幅超过了 2.5 倍。

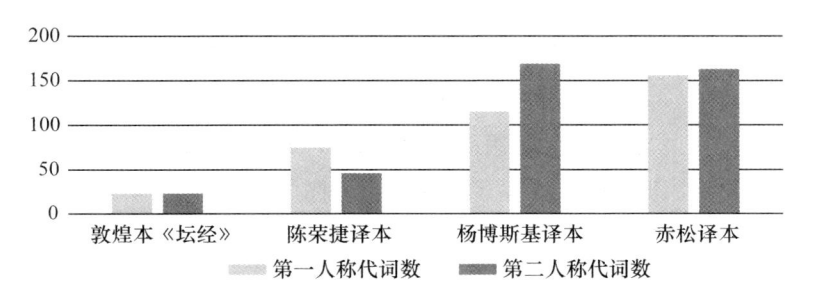

图 4.1 敦煌本《坛经》及其英译本中第一、二人称代词数

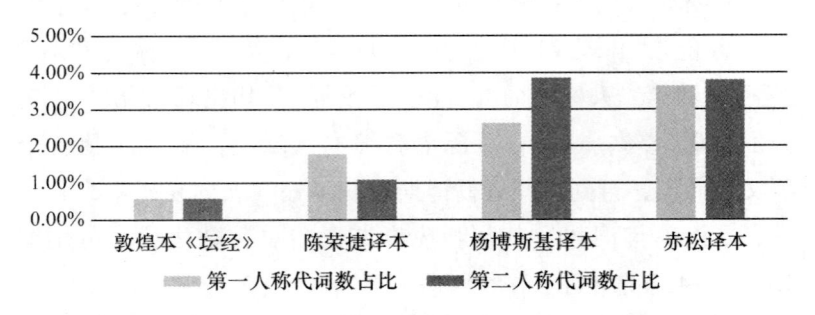

图 4.2　敦煌本《坛经》及其英译本中第一、二人称代词的占比值

如上文所述，对于《坛经》第 2—11 节关于六祖生平的部分，诸译者均采用第一人称直陈式言语，替换了源语文本模仿人物"惠能"语气的第三人称全知叙述，这是陈荣捷、杨博斯基、赤松等人的英译本中第一人称代词显著增多的主要原因。当然，与陈荣捷相比，后译者杨博斯基等人译本中的增幅更显著。需要指出，从陈荣捷的首个全译本，到杨博斯基等人的复译本，其渐趋大幅增添的第二人称代词，多出现在六祖面对其听众或门人弟子所述的直接言语中，也就是说，译文中增添的第二人称代词"you""your"多应为"你们""你们的"。

通常，在第二人称的"教谕式"叙事中，复数第二人称并非单数人称的简单增多，而是一个复杂的组合过程："你们"不等于多个"你"单纯叠加，而是"你"和众多与"你"相似的"他／她"的有机组合（Butor，1987：92）；用公式可表示为：你们＝你＋他／她们（他／她〜你）；他／她们＝n 个平等相似的他／她。换言之，"教谕式"叙事中的复数第二人称代词"你们"由"你"和与"你"相似的无数个平等的"他／她"所构成。从这个意义上讲，20 世纪敦煌本《坛经》的英译叙事中，六祖惠能的"教谕式"言语里渐趋"丰富"的复数第二人称代词，不仅指代其言语交际情景中的听者因素，更包含了与"听者"相同,试图追求佛性顿悟的芸芸众生。诚然,"即缘有众生,离众生无佛心",而且众生平等其"佛性本无差别",是惠能禅宗思想的出发点。不难发现,在《坛经》英译中六祖讲解禅法的"教谕"式言语里,增添了语外照应手段——复数第二人称代词,纳入了在佛性面前平等无差异的听释《坛经》的所有受众,可见此处译者的语言决策依据正是源语文本中的禅宗思想。

第七节　敦煌本《六祖坛经》英译的语域特点

　　与源语文本相比,敦煌本《坛经》英译在言语交际者的社会、情感距离、语篇的"目的导向"(语篇功能)以及语篇相关社会活动的"专业度"等方面均有变化。如上文所述,译文中采用了"语境化"手段,添加了指代言语交际行为参与者的语外照应词和具有语外泛指特点的复数第二人称代词,纳入了无谓南北、愚智和男女差异,来听释《坛经》的普通受众;将源语文本第 2 节至第 11 节关于"惠能生平"的部分转化为六祖的第一人称直陈式言语,缩小了英译叙事与其读者/听者之间的社会和情感距离;而在六祖说法讲经的言语中增添了对其门人弟子的语外照应后,译文感召影响的功能增强。

　　社会活动是语场分析的内容之一。如伊金斯(Eggins,1994:67)所述,社会活动可按照"专业度"分为技术、专门、常识和日常四类,语篇中的术语、标题、题名等是描写社会活动的参数。通过对比可见,作为敦煌本《坛经》的首位全译者,陈荣捷调整佛经名词的"专业度",而杨博斯基、赤松等后译者则倾向于采用对应的梵文英语音译词替换源语佛学术语。比如,源语题名中的"经"在陈荣捷译本中转译成了日常词汇"scripture",而并非与"专门"佛教活动相关的"sutra"。需要指出,杨博斯基(1967)和赤松(Red Pine, 2006)等人的翻译均为后者。又如"摩诃般若波罗蜜法"是《坛经》的关键词之一,与此相关的是"专业"佛事活动。陈荣捷采用日常词汇将其译为"the law of Perfection of Great Wisdom"(即完善大智慧的法则)(Chan, 1963:27;69),而杨博斯基(Yampolsky, 1967:125;126;146)、赤松(2006:3;20)等后译者分别用佛教术语"Dharma of Mahaprajnaparamita""Mahaprajnaparamita"等相替换,译文中与其相关的社会活动"专业度"也因此降低。对于《坛经》第20节"法身""千百亿化身""报身"等佛经术语:陈荣捷译本中分别将其意译为"Pure Law body""Myriad Transformation-body"和"Perfect Reward-body"(Chan, 1963:57),后译本则采用了"Dharmakaya""Nirmanakaya""Sambhogakaya"等相关梵文术语的英文音译词(Yampolsky, 1967:141)。同样,陈荣捷通常采用日常词汇对译《坛经》中的汉文禅宗术语,而后译者杨博斯基则会诉诸"音译"手段,比如:

10)何名为禅定?外离相曰禅,内不乱曰定。外若有相,内性不乱,本性自净曰定。(惠能,1934:83-84)

What is meant by meditation and calmness? Meditation means to be free from all characters externally; calmness means to be unperturbed internally. (Chan, 1963:55)

And what do we call Ch'an meditation (ch'an-ting)? Outwardly to exclude form is "ch'an"; inwardly to be unconfused is meditation (ting). (Yampolsky, 1967:140)

可以发现，首译者陈荣捷将"禅定"译为"meditation and calmness"（冥想与静心），而杨博斯基则采用了音译"ch'an-ting""ch'an""ting"。陈荣捷译本的翻译方法显然以目标语读者为导向，而后译本中对汉文禅宗术语的音译则是以源语文本为导向的，也就是说以完整"重构"敦煌本《坛经》的语篇特征为目的的。

第八节　小结

经过双语文本对比，可发现20世纪汉学家对敦煌本《坛经》的英译具有一定的规律性。一是源语"惠能传记"部分的叙述方式均被转变为六祖的第一人称直陈式言语，译文人物的真实性和"六祖惠能"的亲和力因此增强，英译叙事与读者之间的距离缩小。二是随着文本生成时间的推移，英译本中六祖惠能的"教谕式"言语里复数第二人称代词数量，相较于源语文本会渐趋增大，也就是说译文六祖的直接言语里不但纳入了其言语交际情景中的听者因素，还关照了那些追求禅理智慧，但又不在场的无谓南北、不论愚智的《坛经》普通受众，《坛经》英译本影响感召的功能增强。三是相较而言，首译者陈荣捷会添加针对人物的表情性叙述评论，而杨博斯基等人会以人物直接言语替换源语转述，这样陈荣捷译本趋于"讲述"（telling）叙事内容，而后译者则更倾向于"展现"（showing）。四是后译者通过在人物直接言语增添指代言语行为参与者的语外照应词，优化了英译叙事的生活情景性和现实性。五是首译者陈荣捷会调整佛经术语的"专业度"，将其转译为日常英文词汇，而杨博斯基等后译者则通常直接将《坛经》汉文禅宗术语音译，或者将其替换为根据梵文佛经音译的英文佛学术语。不难发现，敦煌本《坛经》的复译者所采用的强化人物言语情景现实性的"语境化"手段,其依据正是源语文本中六祖所宣讲的"法元在世间""勿离世间觉"的禅宗主张;在六祖讲释禅法的"教谕"式言语里,增添指代所有受众的语外照应词,复译者显然践行了"即缘有众生,离众生无佛心"的源语《坛经》思想。需要补充,译者的上述语言决策并非其出于解决翻译问题而必须对源语文本所做的改变,也就是说很大程度上是其主体意图的体现。

诚然,《坛经》首译者以目标语读者为导向,而复译者则渐趋以完整重构源语文本语篇特征为目的的翻译决策特点,这与古代敦煌汉文文书的西夏文、回鹘文和古藏文翻译活动是契合的。需要指出,古代汉文佛经的敦煌藏译活动中首译者也会降低译文的"专业度",但是复译者们音译佛教术语的依据通常是梵文佛经里的对应词汇,而非源语汉文表述,造成该差异的原因与敦煌本《坛经》在禅宗佛学领域的经典性和权威性有关。

第五章

《伍子胥变文》英译的叙事结构和文体特点

第一节 敦煌俗文学的类型

敦煌遗书的重要部分是唐五代以来流传的以民间讲唱故事为主的俗文学文献。如郑振铎（2013：2-4；6）所言，俗文学产自民间，由民间的无名集体创作并口头相传，长期以来经多人修订润色而成，其真正的创作者和时间无从考据；俗文学多讲述民间英雄、男女爱情等寄寓大多数普通民众的信仰、审美、情感、价值和思想的故事，虽然在表现手法上有"粗鄙"之嫌，但其叙事想象力丰富，勇于吸纳新的文学技巧和元素；讲唱文学作为中国俗文学中最有活力的文类，其中一部分源于印度，最初是僧人在庙宇说法传道的文本媒介，后传入中原流行于市井娱乐场所；讲唱文学多采用"说白"讲述故事，间或有韵文唱词穿插，讲唱结合；俗文学既非叙事诗也并非戏曲，其语篇主体多为事件讲述，一般通过第三人称的"说白"来构建。据推测，敦煌俗文学是由一些粗识文学的村学先生基于当时耳熟能详的故事主题编撰而成；语篇中会对故事所包含的地名和风俗附设旁白，会对一些具备韵诵特征的"常备段落"（stock passages）进行重复。需要指出，写作者往往并不关心所述事件发生的真实年代（Waley，1960：239）。如张鸿勋（2002：8）所言，唐五代时期流行的说唱类俗文学作品，桥接了唐传奇与宋元以来的话本、宝卷、诸宫调等文学类型，在中国文学发展史上，具有承上启下的地位。

敦煌文献中的俗文学作品有词文、俗讲、诗话、话本、故事赋和变文等类型（周绍良，1963：74-82）。参照敦煌抄本的原有标题名，可将敦煌讲唱文学分为词文、故事赋、话本、因缘、讲经文、变文等（张鸿勋，2002：10）。其中词文由纯韵文唱词构成，时而有少量作为演唱铺垫导入的散说，如《大汉三年季布骂阵词文》《季布诗咏》等；敦煌故事赋是介于说唱之间的韵诵体，其语篇结构或以主客问答、思辨为主体（如《孔子项讬相问书》），或者以讲述完整事件为重心，故事赋多为民间传说，很少涉猎宗教主题；话本指唐朝时期"说话"或说书的艺人所演述故事的底本，如敦煌本《庐山远公话》《叶净能诗》，话本的语篇主体是采用口头语叙述的散说故事，间或穿插有少量的吟诵偈语；因缘指佛事斋会上既具讲释宗教思想又有娱乐受众功能的讲唱类文本；讲经文是俗讲佛教教义的文本，是宣讲佛经的通俗化底本；变文是吸收中亚的佛教文学体制而形成的一种讲唱、散韵结合的俗文学体式，其文字表述中常配有插图（张鸿勋，2002：12-22）。

需要指出，学界对于变文的源起及其定义存有争议。关于源起，早期有"产自本土"和"源自印度"两种观点，国内学者现在逐渐趋向于一种折中的看法，即"变文是中印文化交流而产生的一种文学体式"（李小荣，2013：21）。广义的定义将敦煌出土的唐五代说唱类文学作品都归为变文，比如潘重规（1994：1297-1299）就认为，它是讲经文、词文、故事赋、缘起等同一时代各种讲唱类文体的"通俗名称"，其本质还是讲故事。作为敦煌俗文学的首位英译者，威利（Waley，

1960：244－245）认为变文源自佛教寺庙图说事件的"变相"，它一般都是"不寻常的事件"（unusual occurrence）或"奇闻"（miracle）。梅维恒（2011：38）主张根据敦煌文卷是否以"变文"或"变"为题名，以及是否与那些以变文为题的文卷具有相同语篇特征，将敦煌变文"狭义"地界定在20种以内。通过描写归纳，他把变文的文类特征总结为：宗教和世俗主题各有，结构上散韵相间，语篇内容与插图直接相关联、包含铺垫韵文的散说套语（比如"若为""若为陈说""谨为陈说"等）和插入式的评论，通贯全篇的近乎口语的语言风格（梅维恒，2011：20），这和陆永峰（2000：125）等人的归纳也基本一致。以此为准，可发现王重民等（1957）所辑录《敦煌变文集》中的部分文本并非变文。如维特根斯坦（Wittgenstein，1958：31－32）所言，通过观察（look）一个范畴诸个成员之间的联系和相似点，可发现（see）整个范畴的特征。尽管题名中包含"变""变文"的敦煌叙事文献其语篇主题和图式结构各有差异，但有一点是相同的：它们所述故事都并非原创于变文流行的唐五代时期，而是对该时期之前的承载中国本土文化或西域佛教文化故事的通俗化演进和流变。

虽然威利和梅维恒对敦煌变文的理解不尽相同，但他们都选译了其中的《伍子胥变文》《目连救母变文》，这也说明了该文献在敦煌俗文学大类中的典型性，当然它们也是本书文本描写的重点所在。此外，如第一章所述，本书的研究语料主要是以"散说"和叙述事件为语篇主体内容的敦煌汉文叙事文献，不包含英—汉语双语文本均为纯韵文的语料，也就是说《敦煌歌谣故事集》（*Ballads and Stories from Tun-huang*：*An Anthology*）中的《燕子赋》"The Swallow and Sparrow"《孟姜女变文》"Meng Chiang-nü"《董永变文》"Ballad of Tung Yung"《下女夫词》"Marriage Songs"等译文及其源语文本并非本书的研究范畴。

第二节 敦煌本《伍子胥变文》的叙事结构和语域特点

伍子胥的故事早在公元前5世纪就开始流传，其作为"江神""波神"在江浙一带的民间被广泛祭祀和崇拜（Johnson，1986：84），其生平事迹在《史记》《左传》《吴越春秋》《越绝书》《吕氏春秋》《公羊传》《国语》等史书中都有记载。到元明时期，史书所载故事被改编成了《伍员吹箫》《伍子胥弃子走樊城》《说专诸伍员吹箫》《浣纱女抱石投江》等元杂剧，以及《浣纱女》等明杂剧，同样可见于《列国志传》《新东周列国志》等历史演义小说（黄亚平，2008：79）。《伍子胥变文》继承了历史的和神话的、文学的与口头的两大传统（Johnson，1986：92），它是唐五代时期敦煌变文的"一大作"（颜廷亮，1996：257），最初见于斯坦因和伯希和所整理的 S. 328、S. 6321、P. 3213、P. 2794 四个敦煌残卷，后经王重民等（1957）整理，辑录于《敦煌变文集》首卷开篇处。《伍子胥变文》的故事主线可以总结为：楚平王听魏陵之言娶儿妇秦女；伍奢直谏被囚，子尚救父被诓；父兄被杀，子胥奔逃；浣女馈食，为释疑守诺抱石投江；子胥会姊、二甥追舅；逃路会妻，夫妻以药名诗作答佯装不识；渔夫江边设餐，渡江后为其保密行踪覆船而亡；子胥入吴即仕、复仇报恩；触怒吴王，后者赐剑使其自杀；吴溃败于越，验证子胥预言（王重民等，1957：1-28；黄亚平，2003：94-95）。

与《吴越春秋》等所载不同的是，《伍子胥变文》增添了伍子胥被追逃、投奔其妻、其姊以及外甥来趁等内容，强化了其复仇过程中的艰辛和挫折，添置了人伦亲情的主题，"子胥逃路"的话语时间也因此延长；同时，文中将伍子胥逃路途中的第一个事件"渔夫渡江"置于"浣女馈食"和"会姊""见妻"之后，也就是说伍子胥与渔夫江边共餐、受其相助渡江，并听其教示以"泥涂其面，披发猖狂，东西驰走，大哭三声"，便顺利转投吴王，从此逃亡结束。这样，《伍子胥变文》的叙事连贯性明显加强。需要指出，由于人物所处年代相差百年之多，"楚平王娶秦穆公之女"与史实并不相符（杨伯峻，1981：1546），同时"伍子胥为报渔父之恩册立其子为楚帝"也有违史实，据《史记》所载，渔父助伍子胥渡江并未覆船而亡；此外为楚平王献"佞言"者应为"费无极"而非"魏陵"，可见写作者关注的并非所述事件的历史真实性，而是所构情节主题的统一性。不难发现，文中伍子胥每至绝境时会卜卦、施咒的叙述，显然是出于满足其受众追求奇异和神秘的认知需求而设置的内容。从这个意义上讲，《伍子胥变文》属于虚构叙事的范畴，而非纪实类叙事文献。就叙事价值而言，《伍子胥变文》和以往基于儒家正统伦理规范的历史叙事不同，它强调"孝德恩义高于忠君报国"，"复仇报恩"乃是荣光正义之举；同时它倡导爱情的忠贞、亲情的坚定和血缘关系之外（"浣女""渔夫"等人与"伍子胥"）人伦情义的珍贵。与《史记》《左传》等以男性话语为主导的历史叙事不同，《伍子胥变文》中相继出场的"浣纱女"、伍子胥之"姊""妻"，不畏楚王权势和威吓，明大理、重情义，促成了该敦煌俗文学叙事特有的女性主题。

从语篇结构来看，《伍子胥变文》由叙述"散说"、七言韵文和入韵套语（"歌曰""叹曰""答曰""祭曰"等）构成，其主体部分为"散说"。文中描述部分多为人物特征白描和富含夸张修辞的场景渲染，韵唱部分主要是人物的直接言语，文中仅有两处韵文是针对人物行为的转述：第十八段中伍子胥路遇浣纱女之前的"子胥行至颍水旁，渴乏饥荒难进路……进退不敢辄谘量，踟蹰即欲低头去"，以及第二十七段投奔其妻时的"子胥叩门从乞食，其妻敛容而出应……妇人卓立审思量，不敢向前相附近"，可见文中的七言韵文除了"展现"人物的言语交际及其内心独白，还有在两位重要女性人物出场前，减缓"伍子胥奔逃"该事件的叙述节奏，从而使其过渡到一个相对轻柔、舒缓场景的功能。

就该古代文献的语域特点而言，讲述英雄事迹是该文本所涉的"经验域"，表演讲唱、叙事娱情是其语篇功能的主要方面，其相关社会活动是以文本和话语为媒介的日常语言交流；其写作者、讲唱者虽受过初级或中级文化教育，但又不属于社会精英阶层的民间文人，其受众是与讲唱者社会距离亲近的普通民众；口头讲唱、口耳相传是该文本交际的语式特点。此外，《伍子胥变文》中的韵文部分体现了古代中国西北地区的方言发音特点（萧红等，2019：117），这表明了写作者所处敦煌或敦煌周边地区的地域文化身份。

第三节 《伍子胥变文》英译叙事中的叙述"声音"和叙述信息

通过双语文本对比，可发现首译者威利和后译者梅维恒采用了迥乎不同的语言手段来处理源语叙述形式、叙述信息，两者语言选择的差异具有一定的规律性。

通常，描述、转述、评论和人物言语是叙述事件的四种方式，其中评论是叙述者"主体性"的直接体现，故亦可称为叙述者的"声音"或叙述"干预"（Zhao, 1995: 48; 72-74），除了提供背景信息的解释性评论、表露叙述者情感立场的表情性评论，以及对受述者施加影响从而使其接受或"同情"叙述价值规范的感染性评论,还有一种叙述者的自我评论,亦称自觉叙述(self-conscious narration),即叙述者对自己的叙述行为、叙述话语(指叙述故事的途径或方式)所做的评论(Chatman,1978:228)。就小说叙事而言,自觉叙述者还会以作者的身份对作品进行自我评价(Booth,1952:165)。在《伍子胥变文》英译中,威利通常会增添自觉叙述、插入解释性叙述评论,并将源语文本中的描述、言语替换为转述,也就是说与源语文本相比,译文的"叙述声音"更突出。

"伍子胥逃路受浣女馈食,后者为守密投江而亡"的故事在《史记》《左传》未有记录,但可见于《吴越春秋》:"中道乞食溧阳。适会女子击绵于濑水之上……子胥遇之,谓曰夫人可得一餐乎?……女子自投于濑水矣"(赵晔,1937:27-28)。李白的《溧阳濑水贞义女碑铭并序》一文就是受邀为浣女黄山里史氏之女而作的碑铭,文中赞其"清英洁白,事母纯孝""卓绝千古,声凌浮云"(李白,1989:284-285)。经过双语对比可见,针对浣纱女答复伍子胥的七言韵文,威利在其译文中增添了下列评论:

1)君子容仪顿憔悴,傥若在后被追收,必道女子相带累。三十不与丈夫言,与母同居住邻里,娇爱容光在目前,列(烈)女忠贞浪虚弃。(王重民等,1957:7)

To think that once this haggard wreck was a stately mien!

If afterwards, as well may happen, you are caught by your pursuers.

You will certainly think "It was this woman that got me into trouble."

At the age of thirty I have never before talked with a grown man;

All the time I have stayed in my village living in my mother's house.

This and the following three lines do not fit in well here and properly belong to a Confucian, upper-class version of the story, according to which the girl "cannot bear" the thought that after living alone with her mother up to the age of thirty a life of the strictest propriety she has now infringed the "rites and usages" by giving food to a strange man (*Wu Yüe Ch'un Ch'iu*, fol. 16).

A face aglow with graceful charm, as you can see for yourself,
A virtuous woman, chaste and true, is cast away in vain.
(Waley, 1960: 31)

伍子胥逃路遇浣女,本是问路,怎奈饥渴难耐,同求一餐:"奔波有实;今游会稽之路,从何可通?乞为指南,不敢忘(望)食!"浣女见伍子胥将其所馈饭食"尽足食之"后,猜想他会担心"女子相带累"(而泄露行踪),故此试图用言语打消伍子胥的疑虑:"三十不与丈夫言,与母同居住邻里,娇爱容光在目前,烈女忠贞浪虚弃",也就是说,为了侍奉孤母,三十年都待字闺中,不曾与男士有言语交往,如此的忠贞烈节,怎能因向人告密而毁于一旦。可以发现,威利的译文对浣女的言语进行了重构,添加了关于浣女言语及其行为的叙述评论:此处(有关浣女所说的四行文字)并不恰当,更适于出自一个宣讲儒家道德规范的上层社会的故事版本(This and the following three lines do not fit in well here and properly belong to a Confucian, upper-class version of the story），然而和母亲相依三十载的一位老姑娘，给陌生人馈食已然违背了当时的礼数（she has now infringed the "rites and usages" by giving food to a strange man）。不难发现，译文此处增添的关于人物言语及其行为的评价性叙述评论，也针对译文作品本身，也就是说对该叙事文本中人物言语和行为的设置进行了评价，故此属于"自觉叙述"的范畴。相较而言，译文的叙述"声音"由此变得更突出。

需要指出，该评论并未充分考虑此处的上下文语境。从浣女的言语可知，尽管伍子胥"失伴周章""面带饥色"，但他"相貌精神，容仪耸干"，俨然一个"怀冤侠客"。据《东周列国志》所载，"伍员字子胥，监利人，生得身长一丈，腰大十围，眉广一尺，目光如电，有扛鼎拔山之勇"（冯梦龙，1990：552）。诚然，面对一位虽然落魄但"容仪耸干"的男子，一位待字闺中三十载的青年女性与其搭言，对其产生好感甚至心动也是合乎情理的。在浣女的再三劝说下，伍子胥"尽足"所馈之食，急于赶路，临行将自己的遭遇和盘托出："仆是弃背帝乡宾，今被平王见寻讨，恩泽不用语人知，幸愿娘子知怀抱。"看到伍子胥"已向前行"，浣女"掏发哭声"，通过上述言语传达其真挚心意，随即"唤言勿相疑"，"抱石投河死"。之所以如此，一者是浣女听到心仪崇敬之人对其"知怀抱"的感恩倾诉，不舍相别，但又从其"恩泽不用语人知"的言语中，捕捉到伍子胥对她竟还有些许猜疑，屈柱的情绪骤然郁结，为了寻求释放，故"掏发哭声"，二者是为了在最短时间打消伍子胥的后顾之忧，使其坚心前行，索性抱石投河，由此可见，浣女重情义、自尊而刚烈的性格可见一斑。

诚然，浣女虽然身处社会底层，但她仍遵循"百行孝当先""百善孝为先"的儒家主流道德规范。为了在孤母膝前尽孝，浣纱女做出了三十不嫁、"与母同居住邻里"的人生选择，但并不意味着她不向往男女情爱。一者这是她"烈女忠贞"个性的体现，二者说明她在择偶问题上对自己理想标准的坚持。当见到虽"面带饥色"但仍"容仪耸干"，终于能让她心动的"怀冤侠客"伍子胥，她不惜打破封建社会男女交往的戒规，全然不顾被牵连的风险，再三劝食，这是合乎情理的。需要指出，上述信息是需要通过结合文本语境进行综合推理方能获得的，故此属于隐含叙述信息。一般而言，社会规范指某一社团在社会活动中形成的关于行为正确与否、适当与否的普遍价值和观念体系，它规定了被该社团禁忌，或被接受和容忍的行为范围（Toury，2012：63）。社会规范具有规定性特点，它既对某一社团的所有成员都有约束力，但同时也容许特定情况下对规范的违背。《孟子·离娄上》既认为"男女授受不亲，礼也"，但也指出"嫂溺，援之以手者，权也"（孟轲，2004：128），也就是说，"礼"的规范不排除特殊情况下偶尔采用变通手段对"礼"的违反。《伍子胥变文》英译中所增添的上述评论，也并未考虑社会规范的上述特点，很大程度上体现了译者对故事人物和源语作品本身的认知和价值判断。就功能而言，译文中所增添的评价性叙述评论，将上述源语隐含信息明晰化，也就是说它会使得译文读者和受述者，放弃为获取上述隐含叙述信息而花费额外的认知努力。相比之下，后译者梅维恒并未采用增添评论的策略，具体如下：

  Your countenance has suddenly become haggard with care.
  If, later on, you are taken by those who pursue you,
  You will certainly say, "It was that woman who brought on my troubles."

"Thirty years old, never before having talked to a man",
I lived together with my mother in our neighborhood.
The graceful, charming glow of the face you see before you,
The faith and chasteness of a virtuous woman-all cast away in vain. (Mair, 1983: 130)

通过回译可见，该译文与"君子容仪顿憔悴，倘若在后被追收……列（烈）女忠贞浪虚弃"的源语表述基本对应。类似的叙述评论，还见于译文的最后两个段落。

2）子胥得王之剑，报诸百官等："我死之后，割取我头，悬安城东门上，我当看越军来伐吴国者哉！"//杀子胥了，越从吴贷粟四百万石，吴王遂与越王粟，依数分付其粟。将后，越王蒸粟还吴……越王闻范蠡此语，即遣使人丽水取之黄金，荆山求之白玉，东海采之明珠，南国娉之美女，越王取得此物，即差勇猛之人，往向吴国，赠与宰彼……越王即将兵动众四十万人，行至中路，恐兵士不齐，路逢一努蜗（怒蛙），在道努鸣，下马抱之……单醪投河，三军告醉……吴王夜梦见忠臣件（伍）子胥一言曰："越将兵来伐，王可思之。"（王重民等，1957：27）

When the sword had been given to him, he said to the ministers and others who were there, "When I am dead, cut off my head and hang it above the eastern gate of the walls, that I may see the army of Yüeh arrive, when it comes to conquer the land of Wu." // Yüeh destroyed Wu in 473 B.C., twelve years after the death of Wu Tzu-hsü. The MS goes on for another fifteen lines or so, telling of event after Wu Tzu-hsü's death, and then, after becoming fragmentary, break off in the middle of a sentence. I have thought it best to stop at Wu Tzu-hsü's death. (Waley trans, 1960: 52)

伍子胥解梦触怒吴王夫差，后者赐其"烛玉之剑"，"令遣自死"。伍子胥得剑后向百官预言："我死之后，割取我头，悬安城东门上。我当看越军来伐吴国者哉。"可以发现，威利的译文在此以叙述评论作结，对源语文本中越王用范蠡之计，先从吴国贷粟百万石，而后蒸粟而还，致使吴国"百姓失业，一年少乏，饥虚五载"，又遣送美女、金宝、明珠贿赂夫差宠臣宰彼，等时机成熟越王兴兵伐吴，为了振奋军士，他途中下马抚抱怒蛙、以箪醪投川，最终彻底击溃吴国，以及吴王梦见子胥等事件，译者仅采用叙述评论进行了概括："Yüeh destroyed Wu in 473 B.C., twelve years after the death of Wu Tzu-hsü"（伍子胥死后十二年，即公元前473年，越灭吴）。

同时，译文还添加了解释故事布局及语篇行文特点的自觉叙述："The MS goes on for another fifteen lines or so, telling of event after Wu Tzu-hsü's death, and then, after becoming fragmentary, break off in the middle of a sentence. I have thought it best to stop at Wu Tzu-hsü's death"（文稿此处本来有约15行文字，讲述伍子胥死后发生的事件，但前后行文零散，往往未成句而中断。我认为该故事最好以伍子胥之死作结）（Waley，1960: 52）。译文此处的"I have thought"（我认为）既是叙述者的自觉叙述，也是译者的声音，可以说译者依凭增添的自觉叙述，实现了对译文叙述的直接介入。需要指出，伍子胥并未也不可能参与其死后所发生的上述事件，这些事件并非"伍子胥为父兄报仇"的构成部分，也就是说其主题相关性不强。"主体性"指社会主体对其个性特征（personal traits）、观念等身份特征的自我意识（Hall，2004：3-4）。可以说，威利在其敦煌叙事的英译中，通过增添解释、概括性的叙述评论，缩减了主题相关性较弱事件的叙述内容和话语时间，通过设置针对译文语篇布局的自觉叙述，凸显了其译者的主体性。

相较而言，梅维恒译文的收尾部分并未插入类似评论，而是对叙述伍子胥死后所发生事件的18行文字（王重民等，1957：27-28），进行了完整重构。需要指出，该译本结尾所述事件的内容及其叙述方式，均和汉文敦煌文献对应（Mair，1983：163-165）。同时还对源语文本所缺失部分，即伍子胥给夫差托梦后，吴王召集群臣说梦问策的言语也做了补全：

3）平章：朕梦见忠臣件（伍）子胥言，越将兵来……吾父……（王重民等，1957：28）

The king of Wu at once sent for his hundred ministers and took counsel with them: "I saw in a dream the loyal minister, Wu Tzu-hsü, who spoke to me these words: 'Yüeh is leading troops to come in attack. King, you may well ponder it.'" (Mair，1983：165)

伍子胥死后，夫差夜梦其言曰"越将兵来伐，王可思之"，是日便召集群臣商议。源语敦煌写本在"越将兵来"处开始缺漏，随后仅出现"吾父"二字便收尾作结。可以发现，梅维恒在其译文中"修补"了源语文本的遗漏之处，"朕梦见忠臣伍子胥对我言'越国将兵来攻，我王，您可能要思之'"，即夫差面对群臣再次重复了其梦中伍子胥之言。结合人物层面的交际情景可知，吴王此处的言语行为是对其当初不听子胥直谏、枉杀忠臣，致使越国来伐而无力抵抗深感懊悔，通过遗漏修补，译文此处留存了源语文本的隐含叙述信息。与后译者梅维恒不同，《伍子胥变文》的首译者威利在其英译中添加了针对人物言语及其行为的叙述评论，增置了针对叙事结构、语篇布局及作品价值的自觉叙述，从而使译文叙事中的叙述声音变得愈加突出，但因此也使得相应的源语隐含信息明晰化。

第四节 《伍子胥变文》英译本中相同翻译问题的不同语言决策

诚然，双语文本的语篇结构对比，其目的在于发现译者语言决策及其翻译行为的规律性。翻译是一个问题决策的过程（Pym，2007：24），双语文本描写需注重译者解决翻译问题时所采用语言手段的规律和特点。所谓翻译问题，指每位译者在双语转换过程中都需要面对的客观任务；翻译问题主要因双语语言、文化的差异或源语文本的标记性特征而产生（Nord，2006：166－167）。翻译问题是所有译者在相同翻译语境、面对相同文本时，都须通过调整源语文本的语篇结构或操控其产生的语境效果，来完成的那些并非由其个体能力或技术因素造成的客观任务（桑仲刚，2018：92）。翻译问题可分为因双语语法规则、文化内容、文类和修辞规范的差异而产生的规约性翻译问题，由源语文本的标记性语篇特征（即在目标语中无法完整重构的语篇特征）而造成的语篇翻译问题，以及因双语文本在各自交际情景中功能的不同而产生的语用翻译问题等类型（桑仲刚，2018：92－93；Nord，2006：174－176）。

敦煌变文通常是用古代汉语书写的富含中国文化信息的民间文学作品，翻译过程中英汉语言及文化的差异显著存在，同时由于敦煌文献抄写过程中的错讹和疏漏，与普通文本的汉—

英翻译相比，译者在用英文重构敦煌变文的过程中会面对更多的翻译问题。通过对比可见，《伍子胥变文》的首译者威利（1960）和后译者梅维恒（1983）会规律性地采用不同语言手段处理相同的翻译问题。

一 因源语语篇内容的缺漏而产生的翻译问题

由于抄录或保存等原因，敦煌遗书中一部分写本的内容存在错讹、遗漏或缺失，这是每位敦煌叙事的译者都需要面对的翻译问题。为立太子妃，楚平王派人求取秦女，然而"其王见女，姿容丽质，忽生狼虎之心"，欲自纳为妃，伍奢劝谏触怒楚王，后者听魏陵之言囚禁伍奢，并修书诓骗其子子胥、子尚救父，以施加害（王重民等，1957：1-2），具体如下：

> 4）孝子心，□果救吾之难，幽冥悬□□□□别。子尚远承父书相唤，悲泣将□□□平王囚禁，远书相命，欲救慈父，□□□□王曰："卿父今被严刑，囚系于牢□□□□救父怨，何名孝子？卿须急去，更莫再三。"子尚即辞郑王，星夜奔于梁国，见弟子胥，具言书意。"今为平王无道，信受佞臣之言，因系慈父之身，拟将严峻，吾今远至，唤弟相随。事意不得久停，愿弟急须装束。"子胥见兄所说，遥知父被勾留，逆委事由，书当多伪。报其兄曰："平王无道，乃用贼臣之言，囚禁父身，拟将诛剪。见我兄弟在外，虑恐在后仇冤，诈作慈父之书，远道妄相下脱，此之情况，足得一□□□□□诛戮，驰书相命，必是妖言，拟收□□□□不可登途，由如钝鸟荡罗，泉鱼"（下阙）。（王重民等，1957：1-2）

尽管该段文字在第1、2、7、8行共有7处遗漏，但依然可析出其中人物的言语，包括伍奢给其长子子尚的"求救信"（"孝子心，□果救吾之难……"），郑王劝慰子尚赴楚救父（"卿父今被严刑，囚系于牢……救父怨，何名孝子？卿须急去，更莫再三"），子尚劝弟急装救父（"今为平王无道，信受佞臣之言……事意不得久停，愿弟急须装束"），子胥言明楚平王诡计、劝兄长勿要登途（"平王无道，乃用贼臣之言，囚禁父身，拟将诛剪……不可登途，由如钝鸟荡罗，泉鱼"）。首译者威利的译文如下：

> At this point there is a gap in the text. It is evident that the King of Ch'u imprisons Wu She; but Wu She manages to get a letter though the King of Cheng, where his elder son is serving at Court. The King of Cheng tells the elder son (Wu Tzu-shang) that it is his duty to rescue his father. Wu Tzu-shang therefore hastens to Liang, where the second son, Wu Tzu-Hsü, is serving, to concert with him a plan for the rescue of their father. But Wu Tzu-Hsü feels sure the letter does not really come from his father in prison, but was concocted by the wicked King of Ch'u in order to get the two sons into his power. (Waley, 1960: 27)

通过双语文本对比可见，译者将上述直接言语替换成了转述："伍奢设法传信于郑王……"（Wu She manages to get a letter though…），"郑王为子尚言明救父乃其义务……"（The King of Cheng tells the elder son…），"……子尚赴梁与子胥商议救父之计"（Wu Tzu-shang therefore hastens to Liang… to concert with him a plan for the rescue of their father），"伍子胥认定来信并非真正来自狱中父亲，而是恶毒的楚君欲控制其兄弟二人捏

造的圈套……"（Wu Tzu-Hsü feels sure the letter does not really come from his father in prison...）；针对源语敦煌文本存在以上 7 处缺漏的特点，译文还添加了解释叙述行为的自觉叙述"源语文本此处有空白或疏漏"（At this point there is a gap in the text）。不难看出，该评论不仅是叙述者的"声音"，更是译者对目标语叙述行为的直接介入。威利通过增添自觉叙述、变换源语文本中的叙述方式，使得译文此处相应的叙述信息变得直白和简约。

　　需要指出，源语文本中并未言明"伍奢被囚"，但结合上下文语境推理便可得知此事，也就是说该事件相关的叙述信息是隐含的，威利的译文中插入了解释性评论"显然楚王已囚伍奢"（It is evident that the King of Ch'u imprisons Wu She），将其明晰化。此外，对于"孝子心，□果救吾之难，幽冥悬□□□□别"的书信内容，子尚认为是"父书相唤"，但其弟伍子胥则指出"（平王）见我兄弟在外，虑恐在后仇冤，诈作慈父之书，远道妄相下脱……驰书相命，必是妖言"。下文伍奢、子尚的遭遇验证了伍子胥此处的推断，也就是说该信件实乃楚平王的"诈作之书"。由于这些信息需参照上下文语境进行综合推理方能获得，为此属于隐含叙述信息。威利用源语文本未有的转述"伍奢设法传信于郑王"，替代了叙述书信内容的直接言语，也就是说，据译文叙述者所知，此信确系被楚王囚禁的伍奢所作，是其向在郑国做事的长子求救之用的。显然，译文此处伍奢之书相关的隐含信息不复存在。

　　与首译者威利采用转述置换源语直接言语、添加叙述评论的策略不同，后译者梅维恒则根据已有考证，用英文对源语文本的遗漏进行了弥补和重构（文字下加点部分），具体如下：

　　　　"If your heart of filial piety can indeed swiftly relieve my distress, this soul of mine, suspended above Hades, can avoid having to depart from the world." When Tzu-shang, far afield, received this summons in his father's letter, he wept grievously and intending to beg the King of Cheng to save his father, he went to see him... "...This express letter and the command it lay upon us are surely but a monstrous pretext intended to bring us brothers back. And when we get to Ch'u, we will certainly be implicated along with our father. We cannot embark upon this journey. If we do, we shall be dull-witted birds thrashing about in a net or fish from a fountain swimming in a kettle."(Mair, 1983: 125 – 126)

可以发现,梅维恒在其英译中对源语文本的残缺之处做了补全:孝子心,速(swiftly)果救吾之难,幽冥悬魂(this soul of mine)阻与世(can avoid having to depart from the world)别……无论是在词句语义、修辞和衔接手段等语篇微观层面,还是在叙述方式等较宏观层面,译文此处与源语文本基本对应,故事中的叙述语气也都是中立而客观的。

通常,翻译策略可分为意图和交际策略(Jung, 2002: 47 – 48)。前者指译者出于修订或优化源语文本的语篇结构等主观意图而采用的语言手段(Jung, 2002: 49),后者是面对因双语语言、文化、读者的差异而产生的翻译问题时,译者为保证交际的顺畅而必须采取的转换策略。交际策略又可分为成就(achievement)和归结策略(reduction strategies);成就策略以保留语言使用者本源交际目的(original communicative goal)、语篇功能和语篇特征为导向,包括成分分析(componential analysis)、弥补(语言使用者根据其理解对话语缺失部分进行增补)等;归结策略指有选择地放弃语言使用者在话语/文本的部分交际意图、语篇功能和形式,包括主题回避(topic avoidance)、语义替换(meaning replacement)、信息舍弃(message abandonment)等(Faerch & Kasper, 1984: 46 – 49)。显然,针对因《伍子胥变文》写本语篇内容缺漏而产生的翻译问题,首译者威利主要采用的是归结性翻译策略,而后译者梅维恒则采用了以保留源语文本语篇特征、语篇功能为导向的成就策略。

二 因源语文本的标记性语篇特征而产生的翻译问题

目标语中无法完整重构的源语语篇特征是翻译问题产生的原因之一。在汉—英翻译操作过程中,唐诗、汉赋、宋词的韵律格式就是造成这类翻译问题的标记性语篇特征。"子胥逃路会妻,互作药名诗而佯装不识"是《伍子胥变文》的重要事件。"药名诗"通常以"世俗所知"的中药名称或者以其谐音入诗,依据"造语稳贴、无异寻常诗"的原则自然成篇(祝尚书,2001: 122 – 127)。鉴于中药名称的独特性及其在诗中的双关性特点,《伍子胥变文》中的"药名诗"本身就是翻译问题。对于该问题,后译者梅维恒(1983)和首译者威利(1960)采用了迥然不同的翻译策略,具体如下:

5)其妻遂作药名〔诗〕问曰:"妾是仵茹(五加)之妇细辛,早仕于梁(禹余梁),就礼未及当归,使妾闲居独活。蒿(青蒿)茛薑(良姜)芥(荆芥),泽泻无怜;仰叹槟榔(宾郎),何时远志。近闻楚王无道,遂发材狐(柴胡)之心。诛妾家破芒消(芒硝),屈身苜蓿(苜蓿),葳蕤怯弱,石胆难当。夫怕逃人(桃仁),茱萸得脱;潜行菌草,匿影藜芦。状似被趁野干(射干),遂使狂夫茛茗。妾忆泪沾赤石,结恨青箱。野寝难可决明

（子），日念舌干（射干）卷柏。闻君乞声厚朴，不觉（羊）踯躅君前，谓言夫婿麦门（冬），遂使苁蓉缓步。看君龙齿，似妾狼牙，桔梗若为，愿陈枳壳。"（王重民等，1957：10；药名标注见丛春雨，1994：716-719）

"字则正用、意须假借"，即假借中药名称的字面意义或药名谐音词的意义谋篇，是药名诗的首要原则（祝尚书，2001：126）。故事中，其妻已行聘礼，但未来得及过门（"就礼未及当归"），便得知夫家遭难："近闻楚王无道……诛妾家破芒消……夫怕逃人。"故此，当她认出伍子胥时，安全起见，便借药名诗对其隐含倾诉。该诗第1、2句描述她"泽泻无怜、仰叹槟榔"的"闲居独活"；第3—6句讲述其夫"潜行菌草，匿影藜芦"的逃亡经历；第7、8句诉说她"泪沾赤石""舌干卷柏"的惦念之苦；最后两句讲其听闻"乞声厚朴"，开门后"看君龙齿，似妾狼（的）牙"，故"愿陈枳壳"招待。

对于这段由34种中药名构成的韵文，梅维恒（1983）采用了树木、花草的俗名进行了英文重构，比如，他对前两句"药名诗"的处理如下：

I, Belladonna, am the wife of a man named Wahoo, who early became a mandrake in Liang. / Before our matrimony vine could be consomméted, he had to go back, Leaving me, his wife, to dwell here ruefully alone. / The mustard has not been cut, the flaxseed bed remains unvisited —Hemlocked in here without any neighbors, I raised my head and sighed for my Traveler's Joy: "Parsley, sage, rosemary, and thyme —I pray that he'll forget me not!" / (Mair, 1983: 135)

可以发现，梅维恒采用"belladonna"（颠茄）、"wahoo"（卫矛）、"mandrake"（曼德拉草）、"matrimony vine"（滨藜叶枸杞）、"mustard"（芥菜）、"flaxseed"（亚麻籽）、"hemlock"（铁杉）等能"借名"会意的英文植物名，尽可能保持了源语文本的叙事特点。"belladonna"在意大利语中指"美丽夫人"，"wahoo"是"伍侯"的谐音，"mandrake"是"mandarin"（官僚、大人）的谐音，而"matrimony vine"中的"matrimony"本意为"婚姻"，"hemlock"谐音为"home lock"，取"锁居"之意。参照"字则正用、意须假借"的原则，前两句英文便可回译为：我本伍侯的美夫人，我夫君早日在梁国为官。未等我们来得及完婚，他便不得已返程回梁，将妻留于家中可怜地独自过活。

对于"仰叹槟榔，何时远志"中的"槟榔""远志"，译者分别用英文植物名"Traveler's Joy"（铁线莲类藤蔓植物）、"forget me not"（勿忘草）相替代，其中"traveler"（字面意义：旅人）意指逃亡中的伍子胥，"forget me not"（字面意义：勿忘我）是其妻思夫的表达。需要指出，译者还将伍子胥之妻的叙述，转化为包含等多种英文花草名称的直接言语："Parsley, sage, rosemary, and thyme—I pray that he'll forget me not!"不难发现，"Parsley, sage, rosemary, and thyme"（香芹、鼠尾草、迷迭香和百里香）出自民歌《斯卡布罗集市》(*Scarborough Fair*)，其下行歌词为"Remember me to one who lives there"（代我向那里的人儿问好）。这样，译文最后一句便可回译为：锁居在此无邻相伴，我常常因那旅人而望天吟叹，香芹、鼠尾草、迷迭香和百里香……祈祷他"勿相忘"。当然，译者此处并非增置英文民歌，而是"假借"由植物名称构成的歌词，以实现源语药名诗的叙事功能。显然，梅维恒通过添设直接言语等重构源语叙事功能的"成就性"交际策略，使译文中伍子胥之妻的倾诉变得更加细腻更具人情味，尽可能地维护了其妻灵敏、聪慧的人物形象。

与梅维恒不同，威利的译文通过转述和叙述评论概括了这首药名诗："在一段主要由植物、矿物质等中药名称构建而成的语意双关的言语中，其妻言明已认出了伍子胥，也知道他身上所发生的一切"（The wife then shows that she knows who he is and what has been happening to him in a passage consisting largely of the names of medicines, both vegetable and mineral, used punningly）（Waley, 1960: 36）。此后还插入针对译文叙述行为的"自觉叙述"："由于不可能用英文复制这些文字游戏，显然这段文字不可译"（This passage is of course untranslatable, as the plays on words cannot be reproduced in English）（Waley, 1960: 37）。显然，威利在采用了消减语篇特点的"归结性"策略后，源语药名诗相关的隐含叙述信息在译文中不复存在。

又如，伍子胥逃路会姊，外甥子安、子永"不顾母之孔怀"，欲捉其舅而得楚帝赏。伍子胥拜别其姊，"行得廿余里"后，突感眼耳发热，"便画地而卜，占见外甥来趁"，随即"用水头上攘之，将竹插于腰下，又用木剧（屐）倒着，并画地户天门"，并咒而言曰："捉我者殃，趁我者亡，急急如律令。"（王重民等，1957: 8）"测字"是根据汉字形状和笔画结构预测未来的一种古代占卜形式。不难看出，"用水头上攘之，将竹插于腰下，又用木剧（屐）倒着"，正是"滅"（灭）字的形象化表现："用水头上攘之"，即将"氵"递推（"厂"）至头部"丶"；"戈"即"将竹插于腰下"；"灭"即"用木剧（屐）倒着"。显然文中伍子胥凭借阴阳占卜之术，向追拿他的外甥编码传递了"滅"字的信息。而下文"少解阴阳"的子安解码了该信息：他"占见阿舅头上有水，定落河旁；腰间有竹，冢墓城（成）荒；木剧到（倒）着，不进彷徨。若着此卦，必定身亡"。不难看出，获取上述叙述信息需参照源语文化语境和人物层面的交际情景，故此属于隐含信息，而承载该隐含信息的正是此处用英文很难完整重构的语篇结构。

需要指出，子安通过解码"滅"字的部首"戈"，占得其舅"腰间有竹"，进而得出"冢墓城（成）荒"，也就是说伍子胥已经弃尸荒野了。威利的译文为"that he had a piece of bamboo stuck into his belt, meaning that his body had not been recovered and a cenotaph had been built"（腰间有竹，意指其尸身未被找回、衣冠冢已经建成）(Waley, 1960: 34)。后译者梅维恒则将其译为"there was a piece of bamboo at his waist which meant that his grave was in a wild place"（腰间有竹，意指其墓葬已在荒野之地）(Mair, 1983: 133)。相较而言，梅维恒的译文更贴近源语文本，更符合"冢墓城（成）荒"之意，也就是说他在译文中留存了"滅"字中"戈"的部首所传递的隐含叙述信息；威利则摆脱了源语语篇内容的约束，其译文明确指出"伍子胥已死"：由于其尸身未被找回，故只能建衣冠冢以铭记，这显然与"戈"的相关性不大。不难看出，威利选择将源语此处局部的叙述信息明晰化，而放弃了源语文本中因编码和解码"滅"字而产生的更多隐含信息。

此外，"急急如律令"是中国道教的用语，常用于"召神拘鬼"的符咒末句，意指要"如同法律命令，必须急急执行"（赵匡为，2006：472；Mair, 1983: 274）。对于该翻译问题，首译者威利采用了音译加注释的手段，将其处理为"Swift, swift as Lü Ling"（Waley, 1960: 31），他在译注中指出"该表述通常出现于咒语之末，但无人知晓'律令'是指'魂灵'还是意指'律法'"（This phrase constantly occurs at the end of spells but no one knows if Lü Ling was a spirit or whether it means "the Law"）（Waley, 1960: 254）。梅维恒将该符咒术语转译为"Swiftly, swiftly, in has leges"（Mair，1983：132），其译文既保留了源语文本中"律令""急急"的语义成分，又兼顾了该表述在目标语中"咒语"的功能："leges"是"lex"（法律条令）的复数形式，"has leges"有英文俗语"have legs"（有耐力、走得快）的双关之意；同时"has leges"本身就是源于拉丁文的咒文或魔法术语（Mair，1983：274）。由此可见，对于因源语标记性的语篇特征而产生的翻译问题，首译者威利以传递明晰化叙述信息为决策导向，而后译者梅维恒的语言选择则会兼顾源语文本的语篇特点和功能。

三　因汉语特有的修辞而产生的翻译问题

修辞手段是在语言使用活动中形成的能够产生特定语境效果的规约化语言手段和技巧。目标语中没有或无法完整重构的源语修辞手段是翻译问题产生的原因之一，比如汉语语音和字形相关的押韵、别解、换义、镶字、析字、联边、歇后语、摹形等，在汉—英翻译中便会造成该类翻译问题（桑仲刚，2018：94）。《伍子胥变文》中吴王夜梦"南壁下匣北壁匡"，宰彼将其解释为"王寿长"的吉祥之兆，而伍子胥则认为是"王失位""王军国灭"之"大不祥"（王重民等，1957：26）。不难发现，该敦煌文献中此处便采用了析字、摹形的手段：就字形而言，"匣""匡"表明四面围墙的都城或国家其一墙已破开口；南壁下"匣"即"甲士"已从象征至尊和权威的南壁踏入其中，北壁"匡"指"国"的一墙已破，败北已定，国破而失去"玉玺"，"王"独困于"匚"。显然，这些隐含信息源于用英文很难完整重构的源语修辞手段，故此属于翻译问题。

对此，梅维恒将其译为"He saw beneath the southern wall of his room a coffer and beneath the northern wall a pannier"（Mair，

1983：162）。不难看出，译者采用了类似于药名诗"摹形假借、谐音双关"的修辞手段："coffer"即"匣"或"箱"，其谐音词为"coffin"（棺）；"pannier"意为"筐"，指代"匲"，其谐音近形词为"pain"（痛）（Mair，1983：302）。此句可回译为：他在（梦中）看到了南壁下似"棺"的"匣"、北壁下会使人遭受痛苦的"匲"，这与下文伍子胥为吴王释梦的言语相连贯："南壁下的'匣'和北壁下的'匲'意味着王将失去其位"（The coffer beneath the southern wall of your room and the pannier beneath the northern wall mean that, King, will lose your throne）（Mair，1983：162）。显然，后译者采用了旨在保留修辞效果的成就性策略，以重构源语文本中"谐音双关"的语篇特征。

　　需要指出，首译者威利分别将吴王梦中具有特定象征意义的"匣"和"匲"字翻译成两种具体物品："Next, that under the southern room-wall there was a closed chest and under the northern room-wall there was an open basket"（紧接着，北壁下有一合着的匣，南壁下有一敞开的筐）（Waley，1960：50），源语文本此处相关的隐含叙述信息被缩减。也就是说，面对因源语特有的修辞手段而产生的翻译问题，威利采用了舍弃部分源语语篇特征和隐含叙述信息，以保证交际顺畅的归结性翻译策略。

　　诚然，《伍子胥变文》写本语篇内容的缺漏、所包含的药名诗等标记性语篇特征，以及汉字音形相关的析字、摹形、谐音双关等标记性修辞手段，是译者在翻译该敦煌俗文学文献的过程中须面对的翻译问题。通过对比可见，首译者威利和后译者梅维恒采用了迥乎不同的翻译策略解决这些问题：前者通过采用转述置换源语人物直接言语，添加评价和概括事件内容的叙述评论以及插入针对译文叙述行为本身的"自觉叙述"，缩减源语文本的某些语篇特征和功能，以保证跨语交际行为的通畅；后译者则借助相关敦煌文献的研究成果，对源语语篇的遗缺之处做了补全，并采用目标语中具有"谐音双关"特点的植物、花草或矿物质名称，重构了源语药名诗和包含析字、摹形等汉语特有修辞手段的语篇片段，也就是说采用具有相似语篇功能的语言备用单位和修辞手段，重构了源语文本的标记性语篇特征。需要指出，首译者采用归结性翻译策略，缩减了源语文本中药名诗和摹形、双关等修辞手段所产生的隐含叙述信息，而后译者成就性策略的应用，在一定程度上使得标记性源语语篇特征相关的隐含信息得以留存。

第五节　小结

如上文所述，翻译策略可分为交际和意图策略两类，前者是译者为解决翻译问题而必须采用的语言手段，后者指其为实现某种主观意图而对源语语篇结构或功能所做的修订和改变。通过对比可见，《伍子胥变文》的首译者威利会采用意图性策略，通过插入信息性的叙述评论，对源语文本中"主题相关性"（即对于主要事件或主人公所实施主要行为的重要性）较弱的事件进行总结和概括，依凭所添加的表情性叙述评论，对译文人物言语及其行为进行解释、判断和评价。面对因源语文本内容遗漏或标记性语篇特征而产生的翻译问题，威利会转换叙述方式（即用转述替代源语人物的直接言语），并假借"写作者"的身份，增加针对叙述行为、语篇布局及作品价值的自觉叙述，凸显译文叙述者的"声音"，相关源语隐含信息由此被消减，在突出"讲述"（telling）的同时，弱化了译文叙事的"展现"（showing）性。换言之，威利删减了那些受述者和读者需花费更多认知努力，对文本结构和人物层面的交际情景进行综合推理方能获得的隐含信息，虽然译文中叙述者的"声音"变得更急切、主动，但其所述信息内容则更直白、明晰，叙述者和受述者之间的空间距离由此被拉近。一般而言，以说唱表演和以赏析阅读为目的叙事文本不同，前者写作时需考虑叙述者和受述者面对面处于同一时空的真实场景，两者之间有时还有互动，叙述者可以对其叙述形式和内容进行自如的干预和评论，受述者对叙述内容的认知处理过程较短；而后者中叙述者和受述者被置于一个虚拟的空间，其现实读者有时需要花费更多的时间和努力，解析隐含叙述信息。从这个意义上讲，威利的译本更适于用作民间艺人于戏社、茶楼等场合说唱表演时所采用的脚本或剧本。当然，通过添加叙述评论概括源语变文中包含翻译问题的韵文（比如伍子胥夫妻问答时采用的药名诗），该脚本更适于故事的散说表演。

需要指出，后译者梅维恒并未对译文叙事进行主动的"叙述介入"，其对意图性翻译策略的选择不明显。整体而言，梅维恒会参照源语文本的相关研究成果，修补源语写本的缺失信息，面对用英文无法完整重构的摹形、析字等修辞手段，以及源语文本中的药名诗、测字占卜和道教符咒等语篇内容，他会选取那些既能最大程度重构源语语篇特点，又能维护相关源语叙事功能、留存相关源语隐含叙述信息的语言手段，其译文叙述者与受述者在认知、情感等方面距离的变化不显著。显然，梅维恒语言决策的主要依据是《伍子胥变文》该文学叙事典籍的语篇特征和功能，其所关注的是以可视性文本为媒介的译文叙事，所产生的与源语文本直接相关的艺术和审美效果；而首译者威利则参照源语文本以说唱为主的"表演"功能进行语言决策，正由于此他不惜对译文叙述进行指导性或评论性的"干涉"，并将源语文本中某些可能造成翻译问题的隐含信息明晰化。从这个意义上而言，梅维恒所维护的是供读者阅读的源语文学叙事典籍的经典性，而威利所注重的是译文叙事的"可表演性"，也就是说，两种译本的语域特点不同。

第六章

敦煌本《大目乾连冥间救母变文》英译的叙事结构和文体特点*

第一节 目连救母的故事及其影响

目连即摩诃目犍连（Mahā Maudgalyāyana），是佛陀"神通第一"的弟子。目连救母的佛教故事源于西晋时期的《佛说盂兰盆经》。自公元5、6世纪开始，便形成了《佛说盂兰盆经》相关的宗教仪式和习俗：每年农历七月十五日举行盂兰盆会，这使得目连救母故事得以代代流传（朱恒夫，1993：17），为晚唐时期俗文学作品《大目乾连冥间救母变文并图一卷并序》的产生提供了叙事素材。以目连救母为主题的叙事文献，除了唐五代时期的变文抄本，北宋以来还出现了《尊胜目连经》《佛说目连救母经》《慈悲道场忏法》，以及元代的《慈悲道场目连报本忏法》《目连救母出离地狱升天宝卷》和清代的《目连三世宝卷》等多种著录形式的文本。需要指出，除了俗讲、变文和宝卷，讲述目连救母故事的说唱文类还包括目连鼓词、莲花落、马头调等。

目连戏也是传播该主题故事的媒介形式，现如今昆曲、京

---

* 本章部分内容作者曾发表于《湖南大学学报》（社会科学版）2022年第4期。

剧、弋阳腔和各大地方戏中都有该剧目的全本或折子戏。目连戏的发端可追溯至北宋的杂剧《目连救母》，当时每到"七月十五日中元节……耍闹处亦卖果实种生花果之类，及印卖《尊胜目连经》。又以竹竿斫成三脚，高三五尺，上织灯窝之状，谓之盂兰盆……勾肆乐人自过七夕，便般《目连救母》杂剧，直至十五日"（孟元老，1985：161-162）。南宋之后，目连戏也逐渐向南方流行，现今可查的剧本有金院本的《打青提》和元杂剧的《目连入冥》《目连救母》《行孝道目连救母》等（凌翼云，1998：129）。目连戏在明清时期的传播达到了鼎盛，明代郑之珍的《目连救母劝善戏文》收录了100出目连戏的民间演出底本，此时，弋阳腔目连戏在湖北、湖南、四川等地广泛流行，促成了川剧、湘剧、祁剧等地方戏的产生；到了清代，演述该主题的《劝善金科》则成了宫廷大戏（朱恒夫，1993：56-57）；2006年，目连戏被列入国家非物质文化遗产目录。简言之，以佛经、俗讲、变文、宝卷以及目连戏为载体的目连救母的故事对中国风俗、文艺、戏剧、伦理以及哲学产生了深刻影响（朱恒夫，1987：57）。当然，从宗教史的角度看，在佛教传入中国的早期阶段，目连救母的故事其功能在于明示佛教教义可以和儒家价值观并行不悖，一定程度上助力了佛教在古代中国的传播。

第二节 《佛说盂兰盆经》的渊源之争

"盂兰盆"是梵文词汇"उल्लम्बन"（罗马化转写：Ullambana）的音译，原为倒悬之器，意指"倒悬之苦难"。当然，由于该译名中包含了汉语"盆"的器具之意，故也可将其当作"音义兼译"。作为目连救母故事的母本，《佛说盂兰盆经》以因果报应和宣扬孝道的思想为主旨，该经文所署译者为西晋时期的月支高僧竺法护。据威利（1963：216）推测，"盂兰盆"应该来自印度史诗《摩诃婆罗多》（*Mahabharata*）：苦行僧佳茹阿特卡茹（Jaratkaru）犯了色戒后梦见祖先因他受倒悬之罪，其后代由此要为先人祭祀减罪；目连之母以《撰集百缘经》（*Avadana Sataka*）中的乌塔拉（Uttara）之母为原型。

即使如此，《佛说盂兰盆经》很可能是"伪经"或者是"伪译"的成果，究其原因，首先是其倡导孝道的儒家价值观与佛教摒弃一切人伦牵绊的空有思想相矛盾；其次是与目连相关的其他佛教经文中未有"救母"的记载，同时亲自游历目连故乡的玄奘，在其《大唐西域记》中也未录有该事迹；再次是在《佛说目连问戒律中五百轻重事经》中，目连明确提出要遵循对父母"不养不葬"的佛教戒律；最后是《佛说盂兰盆经》中盂兰盆会于农历七月十五日超度七世父母、祈福现世父母的做法，与同日道教中元节"奉祀地官以佑先祖"的习俗和为纪念西汉仙人丁令威救母的事迹而举行的道教礼典巧合度高（朱恒夫，1993：3-8）。当然将其定义为伪经的另一个事实依据，就是迄今未发现一个与之对应的梵文源本存在。有鉴于此，《佛说盂兰盆经》被普遍认为是融合了儒家和道教思想的佛教典籍，该文献亦被称为中国佛教的《孝经》（凌翼云，2011：25）。即使《佛说盂兰盆经》实为竺法护所译，也就是说有对应的梵语源文本或来自用某种西域文字著录的佛经，该译本也是糅合了儒释道思想的归化式改写或重写。在从西晋到唐五代的数百年演进过程中，《大目乾连冥间救母变文并图一卷并序》业已成为本土化的中国俗文学叙事文本。也正由于此，文中"目连"通篇采用的谦称是"频道"（贫道），并非佛教僧徒常用的"贫僧"，而地狱所在地成了道教所讲的"太山"。需要补充，太史文（Teiser，1994）曾对《盂兰盆经赞述（P.2269）》《净土盂兰盆经（P.2185）》以及《盂兰盆经讲经文（台湾藏敦煌本 32 号)》等敦煌写本进行了英译，收录于《〈十王经〉与中国中世纪佛教冥界的形成》[*The Scripture on the Ten Kings and the Making of Purgatory in Medieval Chinese Buddhism*（Honolulu：University of Hawaii Press）] 一书。

第三节 《大目乾连冥间救母变文并图一卷并序》原卷及其叙事特点

《大目乾连冥间救母变文并图一卷并序》原卷为英藏 S.2164 号敦煌文献，卷首题为"大目干连冥间救母变文并图一卷并□□"，文末题为"大目犍连变文一卷"。如卷尾所记，该文献由敦煌净土寺学郎薛安俊所写，书写时间应为贞明七年辛巳岁（公元 921 年）农历四月十六日。敦煌遗书中与其语篇内容和结构相似者还有 S.3704、P.2319、P.3485、P.3107、P3999、P.4044、P.4988、北京盈字 76 号、北京丽字 85 号、北京霜字 89 号等多种写卷（颜廷亮，1994：4-6）。王庆菽曾根据 P.2319 号对原卷做了校对，并收录于《敦煌变文集》。与这些写本的内容粗略不同的还有北京成字 96 号《目连变文》（本无题名，根据 S.2164 暂定）（王重民等，1957：760）。需要补充，除了《目连变文》《大目乾连冥间救母变文并图一卷并序》，《敦煌变文集》第六卷中还辑录了《目连缘起》（P.2193）的敦煌写本。

诚然，尽管载录目连救母故事的变文写本，其语篇完整程度和叙述详略各有不同，但都是根据《佛说盂兰盆经》演进而成的。通过教谕式言语释经说法以感染、影响受众，使其主动践行"孝道""因果报应"的思想，是该佛教典籍的主要语篇功能；相较而言，《大目乾连冥间救母变文并图一卷并序》则首先以实现文学叙事的艺术和审美功能为导向，其次才是对读者的思想感召和教化。正由于此，虽然都是讲述同一个故事，但这两个叙事文献的语篇结构差异明显。比如，《佛说盂兰盆经》以佛祖对目连"一切佛弟子……救度现在父母，乃至七世父母，可为尔否"该问题的解答作结：

> ……善男子！若比丘比丘尼、国王太子、大臣宰相、三公百官、万民庶人，行慈孝者，皆应为先……是佛弟子，修孝顺者，应念念中，常忆父母，乃至七世父母。年年七月十五日，常以孝慈，忆所生父母，为作盂兰盆，施佛及僧，以报父母长养慈爱之恩。若一切佛弟子，应常奉持是法。（钟茂森，2015：255）

显然，佛祖关于"盂兰盆会"法门的教谕式言语突出了该文献"佛说"的法典功能。《大目乾连冥间救母变文并图一卷并序》的末尾则是关于目连诵经忏悔念戒，为其母除却狗皮、"还得女人身"该事件的叙述，包括目连"见母罪灭心欢喜"，"一往仰前受快乐"，以及"有八万涅槃八万僧八万优婆塞八万姨"因感动于目连救母的事迹，"作礼围绕欢喜信受奉行"。也就是说，事件叙述成了语篇内容的主要方面，淡化了"佛说"教化。

就叙述内容而言，《佛说盂兰盆经》开篇便讲始得六通的大目犍连，以"道言观视世间，见其亡母生恶鬼中，不见饮食"，而"食未入口，化成火炭"，目连悲号，随即向佛祖求助，佛祖便为目连指明救母之法：即于农历七月十五日举行盂兰盆会。需要指出，该经中并未有目连寻母的叙述，其语篇主体是佛对目连疑问的言语解答。相比之下，《大目乾连冥间救母变文并图一卷并序》的主要内容则为目连寻母、救母的事件，其叙述视点聚焦于主要人物目连。该事件的缘起为罗卜为尽孝而投佛出家，并修得神通，其母因生前自私悭吝、"欺诳凡圣"而坠入阿鼻地狱；七月十五日"天堂启户、地狱门开"之际，目连"以道眼访不见慈亲，六道生死都不见母"。目连救母的行为过程可分为三个步骤：第一，费尽周折在阿鼻地狱寻得母亲，将其解救至饿鬼道；第二，"造盂兰盆善根"解救其入畜生道；第三，经"七日七夜转诵大乘经典忏悔念戒"，为母亲除尽"悭吝率私"之罪。其中第一个步骤占用了整个语篇的多数话语时间：为得到亡母的信息，目连分别到天上问询慈父，至南阎浮提冥路，拜谒阎王、地狱菩萨、五道将军，访寻太山男子地狱、刀山剑树地狱、铜柱铁床地狱，后承佛威力下至阿鼻地狱，查遍七隔终于寻得阿娘青提夫人，而这些叙述在《佛说盂兰盆经》中并未存在。

《大目乾连冥间救母变文并图一卷并序》所构建的价值规范中"孝道"已经超越了佛教的因果报应：文中多次强调"母子之情天生也，乳哺之恩是自然""天下之中何者重，父母之情恩最深"；通过词表检索可知，写本中"母""救""孝"分别是三个出现频率最高的实词；整个叙事文本的叙述内容和话语时间主要集中于目连为尽孝而出家投佛、访遍天上地狱寻得阿娘、"三番五次"向世尊寻求帮助、设盂兰盆会、为母诵经除罪等事件。诚然，目连之所以救母成功，首先需归功于目连"为母除罪""行慈孝"的坚定信念，和"上天入地"执着"寻母"的行为；其次是目连在世尊的帮助下，设盂兰盆会善根、"读大乘经典""七日七夜转诵大乘经典忏悔念戒"的系列"救母"措施。这与《佛说盂兰盆经》中强调设盂兰盆会是佛弟子"救现世及七世父母"的唯一途径不同，显然该"佛经"所倡导的宗教主题，已然被俗文学叙事中"尽慈孝"的价值规范所取代。当然，变文中关于佛祖多次相助目连的叙述，其实也蕴含了师徒关系的人伦价值。

就叙事结构而言，《大目乾连冥间救母变文并图一卷并序》开篇关于盂兰盆会的叙述成了目连"救母"事件的背景和缘起："七月十五日者，天堂启户，地狱门开，三涂业消"，众僧会福之神及八部龙天，"现世福资，为亡者转生于胜处"，"于是盂兰百味可救倒悬之窘急"。在此背景下目连"以道眼访不见慈亲""六道生死都不见母"，随即在世尊的帮助下发起了系列寻母、救母的行为。与《伍子胥变文》中韵文多为人物的直接言语不同，《大目乾连冥间救母变文并图一卷并序》的韵文主要为描述和转述，其内容依次是对目连修得神通、寻母上天庭、冥路逢野鬼、访阎王、涉奈河及其救母行为的转述，关于刀山剑树地狱、铜柱铁床地狱、阿鼻地狱以及青提夫人所遭之罪的描述。整体而言，这些与散说交替出现的韵文，细致呈现了目连"寻母、救母"的过程和场景，佐证了目连所实施系列行为的难度，放缓了叙述节奏、延长了话语时间。当然由于韵文部分与散说叙述有多处重复（诸如关于目连身世的介绍、阿鼻地狱的描述等），故此也使得部分地方的叙述变得往复冗余。此外，从语域的角度看，这篇变文的"经验域"为目连救母尽孝的通俗化佛教故事，其主要功能为叙事娱情和感染教化，其相关社会活动为公共娱乐场合以说唱讲述为主的日常言语交际；其写作者是文化水平和佛学修养高于其受众的敦煌净土寺学郎；以可视性叙事写本为媒介的口头传诵是该变文的语式特点。

第四节　敦煌本《大目乾连冥间救母变文并图一卷并序》的英译叙事特点

威利和梅维恒的英译所依据源语文本均为王庆菽所校的《大目乾连冥间救母变文并图一卷并序》（王重民，1957：714 -

744)。威利翻译过程中参考了写于公元977年的北京成字96号《目连变文》(Waley,1960:264),同时,他还在译文末附加了一段对《古本戏曲丛刊》所录目连戏的英译。维梅恒的英译参照了入矢义高(1961:54-81)的《敦煌变文集口语汇索引》以及威利(1963:217-234)和欧阳桢(Eoyang,1978:443-455)的英译本(Mair,1983:223)。需要补充的是,欧阳桢英译的源语文本为P.2319号文献,该写本在内容上与S.2164号粗略不同。通过对比可见,首译者威利和复译者欧阳桢、维梅恒对叙述方式、韵文、专名、叙事结构等方面的处理存在差异。

一 首译者在英译叙事中增置的叙述评论

与欧阳桢、维梅恒等复译者不同,首译者威利在其英译(*Mu-lien Rescues his Mother*)中添加了多处叙述评论。与源语文本《大目乾连冥间救母变文并图一卷并序》相比,译文叙事中叙述者的介入明显增强,具体如下:

1) 且见八九个男子女人,闲闲无事,目连向前问其事由之处……(王重民等,1957:719)

He looked for his mother everywhere amid the Dark Ways, but could not find her. Presently, however, he saw eight or nine men and women, all completely unemployed. Now comes the passage in which Mu-lien questions them about their plight…(Waley,1960:220)

However, he did see eight or nine men and women wandering about aimlessly with nothing to do. This is the place where he goes forward and asks the reasons for this situation... (Mair, 1983: 92)

源语文本中目连为寻母到天上造访慈父,得知母亲青提夫人由于"平生在白广造诸罪,命终之后遂堕地狱",故此"顿身下降阎浮提",前往地狱搜寻,路遇"八九个男子女人闲闲无事"。出于好奇同时更是出于对母亲处境的关切,目连便主动向前打听。通过对比可见,译文中对于"目连向前问"的行为转述中,增加了关于后续叙述内容的引导性评论"Now comes the passage in which Mu-lien questions them about their plight"(这里是目连询问他们所处困境的一个片段)。由于此处是叙述者对其叙述行为的介绍和评述,因此属于自觉叙述的范畴。可以发现,维梅恒的目标语文本中并未添加类似评论。需要指出,欧阳桢的译本及其所依源语文本中都未有这些内容(Eoyang, 1978: 444 – 445)。例如:

2)……目连问以(已),更往前行。时向中间即至五道将军坐所……(王重民等,1957: 723)

Mu-lien is then brought to the General of the Five Ways, the fiercest and most cruel of all the Regents of Hell. (Waley, 1960: 225)

In a short while, he arrived at the place of the General of the Five Ways. (Eoyang, 1978: 446)

After Maudgalyāyana heard this, he went forward once again and within a short period of time, he arrived at the seat of the General of the Five Ways. (Mair, 1983: 97)

目连为寻母见过阎王、地狱菩萨、路过奈河,来见五道将军。五道将军是道教所指的阴间大神,其职级高于判官,司管世间的生死大事。不难发现,首译者的目标语文本中插入了针对五道将军的叙述评论"the fiercest and most cruel of all the Regents of Hell"(地狱中最为凶暴残忍的摄政者),该评论是叙述者对"五道将军"该人物个性的价值判断。通过对比可见,后译者欧阳桢和维梅恒并未对其译文作上述处理。又如:

3)在生之日,女将男子,男将女人,行淫欲于父母之床,弟子于师长之床,奴婢于曹主之床。(王重民等,1957: 727)

It is the hell where lust is punished. Here are to be found those who "the woman taking the man, or the man taking the woman, fulfilled their desires on their parents' bed, disciples that used thus their teacher's bed, men slaves and women slaves that used their master's bed". But Leek Stem's sins had been of another kind. (Waley, 1960: 227)

In life, the guardian replied, girls who seduced boys, boys who lured girls, as well as parents and children who had incestuous relations, teachers and students who had affairs, and masters and servants who has liaisons, they all dropped into this hell. (Eoyang, 1978: 448 – 449)

While they were alive, be it the woman who led on the man

or the man who led on the woman, they indulged their sexual passions on their parents' bed. Those who were disciples did so on their master's beds and slaves did so on their owners' beds. Thus they were bound to fall into this hell. (Mair, 1983: 97)

目连行至铜柱铁床地狱,询问罗刹"狱中罪人生存在日,有何罪业当堕此狱",后者指出那些在长者或尊者之床行淫欲的男女,当坠入铜柱铁床地狱。可以发现,虽然欧阳桢将这些行为翻译成了违背家庭和社会伦理规范的两性关系:"girls who seduced boys, boys who lured girls, as well as parents and children who had incestuous relations, teachers and students…"(女诱男,男勾女、师徒、主仆、父母与子女之间的血亲相奸)。但他和梅维恒的译本中均未提及青提夫人,而首译者威利的译本中则借用"狱主"言语,对人物"青提"的行为做了界定和判断:"青提的罪行则是另外一种"(But Leek Stem's sins had been of another kind),这与前文"母生悭吝之心,所嘱咐资财,并私隐匿"(His mother coveted the wealth that he had left in her charge and hid it away)以及"因兹欺诳凡圣,命终遂堕阿鼻地狱中受诸剧苦"(Because of this deception, when she died, she dropped down into the Avici Hell and suffered terrible torment)相呼应(王重民等,1957: 714; Waley, 1960: 217),译文叙述者实现了对叙事进程的间接干涉,从而将其与主要人物和主要事件直接相"关联"。当然,威利译本中的"It is the hell where lust is punished"(此乃专门惩罚贪欲的地狱),是对罗刹所述各类人间罪行的总括和评价,这显然是译者所增添的叙述者"声音",而后译者欧阳桢、梅维恒的译本中并未有类似"声音"出现。

4) (目连) 须臾之间,至一地狱。 (王重民等,

第六章 敦煌本《大目乾连冥间救母变文》英译的叙事结构和文体特点

1957：728）

In the next hell Mu-lien was more successful. （Waley, 1960：227）

In a wink, he reached Avichi Hell. （Eoyang, 1978：446）

Before long, he came to another hell. （Mair, 1983：103）

目连费尽周折，造访慈父、阎王、地狱菩萨、五道将军，途经奈河桥、太山的刀山剑树地狱、铜柱铁床地狱，查遍阿鼻地狱，最终在第七隔找到了母亲青提夫人。通过对比源语文本和上述三种译文可见，首译者威利将目连至阿鼻地狱该行为的转述，翻译成了针对人物行为的评价性叙述评论："In the next hell Mu-lien was more successful"（在下一个地狱中目连才取得了进展）。该评论也预告了下文的叙述内容：目连在阿鼻地狱能找到母亲。不难发现，后译者欧阳桢将其译为"In a wink, he reached Avichi Hell"（眨眼间，他已至阿鼻地狱），梅维恒的译文为"Before long, he came to another hell"（不久，他便来到另一个地狱），依然保留了源语文本中的转述，也就是说他们都未对目标语叙事进行干预。由此可见，作为《大目乾连冥间救母变文并图一卷并序》的首位英译者，威利会通过添加评价、判断、导引性的叙述评论及自觉叙述，强化了目标语叙述者的"声音"；相较而言，后译者欧阳桢、梅维恒则维持了源语文本的叙述方式，并未依凭添加叙述评论，干预译文叙事的进程。

二 英译本中的韵文叙事

《大目乾连冥间救母变文并图一卷并序》第一段介绍了盂兰盆会的起因，叙述了目连的身世及其"登圣果"后试图"以众力救母"的缘由，第二段又以韵文形式对其出生家世和入佛门、得神通的过程做了重复讲述（王重民等，1957：714）。对此，首译者威利在其译文中采用转述对韵文部分做了概括："The same story is then told in greater detail in verse"（同样的故事随后用韵文做了细致讲述）（Waley，1960：218），之后便直接开始了目连上天庭寻母的叙述。

奈河为佛教传说中的"冥间之河，渡此即为地狱"（张忠纲，2000：696），相传奈河之水为血水（霍松林，1988：191）。源语变文中目连辞别阎罗王，行至奈河桥之上，"见无数罪人脱衣挂在树上，大哭数声欲过不过，回回惶惶五五三三，抱头啼哭"，随后是关于目连和奈河中人问答的28行对仗句，是讲述河中之人泣叹其生死缘业、怨悔无奈的韵文。威利通过添加叙述评论，对该段韵文做了概括，"In the verses that follow, after some of repetition of what we know already, the dead, wailing piteously"（随后的韵文部分里，对那些我们已知的关于死者哀怨的内容做了些重复）（Waley，1960：223），并选择韵文的以下部分为译文段首：

5）"……呜呼哀哉心里痛／徒埋白骨为高冢／南槽龙马子孙乘／北牖香车妻接雨……"（王重民等，1957：722）

In vain you buried our white bones and piled a high tomb.
Our dragon steeds from the stable to the south our sons and grandsons ride,

The perfumed litter by the northern window our wives and concubines use. (Waley, 1960: 223 – 224)

由于英汉语语音体系的差异,汉语韵文本身就是翻译问题。可以发现,源语"鸣呼哀哉+心里痛"与"徒埋白骨+为高冢""南槽龙马+子孙乘"与"北牖香车+妻接雨"对仗,威利的译文中分别采用了"buried + our white bones"与"piled + a high tomb""Our dragon steeds from the stable to the south + our sons and grandsons ride"与"The perfumed litter by the northern window + our wives and concubines use"的对仗句式与其相对应。由于双语声调体系的差异,汉语韵文中所采用的"平平平平+平平仄"的韵律格式,在目标语中无法进行重构,对此首译者试图借助于连续音步中押头韵的手段,弥补被目标语过滤掉的源语音韵特点:"steeds""stable""south""sons"中每个音节的初始辅音均为"[s]"。

就内容而言,威利选译的"鸣呼哀哉心里痛/徒埋白骨为高冢"概述了整个段落"悲叹人生一世终为高冢"的"奈何"主题,其后的"南槽龙马子孙乘,北牖香车妻接雨"(Our dragon steeds from the stable to the south our sons and grandsons ride/The perfumed litter by the northern window our wives and concubines use),突出了人世间子孙家室的人伦牵绊。不难发现,这正与"目连地狱寻母尽孝"该主要行为的情景语境相关联。除此之外,威利还在之后的韵文部分增添了转述"Mu-lien can bear the sight of their wretchedness no longer"(目连不能忍心看他们的凄惨之状)(Waley, 1960: 223),将叙述视角聚焦于主要人物目连。显然,首译者威利对源语韵文语段的处理,参照的是"主题相关性"(即与所述主要人物和主要事件的关联性)。

通观全文可见，首译者威利还会删减或用转述替换那些与散说部分内容相重复的韵文，其对介绍目连身世、描述阿鼻地狱的多处韵文语段的处理便是如此（Waley，1960：217-219；227-230）。一般而言，相对于其他类型的叙事文本，短篇故事（short stories）具有"整体连贯性"和"简练性"（brevity）的文类特征，也就是说其语篇成分都直接指向语篇主题，具有"产生整体效果的足够连贯性"（necessary coherence which gives the effect of totality）（Lawrence，1976：60）。从这个意义上讲，首译者威利所采用的上述策略，使《大目乾连冥间救母变文并图一卷并序》的短篇叙事文本的文类特征更突出。

相较而言，复译者梅维恒对上述源语韵文句句对应地进行了重构，然而其译文中并未新增概括性的叙述评论和具有聚焦主要人物功能的转述：

6) 目连问其事由之处。奈河之水西流急/碎石谗（巉）岩行路涩/衣裳脱挂树枝傍/被趁不交时向立/河畔问他点名字……（王重民等，1957：721-722）

This is the place where Maudgalyāyana asks them the reason for this:
The waters of Wathellwedo River flow swiftly to west,
Broken stones of precipitous crags obstruct the road they walk on;
They take off their clothes and hang them on the sides of tree branches,
Pursued, they are not allowed to stand still for even a moment.
At the edge of the river, when they hear their names called

out... (Mair, 1983: 95)

可以发现,源语韵文中的第一、四、五句的"急""立""字"分别押韵,梅维恒通过译文第一、四、五行的"west""moment""out"押半韵的方式,对应重构了源语变文此处韵文叙述的文体特点。需要指出,由于欧阳桢所据源语文本与威利和梅维恒的不同,故此其韵文翻译的可比性不强。简言之,首译者威利会以叙事的"主题相关性"为参照,通过添加指引性叙述评论,概括源语文本中与散说叙述内容有重复的韵文语段,与后译者相比,威利对源语韵文的处理策略特点更显著。

三 专名和数词的翻译

专名的翻译是每位译者都需要面对的双语转化任务。由于虚构叙事文本中的人名及地名通常会被赋予特定含义,同时佛经相关的文本中数词也有特殊寓意,为此专名和数字也是获取《大目乾连冥间救母变文并图一卷并序》英译者语言决策数据的参数。通过梳理可见,对于梵文佛经中已经存在的地名,三位译者均依照"顺古""从俗"的原则,采用梵文对应的罗马化转写词替换了其源语变文表述,比如"阿鼻地狱"(Avici Hell)、"南阎浮提"(Southern Jambudvipa)、"王舍城"(Rajagriha)等;对于(除"目连"之外)的佛教人物名和佛教术语,如"阿难"(Ananda)、"如来"(Tathagata)、"地藏菩萨"(Bodhisattva Kshitigarbha)、"大乘"(Mahayana)、"涅槃"(Nirvana)等,他们也采用了相同方法处理;而对于汉语化的宗教专名和术语,他们都会诉诸意译,比如对"世尊"(the World-Honored 或 the World-honored One)、"三宝"(Three Treasures)、"铜柱铁床地狱"(the Hell of the Copper Pillar and Iron Bed)、"刀山剑树地狱"(the Knife Hill and Sword Forest

Hell)、"奈河"（No Hope River；the Wat-hell-we-do River）等的翻译。

需要指出，对于变文中的主要人物名，三位译者的翻译各不相同。"目连"是释迦牟尼"神通第一"的弟子，他是变文故事的主人公。可以发现，首译者威利在其题名"Mu-lien Rescues his Mother"（目连救母）及译文的大多数地方采用的都是汉语音译"Mu-lien"（Waley，1960：216－235），唯有在讲述目连修得神通时，才使用梵文的罗马化转写词"Maudgalyāyana"（Waley，1960：219）。对于目连父亲名"辅相"、母亲号"青提"，威利将其分别翻译为日常器具或生活用品"Axle Box"（回译为"轴箱"）、"Leek Stem"（回译为"葱绿"）（Waley，1960：218；221；223；226－232），尽管并未紧依源语语意，但这与叙事类俗文学文本中的人物命名特点是一致的。也就是说，首译者威利对主要人物名的翻译参照的是源语文本"俗文学"的文类特点，其对主人公"目连"之名的音译遵循的是源语文本的汉文语音。

相较而言，欧阳桢（Eoyang，1978：448）在其题名"The Great Maudgalyāyana Rescues his Mother from Hell：From the Tunhuang Pien-wen Manuscript P2319"（大目犍连冥间救母：敦煌变文文献 P2319）中使用了梵文转写词"Maudgalyāyana"，其正文部分采用的是依照威妥玛拼音音译的中文人名："Mu-lien""Lo-pu""Ch'ing T'i"；而梅维恒（Mair，1983：87－122）的译文通篇使用梵文的罗马化转写词"Maudgalyāyana"，同时采用梵文转写词"Sulakṣaṇa"和"Nīladhi"对译目连父亲的名"辅相"和母亲的名"青提"。"Sulaksana"是"सुलक्षण"（赞助、辅助和幸运、吉祥之意）的转写词，它也是大乘佛教的一个罗汉之名；"Nīladhi"则是模仿"Niladri"的新造词，后者是梵文"नीलाद्रि"（青山或蓝色的山）的音译，而

"Niladri-karnika"的梵文对应词为"नीलाद्रिकर्णिका",其意为"青豆藤",显然与"青提"接近。

题名通常是一个文本语篇主题的凝练表述,而叙事文本主题的核心部分是由主要人物实施的行为或参与的事件。为此,译者对主要人物名及题名的翻译策略和手段,是其整体翻译方案的直接体现。不难发现,与首译者威利以源语文本为导向的译名策略不同,复译者梅维恒使用梵文转写词替换源语叙事中的主要人物名。如上文所述,《大目乾连冥间救母变文并图一卷并序》源自"伪译"而来的《佛说盂兰盆经》。一般而言,参照"假定"源语语篇的文类特征和命名规范构建语篇结构,是伪译的语言决策特点(Toury,1995:46),就叙事文本而言,"伪译者"还会在叙事结构中借用"假定"源语故事的某些人物或事件。故此可以说后译者采用梵文导向的"还原式"策略,翻译汉语变文中的主要人物名,其意图在于维护《大目乾连冥间救母变文并图一卷并序》源于《佛说盂兰盆经》,而后者又源自印度佛教的主张,从而实现与《佛说盂兰盆经》的"伪译者"相同的"操控读者期待""获得更广泛读者"的目的(引自Toury,1995:46;Popovič,1976:20)。

此外,佛经相关的文本中数词一般具有特殊的含义,诸如《大目乾连冥间救母变文并图一卷并序》中的"三宝"(佛、法、僧)、"三涂"(火涂、刀涂、血涂)、"十善"(不杀生、不偷盗、不淫邪、不恶口、不两舌、不妄语、不绮语、不贪、不嗔、不痴)等。当然,作为一个生成于唐五代时期民间的俗文学文本,该变文虽然源自《佛说盂兰盆经》,但其所包含的数词,并非严格遵照佛经教义。"八万四千"是佛教中表示"数不胜数""无数多"的数词(王文元,2013:114),《大目乾连冥间救母变文并图一卷并序》的结尾部分却采用数词"八万"表达此义,对此,首译者威利和后译者欧阳桢、梅维恒采用了不同翻译手段，具体如下：

7）当时此经时，有八万菩萨、八万僧、八万优婆塞、八万优婆姨，作礼围绕，欢喜信受奉行。（王重民等，1957：744）

That was the time when this *Avalambana Sutra* was preached. Eighty thousand Bodhisattvas, eighty thousand monks, eighty thousand male lay disciples and eighty thousand women lay disciples paraded round the Buddha, doing homage to him, joyfully accepting his teaching and obeying it. （Waley, 1960：234）

The first time the sutra was chanted, there were eighty thousand Bodhisattvas, eighty thousand monks, eighty thousand male deacons, eighty thousand female deacons, performing the ritual around and around, in joy and in the faith that this teaching will prevail. （Eoyang, 1978：455）

At the time (*the time this sutra was preached*), there were 84,000 Bodhisattvas, 84,000 monks, 84,000 laymen, and 84,000 laywomen, all circling around the Buddha and making obedience to him. They rejoiced in the receptivity and obedience of their faith. （Mair, 1983：122）

不难发现，源语文本中重复出现的数词"八万"，正是源于佛经表达"无穷多"的数词"八万四千"。变文此处意指佛祖世尊为助目连救母而首次布道《佛说盂兰盆经》时，有无数

第六章 敦煌本《大目乾连冥间救母变文》英译的叙事结构和文体特点 133

多的信众围绕左右，欢喜信奉和践行。通过对比可见，威利和欧阳桢将其翻译为对应的英文数词"eighty thousand"（八万），而梅维恒则用佛经的专用数词"84000"相替换，从而提升了此处的佛学"专业度"，但因此背离了源语表述。由此可见，与威利、欧阳桢不同，复译者梅维恒对源语专名和数词的处理，其决策依据首先是梵文典籍和佛经教义，其次才是源语文本的语篇特征。需要指出，这正与吐蕃占领敦煌时期的中土汉文佛经（如《佛说天地八阳神咒经》《四十二章经》等）的藏文复译中，后译者趋于使用那些业已在目标语广泛使用的佛经术语的做法相一致。

四 首译者对叙事结构的调整

经过对比可见，复译者欧阳桢、梅维恒的译文与其源语文本的叙事结构一致，而首译者威利参照《古本戏曲丛刊》中所录的明代目连戏（即郑之珍的《新编目连救母劝善戏文》），在正文之后附加了对"目连寻犬""打猎见犬""犬入庵门"三个折子戏梗概的译述，新增了"观音菩萨"（Bodhisattva Kuan-yin）、郑公子（Chancellor Cheng's son）以及目连俗家的未婚妻赛英（Sai-ying）等人物。其中"犬入庵门"讲述目连出家后，其未婚妻拒嫁他人而入庵为尼（She has refused to marry anyone else and has become a nun），后来目连寻犬，犬入庵门，一家人团聚；经庵主同意，目连和赛英设盂兰盆会为母除罪；佛祖为目连之孝（filial piety）所感动，将其提升为菩萨，赛英则成了天宫玉帝的侍从（an attendant on Jade Emperor in heaven），黑犬被封为仙犬（immortal dog）（Waley，1960：235）。由于威利的译文由导言（Introduction）、正文和"尾页"（colophon）三部分构成，其中导言部分介绍《佛说盂兰盆经》的由来，正文即变文《大目乾连冥间救母变文并图一卷并序》

的英译，而尾页部分则是在此基础上发展而成的目连戏译述。如前文所述，"目连救母"是一个衍生自印度佛教，但已然被本土化了的一个中国故事。与其他译者不同，首译者威利通过其翻译的"Mu-lien Rescues his Mother"，向英文读者展示了从晋、唐至明代以来该文化叙事的流变过程。需要补充，威利在其译文"The Ballad of Tung Yung"（《董永变文》）之前，也增译了与其所述故事（俗仙相恋）相似的"Tien K'un-lun"（《田章》，选自《搜神记》），而该译文的源语文本是《敦煌变文集》所未辑录的。由此可见，威利翻译决策的重心是重构承载中国传统文化记忆的变文叙事结构，而并非其段落、句词等语篇微观结构的对应。

第五节　小结

简言之，《大目乾连冥间救母变文并图一卷并序》的英译者采用了不同翻译策略和手段。具体而言，首译者威利会通过添加概括、判断和评价性的叙述评论及引导性的自觉叙述，突出英译叙事中的叙述者"声音"；同时会插入转述和叙述评论，概括与前文内容有重复的韵文叙述，并着重选译那些与叙事主题直接相关的韵文语段。这样，与源语文本相比，目标语文本的叙述话语时间缩短、叙述节奏加快，其短篇叙事"整体连贯性"的文类特征得以增强。此外，威利在其译文的导言和"尾页"部分，通过译述变文故事的缘起与发展，向目标语读者展示了一个从佛经到变文、再到目连戏不断演进的中国本土化的"目连救母"故事。可见，首译者威利的决策依据首先是源语文本的宏观叙事结构，然后才是段落、句词、专名等语篇微观特点。关于人物专名，威利根据汉语威妥玛拼音，对主人公"目连"之名进行了音译，并参照"俗文学"叙事文本中人物的命名特点，以日常生活的物件名置换了"辅相""青提"等其他人物名，也就是说其译名策略直接以源语文本为导向。

相较而言，复译者梅维恒、欧阳桢的译文中叙述者"声音"未有明显强化，他们也没有凭借新添的叙述评论和转述，概括、压缩源语韵文的部分内容，其目标语文本更未附关于其他"目连救母"故事的译述。关于译名问题，后译者使用梵文专名的罗马化转写词，替换源语标题中的"目连"之名。其中，梅维恒对源语变文中主要人物名的翻译，通篇采用了梵文转写词或模仿梵文的新造词，同时用佛学专业数词替换源语变文中的数量表述。显然，后译者梅维恒的翻译决策依据首先是梵文佛经的学术性，其次才是源语文本的语篇特点，也就是说，梅维恒的英译意图在于重构源于梵文佛经的叙事典籍文献。从语域角度而言，其译文"经验域"相关的社会活动专业度提高，文本的认知阅读已经超越了源语文本口头传诵的语式特点；而首译者威利则注重向目标语读者译介承载文化记忆的中国传统故事，尽管他对语篇微观结构的修订较前者更多，但其目标语文本语域特点的变化不明显。

第七章

《敦煌歌谣故事集》中其他英译文本的叙事结构和文体特点

第一节 《敦煌歌谣故事集》中的其他英译叙事文本

如第五章所言，本书针对以"散说"为语篇主体的英译敦煌叙事文献及其源语文本。除去"The Swallow and Sparrow"（《燕子赋》）、"Meng Chiang-nü"（《孟姜女变文》）、"Ballad of Tung Yung"（《董永变文》）、"Marriage Songs"（《下女夫词》）、"The Devil"（《破魔变文》）等韵文为主的文献，威利所译的 Ballads and Stories from Tun-huang: An Anthology（《敦煌歌谣故事集》）中"Wu Tzu-hsü"（《伍子胥》）、"Mu-lien Rescues His Mother"（《大目乾连冥间救母变文并图一卷并序》）等其他文本均为本书研究的语料。其中历史人物逸事类文本还有"The Crown Prince"（《前汉刘家太子传》）、"Han P'eng"（《韩朋赋一卷》）、"The Story of Shun"（《舜子变》）、"The Story of Catch-tiger"（《韩擒虎话本》）、"Confucius and the Boy Hsiang T'o"（《孔子项讬相问书》）；玄幻志异类故事有"The Story of Hui-Yüan"（《庐山远公话》）、"The Wizard Yeh Ching-neng"（《叶净能诗》）、"The Doctor"（齐景公；《搜神记一

卷》)、"Tien K'un-lun"(田昆仑/田章;《搜神记一卷》)、"T'ai Tsung in Hell"(《唐太宗入冥记》)、"Kuan Lo"(管辂;《搜神记一卷》)、"Hou Hao"(侯霍;《搜神记一卷》)、"Tuan Tzu-Ching"(段子京;《搜神记一卷》)、"Wang Tzu-chen"(王子珍;《搜神记一卷》);佛经宗教人物故事包括"Buddha's Marriage"(《太子成道变文》)、"Buddha's Son"(《太子成道经一卷》)、"Ananda"(《难陀出家缘起》)。就数量而言,威利(Waley,1960)的英译叙事主要为历史人物逸事和神鬼玄幻类的本土化中国故事(18篇)。

如第四章开篇所述,描写翻译研究中的双语文本对比,旨在归纳、发现译者选择翻译策略和语言手段的规律性。鉴于此,本章拟根据第五、六章所描写威利英译策略的特点,从叙事结构、叙述方式、叙述信息以及与"主题"直接相关的专名、术语、习语和文化负载词等方面,考察其翻译决策的连贯性。

第二节 《敦煌歌谣故事集》中人物逸事类英译文本的叙事特点

一 "The Crown Prince"(《前汉刘家太子传》)的叙事特点

说话是一种民间艺术表演形式,源于唐代,兴于宋元。话本是说话艺人所用的表演底本。唐代话本留存下来的仅有《前汉刘家太子传》《韩擒虎话本》等为数不多的几篇敦煌文献。敦煌话本是中国通俗小说的滥觞(萧相恺,1993:89),它是文白相间、以口语为主,并穿插叙述者的设问、反问的纯散说叙事(孙楷第,1956:4)。"The Crown Prince"的源语文本为话本类敦煌文献《前汉刘家太子传》(金荣华,1999:504),

该文献由王重民根据 P. 3645、P. 4692、P. 4051、S. 5547 等敦煌残卷校录而成；其所附的西王母故事及有关《史记》《汉书》等内容，与刘家太子的故事无关联（郭在贻，2002：145）。《前汉刘家太子传》讲述西汉末年王莽摄政并篡夺帝位后，汉太子出逃，最后成功得脱并兴兵复汉。该话本的主要叙述内容为"太子被追逃"，具体由三个事件构成：

  1. 南阳张老受汉帝恩德，其子夜梦太子坐于城外的石头上，命子依梦寻访，果然寻得太子，将其引归家中。
  2. 南阳太守悬挂布鼓，要行经之人击打，借以识别和捉拿太子。太子击鼓三下使天昏地暗，乘机逃逸。
  3. 农夫将太子藏于田埂之下，以土掩盖，使口含粳米及竹管得以存活。太史占卜出太子亡故，官家收兵不再缉捕。（金荣华，1999：504－505）

据金荣华（1999：504－505）考证，该文献所述事件并非基于史实，而是经过人物"转嫁"和民间演绎流变而成的，比如"张老"源自宰相张绍，而"刘太子"身上整合了汉平帝、东汉光武帝刘秀等多个历史人物的特点。尽管如此，可以看出《前汉刘家太子传》中关于上述三个事件的布局安排，是对唐传奇"以史传笔法写奇闻轶事"体式特点的继承（王振军、俞阅，2017：184）。与《伍子胥变文》散韵结合的语篇特点不同，该敦煌叙事文献通篇为散说叙述。就语域特点而言，该话本的"经验域"为人物传奇故事，它是古代民间"说话艺人"所用的底本，也就是说言语交际中该文本的信息通道为视听都有，其媒介模态也是书面和口头兼具。

  通过双语文本对比可见，威利的译文中并未对源语叙事结构有明显增添和修改，其语域特点也未发生明显变化，仅是通过增添评论"The last six lines are a mere resume"（最后六行仅仅是人物简历），概括了源语文本收尾处与《前汉刘家太子传》无关联的"西王母"等内容。同时对概述全篇的对仗句"南阳白水张，见王不下床"（Mr. Chang from Po-shui near Nan-yang/ When he saw the prince, did not get out of bed）的语篇功能做了判断："The final couplet is, to me at any rate, unintelligible"〔对我而言，文末对仗句（的功能）无论如何都是莫名其妙的〕（Waley，1960：56；王重民，1957：161）。诚然，这两个押尾韵的对仗句其实是对前文"南阳老张收养刘家太子"该事件的照应：南阳白水张对太子有收养搭救之恩，故此等其兴兵复汉后，见王时不会和他人一样行"拜舞"之礼，甚至在家中相见都不下床。此外，对于人物和地理专名，威利均以源语汉文读音为据，采用威妥玛式拼音做了音译，比如"王莽"（Wang Mang）、"南阳"（Nan-yang）、"白水"（Po-shui）等，关于汉文的通俗称谓或表述如"Old Wang"（老王）、"House Liu"（刘家），译文中采用了"音意兼译"的手段进行了重构。

二　"Han P'eng"（《韩朋赋一卷》）的叙事特点

《韩朋赋》（文末附题名为《韩朋赋一卷》）是一篇俗体敦煌故事赋（即俗赋）。敦煌俗赋包含故事、论辩和歌谣体三类；故事俗赋具有完整的故事结构，如《韩朋赋》；论辩体俗赋的语篇主体是对话形式的争论或论辩，而不是讲述故事，比如《晏子赋》；歌谣体的有《酒赋》《秦将赋》等（伏俊琏，2007：117-121）。故事俗赋源自秦汉时期的杂赋，具有以叙事为语篇主体、语言诙谐、句式四言五言不齐、押韵不严整等特点（程毅中，1989：32）。《敦煌变文集》中的《韩朋赋一卷》由王庆菽根据 P. 2653、P. 2922、S. 3227、S. 3873、

S.4901等敦煌文献校对而成，据考证该文献为初唐以前的作品，其故事在东晋干宝的《搜神记》、唐代刘恂的《岭表录异》、宋代李昉的《太平御览》中都有记载（王重民等，1957：142）。《韩朋赋一卷》讲述韩朋娶妻贞夫，形容窈窕，明解经书，夫妻恩爱；朋赴宋入仕，六年未回；其妻思念，寄书于朋，宋王得书，甚爱其言，骗女入宋，立为王后，贞夫悲郁；宋王妒朋之貌，囚禁韩朋，贞夫探监，作诗诀别，先后自杀；二人墓前生有梧、桂，枝杈勾连，宋王遣人伐砍，血流汪汪，树生鸳鸯，其羽化剑，斩首宋王（王重民等，1957：113-114）。

俗体故事赋是英文所未有的文类规范，是汉、英双语转换过程中的规约性翻译问题。通过双语语料对比可见，对于源语文本以四言为主的大部分故事体俗赋句式，威利均采用以口语为主的散说叙述作替代，也就是说译者诉诸归结性交际策略，解决该规约性翻译问题，唯独对于贞夫写给韩朋表达其思念之苦的情书，译者却采用了成就性策略，通过对仗、押尾韵等手段，尽可能对源语此处的语篇功能和文体特点进行了重构，具体如下：

1）浩浩白水，回波而流。皎皎明月，浮云映之。青青之水，冬夏有时。失时不种，禾豆不滋。万物吐化，不违天时……太山初生，高下崔嵬。上有双鸟，下有神龟，昼夜游戏，恒则同归。妾今何罪，独无光晖。海水荡荡，无风自波，成人者少，破人者多。南山有鸟，北山张罗，鸟自高飞，罗当奈何。君但平安，妾亦无他。（王重民等，1957：137）

Far spread the white waters；/ They flow in eddies. / Dazzling the bright moon, shining through the floating clouds. / The blue, blue waters winter and summer have their seasons. /…Ten thousand things sprout and change, never countering Nature's times. /…When one reaches the Great Mountain, high and low there are precipices. / On the top are two birds, and at the bottom the holy tortoise. /…What crime have I done that I alone should be in darkness? / The waters of the sea stretch endless; / Without wind they make their own waves. / Those that stand by one are few; / Those that break one are many. / On the southern hill there is a bird; / On the northern hill a net is spread. / If the bird flies high, what can the net do to it? May you be well and in peace! / With me there is nothing wrong. (Waley, 1960: 57)

不难发现，译者句句对应地重构了源语文本中贞夫写给韩朋的家书。译文上述诸句句尾的"waters""eddies""clouds""seasons""times""precipices"和"waves"，"tortoise""darkness"与"endless"，"bird"和"spread"等分别押半韵：词尾音节的"/z/""/s/""/d/"等辅音相同。同时"Those that stand by one are few; Those that break one are many""On the southern hill there is a bird; On the northern hill a net is spread"再现了源语文本的对仗句"成人者少，破人者多""南山有鸟，北山张罗"。显然，威利此处采用了旨在维护源语文本的语篇功能和文体特点的成就性策略。需要指出，上述语段与《韩朋赋一卷》"爱情悲剧"的主题直接相关，这既是她贞夫六年未见韩朋，对其倾诉情爱思念的媒介，也是宋王诓其入宋、囚禁韩朋，最终致使其夫妇双双自杀的诱因；同时，贞夫情书中的"双鸟"和下文夫妻殉情后其墓前梧、桂所生的

"双鸳鸯"相呼应。可见,"主题"相关性是威利选择成就性策略,解决因源语特有的文类规范而产生翻译问题的依据。此外,对于汉文所特有的文化词汇和专名,译者参照源语读音进行了音译。比如"甲子""乙丑"等干支计时术语,以及"贞夫""韩朋""梁伯"(王重民等,1957:139;136-141),译者分别将其音译为"chia-tzu""i-ch'ou""Cheng-fu""Han P'eng""Liang Po"(Waley,1960:60)。对于源语叙述中的隐含信息,译者则会做如下处理:

2)(贞夫)回头辞百官:"天能报此恩。盖闻一马不被二安(鞍),一女不事二夫。"言语未讫,遂即至室,苦酒侵(浸)衣,遂脆如葱,左揽右揽,随手而无。(王重民等,1957:140)

She turned and said farewell to her attendants: "May Heaven reward you all for this act of favor. It is said that one horse cannot wear two saddles, one woman cannot serve two husbands." She had barely finished speaking when, going back to her room, she steeped her clothes in vinegar till they rotted like an onion. Then she went back to the tomb and flung herself into it. Those to the left clutched at her, those to the right clutched at her; But there was nothing they could take hold of. (Waley, 1960:63)

韩朋狱中得贞夫诀别血书,"便即自死"。贞夫乞往观看韩朋葬礼,并向百官作别:感谢诸君之"天恩",怎奈"一马不被二安(鞍),一女不事二夫","遂即至室,苦酒侵(浸)衣,遂脆如葱",不管众人"左揽右揽",还是"随手而无"。

需要指出，贞夫是如何"随手而无"的问题，源语文本中并未言明，受述者/读者需结合此处的情景进行综合推理：从"遂脆如葱而无"，可推出她很可能是从高处将自己抛掷于低处的硬物碰撞而亡，也就是说此处预设了隐含叙述信息。通过双语文本对比可见，威利在其译文中增添了"flung herself into it"（将自己抛掷于墓中），从而使得源语文本此处的隐含叙述信息明晰化。

简言之，《韩朋赋》的英译中，威利用散说叙述置换了源语文本以四言为主的大部分俗赋句式，而对于与叙事主题直接相关的"贞夫之书"，却采用成就性翻译策略，即通过押韵、对仗等手段，维护了源语文本此处俗文学叙事的审美功能和文体特点；同时，译者将转述"贞夫自死"的隐含叙述信息明晰化，并音译了源语文本所特有的文化术语和专有名词。此外，由于译文叙述以口语化语言为主，而源语文本虽说是故事赋，也就是说，相对于目标语读者，源语读者需要更多的文学知识储备，从这个意义上讲，目标语文本的"语旨"发生了变化。相较于源语文本，敦煌俗文学之"俗"的特点在译文叙述中得到了强化。

三 "The Story of Shun"（《舜子变》）的叙事特点

威利英译的源语文本《舜子变》（《舜子至孝变文》）由王重民（1957）根据 S. 4654、P. 2721 校对而成，卷末附言"天福十五年岁当己酉朱明蕤宾之日鼗生拾肆叶写毕记"，据此可推出其写于公元 950 年，流传于唐五代时期。《舜子变》是一篇四言、五言和七言穿插，但以六言为主的敦煌俗体故事赋，它讲述了舜帝行孝的事迹，主要事件包括：乐登夫人病危，向其夫瞽叟托孤舜子；瞽叟续弦，后妻五毒嗔心，诬陷舜子桃树下埋刺，伤其脚心，瞽叟悬舜子于中庭树地，用荆杖鞭笞将亡；瞽叟、后妻及后子象儿，均欲加害于舜，合谋让舜子修补空仓，以图"四畔放火烧死"，怎奈舜子得地神庇护，凭两笠腾空飞出得活；瞽叟又听后妻之言，设计让舜子淘枯井，图谋"取大石填埋致死"，不想帝释化黄龙引导，"通穴往东家井出"；受邻家老母恩惠，舜子至墓前见阿娘真身，舜听母语，"取西南角"躬耕于历山，"其岁天下不熟，舜自独丰，得数百石谷米"；自枯井填石后，"阿爷两目不见，母即顽愚，负薪诣市，更一小弟，亦复痴癫"；舜子归冀郡本家，舌舔瞽叟双目，其父复明，舜子尽弃前嫌，一家人团聚（王重民等，1957：129–134）。

《舜子变》的故事源自《史记》的"五帝本纪（卷一）"，后者亦载有"瞽叟纵火烧仓、舜子以两笠自扞出""瞽叟使舜穿井，并与象儿下土实井，舜从匿空处出"等事件；《舜子变》末段"检得百岁诗云"部分直接来自"五帝本纪（卷一）"（王重民等，1957：133；司马迁，2016：7）。需要指出，与《舜子变》不同的是，《史记》中"舜妻尧二女、舜耕历山"是在"瞽叟及其后妻谋害舜"之前，同时也没有"后母诬陷舜子树下埋刺""帝释搭救""米市遇后母"等内容（司马迁，2016：5–7）。相对而言，《舜子变》的主题更突出了儒家"孝道"的价值观和佛教的因果报应思想，这与成书于公元921年的《大目乾连冥间救母变文并图一卷并序》相似，当然这也印证了唐五代时期儒释融合的价值规范。

人物直接言语的重复是《舜子变》的叙述话语特点，比如，瞽叟后妻三次加害舜子，每次都会威胁说"觧士（事）把我离书来，交我离你眼去！""不鞭耻万事绝言，鞭耻者全不成小事"（王重民等，1957：131；132），这些重复言语不仅是此处叙述节奏的标记，同时也凸显了其施害行为不断递增的恶毒程度。又如，后母图谋让舜子修仓而后纵火，首先她报于

第七章 《敦煌歌谣故事集》中其他英译文本的叙事结构和文体特点　145

瞽叟,"妾见后院空仓,三二年来破碎,交伊舜子修仓,四畔放火烧死",而后瞽叟唤舜子:"阿耶见后院仓,三二年破碎;我儿若修得仓全,岂不是儿于家了事。"(王重民等,1957:131)此处瞽叟对其后妻言语的重复和情景性修订,烘托出其昏庸糊涂、唯后妻命是从的特点及其夫妇阴险狠毒的用心。除了人物言语,《舜子变》中还包含转述的重复,比如舜子两次脱险得活,随后都会"归来书堂里,先念论语孝经,后读毛诗礼记",显然,该转述的重复其功能在于展示舜子遇事不惊、重学识明大义的个性特点。由此可见,对人物言语和转述的多频次重复是该敦煌俗赋的叙事话语特点。

此外,《舜子变》结尾处的七言叙事诗"瞽叟填井自目盲,舜子从来历山耕/将米冀都逢父母,以舌舔眼再还明",以及"孝顺父母咸(感)于天,舜子涛(淘)井得银钱/父母抛石压舜子,感得穿井东家连",也是对前文整个故事的概括性重复。就语域特点而论,通过讲述历史逸事,宣扬孝道和因果报应的伦理价值是《舜子变》语场的主要方面,既有讲唱听颂,也有文本阅读是其语式的特点。同时,其写作者具有一定的文学素养和教育背景,也就是说与当时讲唱文学的普通听众/读者之间有一定的社会距离。

通过双语文本对比,可发现威利的译文中保留了上述人物言语和转述的重复。比如,对于源语文本中多次出现的人物言语"不鞭耻万事绝言,鞭耻者全不成小事",译者都将其重构为"If we can't even thrash him, there is no more to be said. But even if we do succeed in thrashing him, I shall be far from getting my heart's desire"(Waley,1960:68;69;70)。又如:

3)妾(见)厅前枯井,三二年来无水,交伊舜子淘井,把取大石填压死……阿耶(见)厅前枯井,三二年来

无水，汝若淘井水出，不是儿于家了事（王重民等，1957：132）

　　Hardly ten days had passed before the stepmother had made another plan. "I notice that in front of your reception room there is a dried-up well. It has had no water in it for two or three years. We'll tell Shun to clear it out, and then we'll take a big rock and block up the mouth of the well, so that he'll be bound to die."（Waley，1960：70）

　　Then he called Shun and said to him, "In front of my reception-room there is a dried-up well. It has had no water in it for two or three years. If you were to clean it out and get down to the water, you would be doing something very useful to the household."（Waley，1960：70）

　　不难发现，"厅前枯井，三二年来无水"是在瞽叟和其后妻言语中相重复的内容，译文中也以"in front of your reception room there is a dried-up well. It has had no water in it for two or three years"进行了对应再现，从而凸显了瞽叟的伪善，"If you were to clean it out and get down to the water, you would be doing something very useful to the household"（汝若淘井水出，不是儿于家了事），以及此二人的险恶用心："block up the mouth of the well, so that he'll be bound to die。"（把取大石填压死）此外，对于源语文本中反复出现的转述"归来书堂里，先念论语孝经，后读毛诗礼记"，译文也做了相应重构："Shun went quietly to the library, where he first recited the *Analects of Confucius* and the *Book of Filial Piety* and then read the *Book of Songs* and the *Book of*

Rites"（Waley，1960：67；68；69）。

需要指出，威利在重构上述多频次出现的人物直接言语和转述的同时，却删减了《舜子变》结尾处重复概括全文主要事件的七言诗句，仅添加了一例自觉叙述"The story is then resumed in two poems, each of four lines"（故事本来接下来是两首四行诗）。诚然，"简练性"是短篇故事的标记性文类特征（Lawrence，1976：60），威利对上述七言诗句的删减，正是出于对短篇故事该文类特征的维护，这与其对《大目乾连冥间救母变文并图一卷并序》中重复叙述目连身世的语篇内容的处理是一致的。当然，译者之所以要删减这四行诗句，而要完整的再现上述言语和转述的"重复"，是由于后者属于塑造主要人物及调控主要事件叙述节奏的策略范畴，也就是说该策略具有直接的"主题相关性"。可见，短篇故事的文类特征和"主题相关性"是译者选用上述翻译手段的依据。

译名即翻译问题。对于源语文本中的"瞽叟""舜""尧""乐登夫人""娥皇""女英"等人物专名，译者均依据汉文读音进行了音译："Ku-sou""Shun""Yao""Lo-teng""E-huang""Nü-ying"，唯独将舜子后母所生的象儿之名意译为"little Elephant"（Waley，1960：64－73）。从语篇功能来讲，未及成年的象儿属于"龙套"人物；从受众、读者角度而言，译文中"little elephant"的首次出现，并未增加认知处理的难度，这是由于随后的叙述表明了该名是瞽叟对其小儿的称语："'Little Elephant,' he shouted, 'bring three prickly rods; I am going to give your stepbrother a good hiding!'"（象儿！与阿耶三条荆杖来，与打杀前家哥子！）（Waley，1960：67）同时"象儿"的音译，还向目标语受众展示了以龙、虎、豹、象、熊等大型动物名为男孩起名的源语文化传统，也就是说维护了源语文本的文化内涵。

四 "The Story of Catch-Tiger"(《韩擒虎话本》)的叙事特点

"The Story of Catch-Tiger"的源语文本由王庆菽根据敦煌文献 S.2144(G.6694)校对而成,原本无标题,"韩擒虎话本"是其根据故事内容而自设的(王重民等,1957:207)。敦煌话本是中国通俗小说的发端,而《韩擒虎话本》更是开了中国历史演义和英雄传奇小说之先河(王昊,2003:32-33)。韩擒虎的记载最早见于魏征等人所撰的《隋书》卷五十二《列传第十七》(1973:1339-1342),《韩擒虎话本》之后又见于《说唐全传》《隋唐演义》等民间小说。

该话本开篇将"会昌"(唐武宗年号)误当作周武宗年代(期间发生了灭佛运动),据此则可推出其写作年代约为唐武宗灭佛时期(842—846)之后。《韩擒虎话本》讲述了武帝灭佛,法华和尚得八龙王恩惠,涂龙膏为杨坚治脑疾,与其换龙骨,嘱托其登上帝位后"再兴佛法",皇后杨女毒死北周皇帝,隋文帝即位;金璘陈王不服兴兵,隋文帝拜将韩擒虎、贺若弼,擒虎大破名将任蛮奴引龙出水阵,收服陈王;北蕃单于不服,擒虎先在长安赌射赢蕃使,又于蕃界箭射双雕慑蕃王,最终使其彻服于隋;后不经两旬,韩擒虎奉天符辞文帝,做了阴司之主(王重民等,1957:196-206)。其中,韩擒虎是该话本叙事的主人公,其所实施的行为和参与的事件是整个故事的主体,而法华和尚为杨坚涂龙膏、换龙骨、嘱其兴佛法,看似为主体事件的"楔子"或铺垫,实则与下文韩擒虎助文帝"破陈王""慑单于""做阴司之主护文帝"相呼应:正由于文帝即位后守承诺、兴佛法,才有韩将军助其"擒虎(陈王)""慑虎(单于)"立业之回报。可见,着力刻画擒虎的机智英勇、忠君仁义与宣扬佛家的"因果报应"思想,依然是该敦煌叙述套语，威利也均做了对应重构：

6）说其中有一僧名号法华和尚，家住邢州……（王重民等，1957：196）

It is told that among them was a monk called Flower of the Law, who lived at Hsing-chou...（Waley，1960：74）

说此膏未到顶门一半也无，才到脑盖骨上，一似佛手捻却。（王重民等，1957：197）

It is said that before he had rubbed it on even half his pate, in fact from the very moment it touched his skull, it was as though Buddha had laid his hand upon him.（Waley，1960：75）

说者酒未饮之时一事无，才到口中，脑裂身死。（王重民等，1957：198）

It is said that before he had drunk it, drunk any of it at all, the very moment it reached his mouth, his brain split and he died.（Waley，1960：74）

"说其中有一僧名号法……"中的"说"即"此话本说"或"话说"，其语篇功能为导入话题；"说此膏未到顶门一半也无……"和"说者酒未饮之时一事无……"中的"说"，是说话人提醒受众、引起其注意的语用手段，它们都是标记话本文类特征的套语。可发现译文中分别用"It is said that…""It is told that..."进行了对译,同时,威利也留存了源语文本中的自觉叙述"画(话)本既终,并无抄略"(The illustrated text ends thus; I have not left anything out)(Waley,1960:89),而该自觉叙述也是构成话本的规约化语篇成分。在处理规约性翻译问题时,威利会将源语叙述信息明晰化,比如:

7)圣人若饮,改却酒名,唤即甚得,号曰万岁杯,愿圣人万岁、万万岁。(王重民等,1957:198)

But today, when your Majesty is drinking it too, it must have another name. What shall we call it? Let us call it the Cup of Long Life. May your Majesty live ten thousand, ten thousand times ten thousand years! (Waley, 1960: 77)

"万岁杯"中的"万岁"是汉语所特有的臣民对帝王的一种敬称,故属于规约性翻译问题,威利将其释译为"the Cup of Long Life"(长生杯),也就是说对其做了明晰化处理,同时将汉语中臣民对其君主的礼节性套语"万岁、万万岁"对译为"ten thousand, ten thousand times ten thousand years",留存了源语套语称谓的文化属性。又如:

8)便奔床卧,才著锦被盖却,摸马举鞍,便升云雾,来到隋文皇帝殿前,且辞陛下去也。(王重民等,1957:206)

He then ran to his bed, lay down (and died). Then, taking only the brocade bed-spread to cover him he rubbed down his horse, saddled it and rode on it up into the clouds, waving farewell to his Majesty the Emperor Wen of Sui as he passed by the Palace. (Waley, 1960: 88 – 89)

韩擒虎奉天符作阴司之主,在与众人道别后,"便奔床卧",还没等"锦被盖却",便"摸马举鞍,便升云雾",显然此处是韩擒虎亡故、灵魂出窍的隐含叙述,不难发现,该隐含信息的产生是基于表达"死亡"的汉语文化表述"寿终正寝"。如果对译文不作调整,会使目标语读者产生韩擒虎"便奔床卧""即入梦境"的误解。针对该翻译问题,威利索性增添了叙述评论"ran to his bed, lay down (and died)"(便奔床卧,即逝),将此处的隐含信息明晰化。

专名是语篇翻译问题产生的原因之一。敦煌原本中"擒虎"实为"夎虎",不同于更早成书的《隋书》卷五十二《列传第十七》中"擒虎"的书写,这显然是出于避唐太祖之名讳("李虎")而有意改写的(张涌泉,2013:627)。需要指出,《敦煌变文集》中该话本的题名则又恢复为"擒虎"(王重民等,1957:1;196)。对此,威利通篇采用了意译之名"catch-tiger"(擒虎),同时又在译文人名索引中做了标注,"Catch-tiger"(擒虎)即"Han Ch'in-hu"(韩擒虎)(Waley,1960:74;267),显然这种"音意+译注"的翻译手段,既增添了韩擒虎之名的"主题相关性",使得"擒虎"与其"擒"陈王、单于"二虎"的主要行为直接相关,又尽可能保留了源语汉文化中借用虎、熊、豹等大型动物之名,为男子立名的传统习俗。此外,"法华"和尚是贯穿《韩擒虎话本》"楔子"的人物,威利在其译文中降低了其法号的专业度,将其译成了俗家子弟之名"flower of law"(意为"法之花")。同样,《法华经》全名为《妙法莲华经》,是佛教的重要典籍之一,威利则直接将其转变为日常表述(*Lotus Scripture*)(莲花经典），而并未采用其梵文题名的罗马转写"Saddharma-pundarika-Sutra"（Waley，1960：74）。

简言之，《韩擒虎话本》英文译本中删减了韩擒虎与任蛮奴布阵交锋的叙述，从某种程度上维护了唐五代时期俗文学作品中重"孝义"而淡"忠君"的价值规范；重构了标记源语话本文类特征的套语结构，并通过增添解释性叙述评论，将规约性翻译问题相关的叙述信息明晰化；通过"意译＋译注"的手段，突出了主要人物之名的主题相关度，又留存了源语命名相关的文化信息；对于源语文本中的佛教人物和典籍专名，英译本均降低了"专业度"，将其替换成日常通俗表述。

五 "Confucius and the Boy Hsiang T'o"（《孔子项讬相问书》）的叙事特点*

威利译文的源语文本是《敦煌变文集》所收录的《孔子项讬相问书一卷》。该敦煌文献的原本为 P.3883（其前部分稍有残损），后参照 P.3833（《孔子项讬相诗一首》）、P.3255、P.3754、P.3882、S.5529、S.5674、S.5530、S.1392、S.395、S.2941 等唐五代时期的敦煌写本校对而成（王重民等，1957：235-236）。此外，敦煌文献中还有古藏文版本的《孔子项讬相问书》（P.T.992），其内容虽有增删，但依然可发现其是汉文敦煌写本的翻译（陈践，2011：96）。《唐写本孔子与子羽时语杂抄》（662年）是《孔子项讬相问书》内容相关的最早文本（张鸿勋，1985：99），唐五代敦煌本之后有明本《小儿论》（收录于《历朝故事统宗》），明本《东园杂字》中也收有该故事，20世纪早期北京打磨厂宝文堂同记书铺，曾出售过铅印本《新编小儿难孔子》（王重民等，1957：

---

* 本节部分内容作者曾发表于《外国语》2021 年第 4 期。

236)。

《孔子项讬相问书》一改褒赞圣贤的正史叙事传统,采用了"反英雄"(anti-hero)的主题模式:通过对故事人物孔子和七岁项讬的答辩交锋及其出于妒忌寻杀项讬的叙述,实现了对神圣化了的"孔子"正统形象的挑战。该文献分为两部分:前半部分叙述夫子和项讬问答辩论,主要由夫子问项讬的三十五个问题和后者问孔子的三个问题("鹅鸭何以能浮、鸿鹤何以能鸣、松柏何以冬夏常青")构成,除了邀项讬博戏的两个问题,夫子的其他问题都为"天问",涉及自然现象、社会伦理、天文地理等话题,其表述以四言、六言为主,隔句押韵,属于敦煌俗赋的体制;后半部分是七言叙事诗,由二十六对上下句构成,偶句押韵,基本上一韵到底(张鸿勋,1985:103-104)。不难发现,巧答夫子的"天问",是构建项讬机智、聪慧形象的主要语篇途径,而夫子"邀儿博戏""寄薪项讬耶娘,等其百捆烧却、余者喂牛羊后,又索要原草,挟其说出项讬下落"等事件是塑造"夫子"反面形象的手段。

需要指出,项讬对夫子所问"山""水""车""牛""马""刀""火""树"等问题,以及对"松""苇""蒲""姑"等问题的解答,诸如"土山无石""空门无关""萤火无烟""枯树无枝""空城无使"等,多为谜语对猜或脑筋急转弯,对当今读者而言,其知识性并不强;同时项讬关于"父母与夫妇何者为亲"的解答:"人之有母,如树有根;人之有妇,如车有轮。车破更造,必得其新"(王重民等,1957:233),违背当代社会的人伦价值规范。也就是说从当今读者的认知角度来看,项讬对这些问题的解答不仅不足以展现其智力水平,相反还有损于该人物形象,此处便产生了语篇翻译问题。对此,威利采用了归结性策略,通过插入转述或叙述评论,对这些问答做了概括和列举:

9) Confucius then asks the boy a series of questions, such as "What cow has no calf? What horse has no foal? What sword has no ring?" To these conundrums the boy successfully replies, "A clay cow has no calf, a wooden horse has no foal, a chopping-knife has no ring." (Waley, 1960: 92)

Then follows another series of rather feeble conundrums including, "When does the wife remain seated, while the mother-in-law does things for her?" Answer: "When she first comes under the flowers", i.e. on the night of the wedding. (Waley, 1960: 93)

上述两段转述分别可回译为：夫子然后向男孩问了一系列问题，诸如"何牛无犊？何马无驹？何剑无环？"对于这些谜语男孩成功地一一作答，比如"泥牛无犊、木马无驹、砍刀无环"；之后（夫子）接连问了多个颇为浅显的谜语，包括"何时媳妇坐堂而公婆为其劳作"，答："当妇初来花下（即新婚之夜）。"不难发现，转述中还包含了叙述评论"feeble conundrums"（浅显的谜语），这既是对夫子所提问题的评价，也是对此处因何缩减叙述时间而进行列举概括的解释。此外，项讬针对"天高几许""地厚几丈""霜出何边""露出何处"等问题的解答："天地相却万万九千九百九十九里，其地厚薄，以（与）天等同……霜出于天，露出百草……"（王重民等，1957：233），明显有悖于科学常识，译者索性采用归结策略将其删减。

值得注意的是，项讬对于夫子所问"共游天下，可得已否"的答复为"吾不游也。吾有严父，当须待之；吾有慈母……所以不得随君去也"（王重民等，1957：232），这正是儒家所倡导家庭伦常的表述，在源语当代语境中该价值规范亦有延承，目标语文本中对项讬的答复做了完整对译："I cannot travel. I have a revered father, whom I must wait upon. I have a kind mother, whom I must look after... So I cannot go with you"（Waley，1960：92）。

就叙事结构而言，译文在正文之前增添了导引性叙述，解释了该故事的缘起和传播过程，随后对其主题价值做了如下评论：

10) The story of Hsiang T'o, treated as a story for the young, points the moral that even children can, by diligence in their studies and refusal to be drawn into idle pursuits, become wiser than the wisest adult... Lü Wang (who at ninety became the adviser of King Wen of Chou) gave an impetus to the aged; whereas Hsiang T'o gave self-confidence to children. (Waley, 1960: 89 – 90)

这段叙述评论可以回译为："项讬的故事可当作为年轻人而写，其寓意在于即使是孩童，只要学业勤奋，不为闲散的爱好所迷染，也能变得比那些最有才智的成年人还聪慧……吕望（九十岁才辅佐周文王）给了长者以动力，而项讬则给了孩子们自信。"此外，在译文导引部分，还增添了导入"夫子杀项讬事件"的两个"背景故事"（Back-story）：即《荀子·宥坐》所载孔子担任鲁国摄相期间妒杀同僚少正卯，以及司马迁在《史记·孔子世家》中所述孔子杀侏儒的故事（Waley，1960：90 – 91）。就叙事功能而言，这两个"背景故事"，是构建《孔子项讬相问书》故事规范的铺垫，是增强该文学叙事可信性的手段。可以发现，增添源语叙事文本源起及演进相关的互文性源语故事的做法,同样见于威利对《大目乾连冥间救母变文并图一卷并序》等敦煌叙事文本的翻译。需要补充,与处理《敦煌变文集》中的其他文本一样,威利在正文部分也会增添叙述评论,比如:

11)夫子叹曰:"善哉!善哉!方知后生实可畏也。"(王重民等,1957:233)

"Good, very good indeed. Now I know thatthe young are indeed to be feared", thus quoting a saying attributed to him in the *Analects*. (Waley, 1960:93)

"后生可畏"出自《论语·子罕》,译文中增添了叙述评论"a saying attributed to him in the *Analects*"(《论语》记录的一句他的格言),对该成语的出处做了解释,同时与下文七言诗所述"夫子寻杀项讬"事件做了呼应:正由于夫子笃信"后生可畏"的格言,故此才以数年前所寄存的薪草相要挟,逼项讬"耶娘"说出其下落。虽然最终实现了灭杀的目的,但他对项讬的畏惧依然不减:"夫子当时甚惶怕,州悬(县)分明置庙堂"(王重民等,1957:235)。也就是说,译文所增添的叙述评论与下文"夫子寻杀项讬"的事件直接相关,当然这也为孔子"后生可畏"格言的源起提供了一种解释。简言之,对于有违科学常识或有损于叙事价值规范构建和主要人物形象塑造的语篇翻译问题,译者通过删减、概括、列举和增加判断性叙述评论,采用了归结性策略进行处理;同时,通过增添互文性"背景故事",为目标语读者全景式地呈现了一个不断演进的源语文化故事。此外,对于"主题相关"的成语格言,译文中还会增添解释性叙述评论。

第三节 《敦煌歌谣故事集》中神鬼玄幻类英译文本的叙事特点

一 "The Story of Hui-Yüan"（《庐山远公话》）的叙事特点

威利所译的神鬼玄幻类敦煌叙事文本包括《庐山远公话》《叶净能诗》《唐太宗入冥记》，以及源于《搜神记》的简短故事，如《王子珍》《齐景公》《田昆仑/田章》《段子京》《管辂》《侯霍》，这类民间故事以史书记载的人物为"主人公"，其构成情节的事件通常借助于佛教、道教或神灵鬼怪的主题元素虚构而成。话本《庐山远公话》的"主人公"为东晋名僧释慧远（334—416），俗姓贾氏，雁门楼烦人，其生平大致可分为三个阶段：少年阶段（13—21岁）"游学许（昌）、洛（阳）"，"少为诸（儒）生，博综六经，尤善《老》《庄》"；青年阶段（21—45岁），于太行恒山师随道安达二十多年，钻研《般若经》等佛学经典；第三阶段（45—82岁）指慧远"卜居庐埠三十余年"：前秦建元九年（373），苻丕攻陷襄阳，道安被送往长安，慧远辗转来庐山，始住龙泉精舍，后居刺史恒伊所建东林禅舍，在此期间与鸠摩罗什书信往来，并著《沙门不敬王者论》等佛学典籍（释慧皎，2010：281-285）。

S.2073号敦煌文献题名为《庐山远公话》，威利所译的版本为王庆菽所校，全文15000余字，原作者佚名，文末注"开宝五年张长继书记"，为宋太宗开宝五年（972）的抄本（王重民等，1957：167-195）。与僧祐及慧皎《慧远传》的写实叙事不同，该话本所述事件文学虚构的成分居多，具体包括：慧远辞旃檀和尚，"将一部涅槃之经，来往庐山修道"，得树神、山神相助建成化成寺，有感于深潭龙王之语，"造涅槃经疏抄"；后被山贼白庄劫持，卖于京城崔相公为奴，适逢道安讲释涅槃经疏抄，与之思辩，追问"黑风之义"并揭开身份，为晋文帝接至大内供养，最终慧远重归庐山（王重民等，1957：167-195）。该话本旨在宣扬佛教的生死轮回、因果宿命的思想。通过语料计量可见，"涅槃"是该文本出现频率最高的名词（26次），文中慧远多次重申"若夫涅槃经义，本无恐怖，若有恐怖，何名为涅槃"。同时慧远两做前世轮回之梦：宿世他为崔相公借白庄五百贯钱做担保，因借者身亡而未予归还，"保债得债"，故此慧远现世为奴抵还。就主题而言，该文献是典型的宗教话本，是僧侣以话本为媒介宣扬佛教思想的产物（萧欣桥，2004：71；74）。不难发现，通过人物言语会话对佛教经义的讲释思辩，占整个语篇内容的一半之多，包括崔相公为夫人讲解"八苦交煎"、善庆（慧远）为崔相公夫妇解说"四生十类""十二因缘"，以及慧远和道安围绕《涅槃经》的思辩问答等内容，这些大篇幅教义无疑是语篇翻译问题产生的原因。

　　当然，与一般的佛教话本或讲经文不同，玄幻传奇也是《庐山远公话》叙事的一个方面：当慧远初到庐山，树神、山神和千尺潭龙先后化身出现，山中鬼神趁夜为其造寺，以及当慧远为奴抵债已毕，便"忽然腾空，莫知所在"等叙述，显然是继承了唐传奇的叙事特点。就话本的文类特点而言，《庐山远公话》包含显露说话人身份及其"声音"的"说……""争得知……""且见""何似生"等叙述套语，具有"以诗（偈）代叙"的语篇结构多处，其语言也趋于口语化，文中叙述事件时用散体，而抒情写景部分多用两两对仗、平仄有序的骈体句式（萧欣桥，2004：73），比如，慧远初来庐山时的风景描述："春光扬艳，薰色芳菲……望云山而迢递，睹寒雁之归忙；自为学道心坚，意愿早达真理。"（王重民等，1957：

167）从语域角度来看，该话本的"经验域"为宣讲佛教的因果宿命论，其功能在于通过讲述关于东晋名僧慧远的文学虚构故事，劝说受众接受佛经教义；与该文献相关的社会活动，是较其他敦煌话本语言交际活动更加专业的佛教传播活动；其作者较其受众在佛学修养等方面更具权威性，其对所述内容有明显的价值倾向；该话本整合了诵听表演和可视阅读两种交际语式。通过对比可见，译者对源语文本做了如下处理。

（一）说话人主动"显身"，凸显"话本"文类特征

目标语文本中对标记源语"话本"文类特征的结构套语做了完整对译：比如"说这惠远，家住雁门，兄弟二人，更无外族"（It is said that this Hui-yüan lived at Yen-men, where he had a brother, but no other kinsmen）中的"说……"（王重民等，1957：167；Waley，1957：97）。又如"争得知？至今江州庐山有掷笔峰见在"（How do we know that this is true? There is still to this day a peak at the Lu Shan called Throw-brush）中的"争得知"（王重民等，1957：170；Waley，1957：103），以及"说话人"切换所述事件时采用的自我设问手段，如"远公还在何处？远公常随白庄逢州打州"（Meanwhile, where was Hui-yüan? He was still with Po Chuang who was pillaging every place）中的"远公还在何处"等，译文中均进行了对应重构。同时，目标语文本中还增添了"说话人"/叙述者展露其身份的话语外照应手段，比如：

12）老人言讫，走出寺门，随后看之，并无踪由。是何人也？便是庐山千尺潭龙，来听远公说法。（王重民等，1957：170）

Having said this, he ran out of the monastery gate and

when they followed to see which way he went, they could see no trace of him. Who was he? I will tell you; it was the dragon of the thousand-foot deep pool of the Lu Shan who had all this while been coming to hear Hui-yüan preach. (Waley, 1960: 103)

慧远身居庐山化成寺，"为诸徒众广说大涅槃经之义"，听众中有一老者，每次"来也不曾通名，去也不曾道字"。慧远好奇而问之，老者答言"弟子虽听一年，并不会他涅槃经中之义，终也不能说得姓名"，言讫"并无踪由"（王重民等，1957：170）。"是何人也？"（Who was he？）是说话人/叙述者的设问，"便是庐山千尺潭龙，来听远公说法"（It was the dragon of the thousand-foot deep pool of the Lu Shan who had all this while been coming to hear Hui-yüan preach）是其对该问题的自我解答。可以发现，译文在此问答之间增添了包含语外照应词的叙述声音"I will tell you"（我来告知你们）后，"说话人"/叙述者的身份已然表露，这样其与受述者的距离缩短，该自觉叙述在一定程度上凸显了"话本"的文类特征。又如：

13）异境何似生？嵯峨万岫，叠掌千层，崒屼高峰，崎岖峻岭。猿啼幽谷，虎啸深溪。（王重民等，1957：167）

What kind of fairyland was it? I will tell you. A myriad sharp crags soared into the sky, piled thousand fold one upon another, the high peaks were precipitous and bare, the lofty ridges were cleft and rugged. Monkeys twittered in the dark valleys, tigers roared in the deep ravines. On withered pines hung immemorial creepers, peach-blossom displayed its perennial glow. (Waley, 1960: 98)

慧远辞别旃檀和尚，依其"处分交代"，从江州西行五十余里，来庐山修行。"异境何似生"即"异境如何"，"何似生"是话本中说话人/叙述者自我设问的套语，意指"怎么样"（张鸿勋，1987：370）。"嵯峨万岫，叠掌千层，崒屼高峰，崎岖峻岭。猿啼幽谷，虎啸深溪"是对庐山的全景描述，也是对该问题的作答。可以发现，译文中说话人/叙述者直接介入："I will tell you"（我来讲给你），与前面的设问"What kind of fairyland was it"（异境何似生）相呼应，此处插入的"声音"使说话人/叙述者自我设问的话本标记变得更为突出。

（二）译者直接"显身"，决策语篇翻译问题

如上文所述，源语故事的人物言语中大篇幅的佛经教义讲解，是产生语篇翻译问题的原因之一。对此，目标语文本中通过增添自觉叙述和采用转述概括人物言语等手段，对源语文本中慧远所讲的"四生十类""十二因缘"，及慧远与道安关于涅槃之义的思辨等言语进行了处理（Waley，1960：117；118；119；120；121）。比如，崔相公从福光寺听完道安讲说涅槃经义回府，应夫人之请，为全府"大小良贱三百余口"解释涅槃经中的"八苦交煎"（生、老、病、死、五阴盛、求不得、怨憎会、爱别离），译文中便采用该策略做如下处理：

I shall not translate the minister's talk, or the other sermons which follow. It is, of course, in order to work them in that the writer tells his lively and exciting story and they do in fact constitute for him the whole point of his tale. But they could only be made intelligible with the aid of a vast amount of commentary. My book is after all a literary anthology, not a treatise on Buddhism. There do exist large numbers of such treatises in most European languages, and a reader who wants to know can easily find out what, for example, the Eight Woes (sorrows, pains, uneasiness) are. (Waley, 1960: 117)

不难发现，目标语文本中译者此处直接"显身"，在未改变人物言语交际内容的前提下，对叙述者与受述者的交际进行了干涉，插入了"译者"评论："我不打算翻译（崔）相公的讲座和其他的布道说教，当然对原作者而言，这其实是其通过讲述生动、精彩故事试图说明的要点，但这部分只有诉诸大量评论才能让读者弄明白。我的这本书毕竟是一本文学作品汇编，而并非一部佛教论集。其实欧洲大部分语言的宗教文献中都有类似内容，好奇的读者要弄清'八苦交煎'等概念的含义并不难。"显然，此处译者的"声音"也是译文叙述者的"声音"，也就是说，译者以叙述者的身份凭借插入的自觉叙述，解释了此处实施该叙述行为的动因。此外，译文对源语人物言语中所述的"八苦"进行了概括："I will only say here that the author takes them in this order: Birth, Old Age, Illness, Death, Woes arising from the Five Constituents (form, feeling, perception, impulses, consciousness), Seeking but not getting, Anger, and Parting from what we love"［此处我仅说明原作者按照此顺序对其进行了排列：生、老、病、死、五阴（色、受、想、行、识）盛、求不得、怨憎会、爱别离］（Waley, 1960: 117 - 118）。需要指出，译文此处仅选择翻译了其最后"一苦"（爱别离）：

14) 如是家中养得一男，父母看如珠玉，长大成人，才辩（辨）东西，便即离乡别邑。父母日夜悬心而望，朝朝倚户，而至啼悲。从此意念病成，看承眠（服）药，何时得见。忽至冬年节岁，六亲悉在眼前，忽忆在外之男，遂即气咽填凶（胸），此即名为离别离苦。（王重民等，1957：181-182）

Suppose a family brings up a son. To the father and mother he is precious as pearls or jade. When he reaches manhood and is beginning to "distinguish east from west" he leaves his native place. His father and mother think of him perpetually day and night, always expecting his return. Day after day they stand at the door, weeping and lamenting. Their constant longing for him at last makes them ill; but he is not there to look after them and give them medicine. Winter comes and all the rest of the family is there; but suddenly the father and mother think of the boy who is not there, and the breath is stifled in their breasts. That is what is called "Being parted from those one loves". (Waley，1960：118)

不难看出，"家庭"（family）、"父母"（father and mother）、"儿/男"（son/boy）是上述英汉双语文本的主题词。"爱别离"之苦意指每到"冬年节岁"、六亲团聚之时，在家父母对"离乡别邑"游子的思念交煎，家庭亲情是造成第八苦的主要原因。如刘梦溪（2015：7）所言，"家庭"是构成传统中国和民间社会的"依托物"；"孝悌之道"是中国文化的核心部分（徐凯，2013：11），也正是《大目乾连冥间救母变文并图一卷并序》《舜子变》等其他敦煌俗文学作品所构建的价值规范。可以发现，译文粗略概述了因身体、心理、情绪而产生的"八苦交煎",唯独完整对译了因亲情牵绊而生的"爱别离"之苦,一定程度上凸显了这种源语传统文化的伦理观,淡化了译文的佛教主题。也就是说,面对源语文本的语篇翻译问题,译者会直接"显身",以译文叙述者的身份解释其叙述行为,并对造成翻译问题的大幅源语佛理讲陈进行缩减和概括,仅选译其中与源语传统伦理价值直接相关的部分,这样译文宣扬佛教思想的文本功能得到了"消减",而其叙事性则被"扶正"。需要指出,源语文本在"慧远初到庐山""再回庐山"等处都采用两两对仗的骈文句式,描述庐山景致的叙述内容,译文中也用对仗结构进行了重构,并未有明显缩减(Waley,1960:98;123)。

(三)佛经术语的"通俗化"、地名和时间表述的明晰化

名词、名词短语是构成语篇小句的主要成分,而专名和名词术语的"专业度"是体现文本语域特征的重要参数。《庐山远公话》的英译中除了将贯穿全文的《涅槃经》译为"*Nirvana Sutra*"(Waley,1960:98;107;108;109;110;115;116;117;118),对其他佛经术语如《法华经》(*Lotus Scripture*)、"帝释"(God Indra)均做了"通俗化"处理(Waley,1960:117;101;112),而未采用与其对应的梵文罗马化转写词"Saddharmapundarika-Sutra""Śakro devānām indrah"。整体而言,译文的宗教"专业度"较源语文本降低。不难看出,《涅槃经》是《庐山远公话》中宣扬宿世轮回、因果报应主题思想的依据,译文中依然保留梵文转写词"*Nirvana Sutra*",显然是出于"主题相关性"的考虑。此外,源语古地名如"江州""东都福光寺",分别被转译成了当代专名——"Kukiang"(九江)、"Fu-kuang Monastery at Nanking"(南京福光寺),也就是说做了明晰化处理(Waley,1960:104;108)。同时,源语文本仅在开篇之初粗略交代,"如来灭度之后,众圣潜形于

像法中",并未有故事时间的明确表述(王重民等,1957:167),而目标语文本中则在该句译文 "But after the Nirvana of the Tathagata, no saints any longer appeared" 之后,增添了 "Once in the second phase of the religion there was a monk-tutor..." [在(如来灭度之后)该宗教发展的第二个阶段有一个学徒僧……](Waley,1960:97),补充了故事发生的时间。当然,这并非是译者的杜撰,而是对源语信息的明晰化。诚然,古地名和故事时间的明晰化,在一定程度上增强了译文叙事的现实性。

(四)梦中"佛语"里增添第二人称代词

与敦煌本《六祖坛经》的英译中对惠能言语的处理相似,威利对慧远所梦诸佛圣贤所说的"佛语"里也增置了第二人称代词:

15)朦胧睡著(着),乃见梦中十方诸佛,悉现云间,无量圣贤,皆来至此。唤言:菩萨起,莫恋光明睡着,证取涅槃之位,何得不为众生念《涅槃经》。(王重民等,1957:174)

Presently he dozed off, and in his dream saw the Buddhas of the Ten Quarters appear among the clouds, with a numberless host of saints and worthies. They called to him, "Bodhisattva, arise! Do not hanker for the sleep of the witless. Take your stand upon the Nirvana! Why are you not preaching the *Nirvana Sutra* to all living creatures?" (Waley,1960:110)

慧远被白庄劫持为奴,"朝游川野,暮宿山林"。一日"白庄于东岭之上安居,远公向西坡上止宿",蒙眬睡着,梦见十方诸佛唤言"莫恋光明睡着,证取涅槃之位,何得不为众生念《涅槃经》"。可以发现,译文中在诸佛带有祈使语气的话语间增加了人称代词"you"(你/你们)。从人物交际层面来看,说话人与听者的情感距离由此拉近,"佛言"的世俗性加强。

(五)添置源语故事相关的互文性背景信息

与威利对《大目乾连冥间救母变文并图一卷并序》《孔子项讬相问书》的处理相同,《庐山远公话》的英译中也增添了故事的互文性背景信息:

16) The teacher of Hui-yüan is wrongly called Chan-t'an, it is falsely asserted that he was captured by a robber called Po Chuang and then sold himself as a slave to the Minister Ts'ui; Also that he had a birthmark on his arm, when in reality it was Tao-an who had this birthmark, and so on. These false stories, says P'u-tu, are known to everyone and are so universally accepted that it is now by no means easy to discredit them. (Waley, 1960: 123)

译文参照了《大正新修大藏经》中普度所编的《庐山莲宗宝鉴》,指出其《庐山远公话》和《庐山成道记》中关于慧远被白庄所虏,并主动出卖自己于崔相公为奴,以及慧远"腕有肉环"(事实上是道安"腕有肉环")、早期拜旃檀为师等均为"虚构故事"(false stories)。这些叙述信息是译文叙述者对故事结构及作品本身的评论,也是其从现实性角度,对源语文本通过这些"虚构故事"构建的"宿世轮回、因果报应"叙事规范的再界定。

(六)小结

通过双语文本对比可见,威利对《庐山远公话》的英译叙事中，在"……何似生"等设问套语出现之处，叙述者会全然"显身"，借助于叙述"声音""let me tell you"（由我来告诉你），进一步凸显话本的文类特征。同时会对源语文本中大篇幅人物言语的佛理讲释，进行转述和概括，并通过增添自觉叙述，解释其实施该叙述行为的理据，唯独对人物言语中那些涉及家庭、人伦、亲情的叙述内容，不做任何删减，保持了与同一时期源语敦煌俗文学所构建"父母牵挂""儿女孝道"叙事规范的连贯性。此外，除了与佛教主题直接相关的"*Nirvana Sutra*"（《涅槃经》），目标语文本将多数源语佛经术语"通俗化"，将"江州""东都福光寺"等古地名当代化，将叙事时间明确化。同时在佛语中增添了第二人称代词，强化了译文叙事的现实性和世俗性。并通过补充源语故事相关的互文性信息，对所述事件的真实性进行考量，更为客观地展现了译文的"宗教性"。就语域特点而言，源语敦煌话本《庐山远公话》宣扬佛教"宿命轮回"思想的"感染"功能，在译文中通过上述策略得到了修正，目标语文本的"语场"也随之变化，其相关语言活动的佛教专业度降低。在缩减、概述人物言语中的佛理讲释后，译文叙述节奏加快，叙述者和受述者在"教育""专长"和"权威"等方面的距离缩小。译文叙述者多次主动"显身"，其对所述事件的态度和情感立场较源语文本更明显。当然，叙事现实性、世俗性的加强和人物语言的简洁化，提升了译文"话本"的可表演性。

二 "The Wizard Yeh Ching-neng"（《叶净能诗》）的叙事特点

威利所译《叶净能诗》为 S.6836 号敦煌文献，据考证，其成文时间应在公元763—806年（张鸿勋，2012：140 - 141）。其文末所附题名为"叶净能诗"。对此，有学者认为

"诗"是"话"的误写（张锡厚，1980：89），也有人主张其题名应为"叶净能传"（胡士莹，1980：31）。如张鸿勋（2002：206）所言，题中有"诗"也不为错，这表明该文献的体制为"诗话"（话本的一种），其理据是与《大唐三藏取经诗话》一样，《叶净能诗》也以人物言语中的"诗"作结。需要指出，不管该敦煌文献原题中有"诗"与否，其文类体制为"话本"的说法是学界普遍认同的。

《叶净能诗》所述系列事件的主人公为唐中宗时期的道士叶净能，据《旧唐书》卷九十一《桓彦范传》《通鉴》卷二〇九《唐记二十四、二十五》所载，叶净能先后官及国子祭酒、金紫光禄大夫，后因涉嫌参与韦后篡位而被杀。该敦煌话本整合了十多个传奇志异的故事，用主人公叶净能前后串联，具体包括：会稽山学道得成，叶净能西赴长安，大罗王闻其名化作河水挡道，叶净能书符使河枯；华阴县巧用符箓之术，从岳神处救得张令之妻；初到长安，除却了策贤坊康太清之女的狐妖魅惑；开元皇帝尊其为师，净能与帝取仙药，剑斩钱塘江江蜃；高力士不信其法，"差人堀地道成，内打五百面鼓"，言"大内有妖气"，叶净能遂作法变大蛇"祛妖伪"；叶净能以酒瓮幻化道士为帝助兴，为帝斩龙取肉；开元十三年设坛求雨、开元十四年元宵伴帝神游剑南，观灯后玄宗蜀王殿留汗衫；为皇后求子询唤五曹，又侍帝游月宫；盗取宫中美人共寝，高力士设计捕杀，叶净能遁走归隐（王重民等，1957：216－230）。这些故事大多数在《太平广记》中都有记载，只是其主人公并非叶净能，而是叶法善、明崇俨、罗公远等人（张鸿勋，2012：140）。

与《庐山远公话》宣扬佛教因果报应、宿世轮回的主题不同，《叶净能诗》的语篇主旨是讲述叶净能施展道术（如辟谷、幻化）尤其是符箓之术的玄幻传奇故事，并非道教思想讲释。也就是说,其语篇的"目的导向"是"娱心",而非"宣教",其中的"岳神强占人妻""叶净能盗取宫女"两个故事,更是对道教的揶揄和反讽(萧欣桥,2004:75)。就语域特点而言,该话本相关的语言活动具有一定的宗教专业度:文中多处包含道教术语,比如"符箓""尊师""五岳""岳神""太一""坛场",同时也有"帝释""七宝""娑罗树"等佛教用语。显然,作者和当时普通受众之间在"权威""专长"等方面存在距离。该文献和其他敦煌话本一样,口头表演和文字阅读兼具是其当时言语交际的语式特点。此外,除了文末唐玄宗怀念叶净能的四言诗,《叶净能诗》通篇采用散说,语言风格整体较唐传奇更加口语化。与源语文本相比较,"The Wizard Yeh Ching-neng"的语篇特点如下。

(一)"神人"对叶净能的言语中增添第二人称代词

17)净能年幼,专心道门,感得天(大)罗宫帝释,差一神人,送此符本一卷与净能,令净能志心愍而学,勿遣人知也。得成,无所不遂,尊师匆容升天,须去即(去),须来便来……(王重民等,1957:216)

"The god Indra in the Ta-lo Heaven", said the Spirit, "has been so much impressed by the concentration with which, despite your tender years, you have been devoting yourself to Taoism, that he has told me to bring you this scroll of magic spells, which he wishes you to study with great application and on no account show it to anyone else. When you have mastered it, there will be nothing you cannot accomplish. You will be able to rise into the sky at will and come and go just as you please. If you want..." (Waley, 1960:124)

叶净能幼年于会稽山会叶观学道,"日夜精修,勤苦而学",年二十入道门,"志咸感神",大罗帝释遂派一神人与其相见(王重民等,1957:216)。可以发现,与《庐山远公话》中"十方诸神"所说"神语"的处理策略相同,威利在神人对叶净能的言语英译中,也增添了第二人称代词"you""your"和"yourself",该策略也同样见于陈荣捷、杨博斯基等人对《坛经》中惠能对弟子讲释佛法的言语翻译。显然,增加宗教人物言语的语外照应度,是敦煌叙事文本英译的一个普遍策略。

(二)依照叙事规范优化人物言语

18)一院之人,无不惊愕。康太清夫妇号天叫地,高声唱:"走捉(投)悬(县)门,告玄都观道士,把剑煞(杀)人!"(王重民等,1957:219)

Everyone in the courtyard was horrified and K'ang T'ai-ch'ing and his wife called upon Heaven and cried to Earth. "Run at once to the local magistrate's office", they shouted to those who were standing around, "and say that a monk in the Hsuan-tu Monastery has committed a murder."(Waley, 1960: 130)

《叶净能诗》中系列故事的发生年代被设定于唐开元年间。"开元皇帝好道,不敬释门"(This Emperor of the K'ai-yuan period loved Taoism and did not respect the religion of Sakyamuni)、"百姓已来,皆崇道教"(every one, commoners and gentlemen alike, all revered the Taoist religion),这是双语文本中关于道、佛两种宗教的叙事"规范"。叶净能初到长安,策贤坊康太清

请其为女除却狐精迷魅之病。叶净能"左手持剑，右手捉女子，斩为三断，血流遍地"，康太清夫妇因当时不知其符箓之能，以为小女为他所杀，故向路人奔走疾呼："走捉（投）悬（县）门，告玄都观道士，把剑煞（杀）人。"（王重民等，1957：219）可以发现，源语文本中康太清夫妇所告之人为"道士"（Taoist），而目标语文本中将其置换为"和尚"（a monk）。显然译文此处参照了"崇道教""不敬释门"的叙事规范，也就是说，在衙门状告"和尚"与起诉"道士"，当时所引起的重视程度是不同的，而康太清疾呼"和尚把剑杀人"比高唱"道士把剑杀人"，所获得路人的同情会更多。

（三）通过自觉叙述概括文末韵文重述、删减重复性叙述

与《庐山远公话》的翻译相同，威利也在"The Wizard Yeh Ching-neng"中通过添加自觉叙述，概括了源语文末开元皇帝回顾叶净能法力神功的四言诗："There follow some forty lines of verse, resuming the story of Yeh's achievements"（随后是重述叶净能成就履历的四十行韵文）（Waley，1960：144）。同时，译文中缩减了源语文本的重复性叙述。比如，文中叶净能每次施法之后，都会附有开元皇帝及其群臣的赞誉，诸如"自古未有似净能者也""符录（箓）绝妙，天下无过叶天师耶？""世上无二"。通过对比双语文本，可发现译文中对该类重复性叙述做了部分删减（Waley，1960：141；144）。此外，目标语文本中也删去了"为皇后求子""设坛求雨"等同样展现叶净能沟通天曹本领的简短故事（Waley，1960：136；139），由于这些内容在该叙事语篇的其他处有细致呈现，译者此举显然是为了避免重复。该策略也同样见于威利对《大目乾连冥间救母变文并图一卷并序》的英译。

（四）通过自觉叙述提供互文性"元叙述"信息

与威利所译《大目乾连冥间救母变文并图一卷并序》《庐

山远公话》相同,《叶净能诗》("The Wizard Yeh Ching-neng")中还增添了评介故事人物和叙事结构的"元叙述"信息:

19) Yeh Ching-neng is in the above stories, as often, confused with his great-nephew Yeh Fa-shan. The latter was a Taoist master much favored by the Court in the early part of the eighth century. He was known as a stout opponent of Buddhism, but also of the pretensions of rival Taoists who undertook to prolong the Emperor's life by alchemy. Most of the stories told above occur, in a less complete form and with considerable variations, in the printed collections of marvel-stories. Some of them give the Taoist magician a quite different name. (Waley, 1960: 144)

所谓元叙述 (meta-narration),指叙述者对其所述内容、构思、结构和叙事原理的自我介绍和评论 (郭宏安等,1992: 402)。译文文末增设的上述叙述内容指出:多数故事中将叶净能与其侄子叶法善相混淆,后者实乃公元 8 世纪受朝廷重用的道教大师;叶法善是当时反对佛教的强硬派人物,他也反对其他道士通过炼丹术给皇帝益寿延年的企图;《叶净能诗》中的故事,多数改自当时印刻的传奇故事集,只是有些并不完整,有些内容变化较大。显然,这些增补的叙述信息是对该话本所述事件的出处及其主要人物真实性的评介,属于元叙述的范畴。由于元叙述是作者、叙述者的直接"显身",为此可以说该例元叙述是译者借用叙述者乃至作者的身份,为受述者、读者补充了该话本直接相关的源语文化信息。显然,此处的译者决策是以源语文化为导向的。

（五）道教术语通俗化、地名和时间的具体化

《叶净能诗》（"The Wizard Yeh Ching-neng"）中采用日常词汇，将"岳神"（the God）、"太一"（Great Unity）、"天曹"（Tribunal of Heaven）、"符箓"（spells）等道教术语通俗化，同时将地名和时间具体化，比如"剑南"在英译"Chien-nan"之后还标明了"Szechwan"（四川），"成都"在"Ch'eng-tu"之后又做了解释——"四川的首府，位于西南方"（the capital of Szechwan, in the south-west），"开元年间"（the Kai-yuan period）之后还标注了年代"713-42"，开元十四年也标明了具体时间"A. D. 726"（Waley, 1960：134；136）。该策略也见于威利对《庐山远公话》的英译。诚然，时间、地名的具体化则使得译文叙事的现实性加强，而采用日常词汇对译宗教术语，凸显了话本"俗"的文类特点。这样，在以译文为媒介的言语交际中，说者和受众的距离被缩小。

三 "T'ai Tsung in Hell"（《唐太宗入冥记》）的叙事特点

威利所译《唐太宗入冥记》为 S.2630 号敦煌文献（原写卷有142行文字），行间缺漏达150多处，原标题及首尾缺失，该题目由王庆菽依据王国维、鲁迅的拟题而定（王重民等，1957：214）。王国维认为它是"宋以后通俗小说之鼻祖"（王国维，2017：130）。根据写卷卷末的文字"天复六年丙寅岁闰十二月廿六日氾美斌书记"，可推算出其抄写时间为唐哀帝天祐二年（905）（张鸿勋，1993：31）。鲁迅指出，该敦煌文献"盖记太宗杀建成元吉，生魂被勘事者；讳其本朝之过，始盛于宋，此虽关涉太宗，故当仍为唐人之作也"（鲁迅，2017：121）。

"太宗入冥"的故事最早见于唐代张鷟的笔记小说集《朝野佥载》卷六，只是生判冥案者为"太史令李淳风"，整个故

事叙述粗略，仅有一个段落（张鹭，2018：153）；《西游记》第十一回"游地府太宗还魂 进瓜果刘全续配"也讲述了类似故事。敦煌文献《唐太宗入冥记》的梗概为：李建成、李元吉因玄武门之变在阴司"频通款状""称诉冤屈"，唐太宗故被召入冥界与其对质，辅阳县尉崔子玉受委托生人判冥案。太宗先为崔子玉递上了其"知己朝廷"李乾风的求情之书，并以"太子年幼，国计事大"的说辞涕泪相告。崔子玉发现他虽为太宗添注了"十年天子，再归阳道"的命禄，但太宗却仅应允与其财物而只字不提给他官职，于是便抛出了"为甚杀兄弟于前殿，囚慈父于后宫"的关键"问头"，并告知太宗"若答不得，应不及再归生路"，此时太宗"闷闷不已""如杵中心"而"争答不得"。见此情景，崔子玉便直接言明要太宗赐其"一足之地"。等太宗应诺其"玉蒲州刺史兼河北廿四州采访使，官至御史大夫"后，崔子玉方以"大圣灭族□□（定国）"之词替太宗搪塞过关，并嘱咐太宗"再归阳道"后，要勤修功德、抄写《大云经》。

《唐太宗入冥记》的要旨是为"玄武门之变""辨是非"（卞孝萱，2000：3）。与《孔子项讬相问书》相似，该敦煌故事中也采用了"反英雄"的主题模式：与多数历史或文学叙事中对唐太宗的褒赞叙述不同，该文主要展现的是太宗因"玄武门之变"而在冥界被质询时的困窘和难堪（卞孝萱，2000：3-4）。如鲁迅所言，唐五代所抄白话小说，其主要功能"当由二端"，即娱心和劝善（鲁迅，2017：120）。可以发现，除了让读者"娱心"，《唐太宗入冥记》"辨是非"的目的功能还在于劝善，即规劝勿因利益斗争而手足相残，也就是说，血缘亲情应高于政治权力是该敦煌通俗小说所构建的价值规范。需要指出，作为通俗小说，该敦煌文献通篇为口语化散说，其在当时应该是一个讲唱底本（卞孝萱，2000：3）。

如前文所述,威利译本的源语文本错漏频多,多处行间字词缺失,语篇翻译问题由此而生。经过双语文本梳理可见,对于连续出现遗漏的语篇片段,译文中先用自觉叙述进行解释,然后以转述或信息性评论进行了概括性重构,比如:

20)阎罗王被骂,□□羞见地狱,有耻于群臣。遂乃作色动容,处分左右□,领过□□□推勘领过□□□唱喏,便引□□日:□□□□。□□□长安去也。今问□□判官名甚?□□□判官燥恶,不敢道名字。(王重明等,1957:209)

King Yama, hearing himself spoken of in this insulting way, hung his head, ashamed to look Hell in the face, humiliated in the presence of all his officials. Scowling angrily he ordered those about him…There are now gaps in the text; but it appears that King Yama orders the case to be enquired into by the Assessor Ts'ui Tzu-yü, so famous in Chinese legend. (Waley, 1960:166)

太宗入冥,阎罗殿内有人责问其为何不行拜舞之礼,太宗于是高声断喝"朕是大唐天子,阎罗王是鬼团头,因何索朕拜舞"。阎王被骂,"遂乃作色动容"。可以发现,译文中对"□□羞见地狱"中的遗缺部分做了修补"hung his head, ashamed to look Hell in the face"(垂头羞见地狱)。同时,通过自觉叙述评论了源语文本,"There are now gaps in the text"(文中此处有空白),然后概括了源语文本的连续空缺之处,"but it appears that King Yama orders the case to be enquired into by the Assessor Ts'ui Tzu-yü"(原文此处似乎为阎罗王任命崔子玉来调查此案),并对此做了评论:"so famous in Chinese legend"(这是一段很有名的中国传奇故事),从而使得源语文本此处中断的叙述进程得以延续。又如:

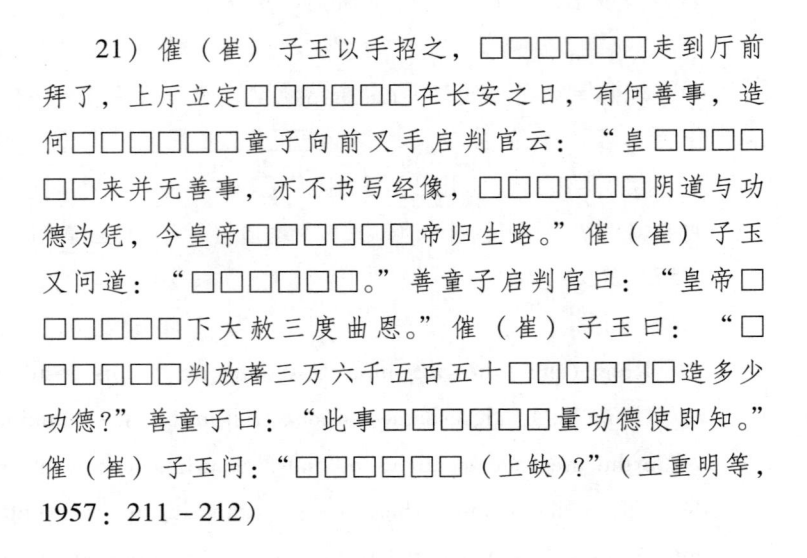

> 21)催(崔)子玉以手招之,□□□□□□走到厅前拜了,上厅立定□□□□□□在长安之日,有何善事,造何□□□□□□童子向前叉手启判官云:"皇□□□□□□来并无善事,亦不书写经像,□□□□□□阴道与功德为凭,今皇帝□□□□□□帝归生路。"催(崔)子玉又问道:"□□□□□□。"善童子启判官曰:"皇帝□□□□□□下大赦三度曲恩。"催(崔)子玉曰:"□□□□□□判放著三万六千五百五十□□□□□□造多少功德?"善童子曰:"此事□□□□□□量功德使即知。"催(崔)子玉问:"□□□□□□(上缺)?"(王重明等,1957:211–212)

> The text here becomes fragmentary, but it is evident that the Two Boys, who record good and evil deeds, are sent for. Ts'ui Tzu-yü asked the boy who records good deeds, "What good deeds did his Majesty do when he was in Ch'ang-an?" The boy pressed together the palms of his hands and said, "It does not appear that at Ch'ang-an he did any good deeds. He certainly did not have any sutras copied or any images painted..." (Waley, 1960: 170)

判官崔子玉询问善童子太宗在阳世的功德善事,以便为其添注命禄。可以发现,虽然源语文本多处文字连续缺漏,但依然可析出这是崔子玉和善童子的对话,其会话主题为"太宗功德"。译文中对此进行了描述和概括："The text here becomes fragmentary but it is evident that the Two Boys, who record good and evil deeds, are sent for"（尽管文中此处变得时断时续，但显然是［崔子玉］派人叫来了善恶两童子）。同时还对该会话进行了重构——崔子玉问记录善行的童子："皇帝在长安之时积了哪些功德？"童子向前叉手启判官云："皇帝在长安似乎向来并无善事，亦不书写经像……"不难看出，此处的叙述与"太宗入冥"的主题直接相关。也就是说，同样是处理源语文本内的遗漏问题，译文之所以未采用转述进行概括，而是试图用人物言语对源语相应之处进行重构，显然出于"主题相关性"的考虑：相对于文中阎罗王的言语，崔子玉对太宗皇帝长安功德的问询，与主题的相关度更高。需要指出，对于源语文本行间偶尔出现的文字缺漏，译文会直接补充语言单位进行桥接，而不是通过增加译注等副文本信息来解释，比如：

22)"臣与李乾风为朝廷已来，□□管鲍。"（王重明等，1957：210）

"From the time we began to be at Court together we were like Kuan and Pao."（Waley，1960：167）

太宗入冥时携带崔子玉"知己朝廷"李乾风之书。在递交之前，太宗特意询问其二人的关系如何，崔子玉以"管鲍"之谊相比作答。显然，译文将"□□管鲍"直接重构为"犹似管鲍"（we were like Kuan and Pao）。又如：

23)催（崔）子玉见君王惆怅，随即奏曰："伏惟陛下，且赐宽怀。过□□臣商量。"（王重明等，1957：

211）

　　When Ts'ui Tzu-yü saw how upset he was, he said, "Your Majesty may put your mind at rest. Come with me, and we will discuss terms." (Waley, 1960: 168)

判官崔子玉读完李乾风为太宗皇帝的求情之书，便无君臣之礼，同时表明"书中事意""在事实校难"。太宗遂以"太子年幼，国计事大"与崔子玉相告，并且"涕泪交流"。见此情景，崔子玉才开始言语宽慰皇帝："伏维陛下，且赐宽怀。过□□臣商量。"不难发现，目标语文本中对此处的空缺部分进行了桥接："Come with me, and we will discuss terms"（过来与臣商量）。

　　24）"我不辞便道注得'□□天子'即得，忽若皇帝不遂我心中所求之事，不可却□□三年五年，且须少道。"（王重明等，1957：212）

　　But Ts'ui Tzu-yü again thought to himself, "I had better not tell him at once that I have put in 'To be Emperor for ten years', for if he doesn't in return give me what I've set my heart on, I shall have no remedy. I had better pitch it lower than that, and tell him 'three years' or 'five years'." (Waley, 1960: 170)

崔子玉在皇帝命禄上添注了"十年天子，再归阳道"。由于担心太宗会不遂其"心中所求之事"，便寻思少道，以便有周旋要价的筹码。可以发现，译文修补了源语文本此处的缺漏："I had better not tell him at once that I have put in 'To be Emperor for ten years'"（我不辞便道"注得十年天子"）；"I had better pitch it lower than that, and tell him 'three years' or 'five years'"（不可多于三年五年，且须少道）。

简言之，对于因源语文本遗漏而产生的语篇翻译问题，译文中会依据"主题相关性"，对人物言语等叙事方式进行弥补和重构；对于主题相关度较弱的该类语篇翻译问题，目标语文本中则会增添自觉叙述进行解释说明，同时，通过叙述评论或转述对源语文本中缺失的语篇内容进行概括性重构。此外，与《庐山远公话》《叶净能诗》的英译相同，《太宗入冥记》（"T'ai Tsung in Hell"）中也将古代年号或时间名词具体化，比如在"武德三年至五年"（the third to the fifth year of Wu-te）之后就标注了公元纪年"A. D. 620 – 2"（王重明等，1957：209；Waley，1960：165），译文叙事的现实性由此增强。

四 《搜神记一卷》中其他神鬼玄幻类故事的英译特点

《敦煌变文集》卷八中所收集的《搜神记一卷》为唐人句道兴所作，由王庆菽根据 S.525（十则故事）、S.6022（六则故事）、P.2656（三则故事）和中村不折的藏本（三十三则故事）校对而成，威利选择翻译了其中的"齐景公"（The Doctor）、"田昆仑/田章"（Tien K'un-lun）、"管辂"（Kuan Lo）、"侯霍"（Hou Hao）、"段子京"（Tuan Tzu-Ching）、"王子珍"（Wang Tzu-chen）六则故事，收录于"亡者之界"（"The World of the Dead"）一章。句道兴《搜神记一卷》与东晋干宝的《搜神记》以及商浚《稗海》本的《搜神记》有联系（项楚，1990：43）。从文体风格来看，《敦煌变文集》所收录的《搜神记一卷》语言直白朴拙，文中多是夹杂俗语、俚语的口语化表述，其中约有三十则故事都采用"昔""昔有"开头的发篇句式。如石昌渝（2004：436）所言，"通俗性"是该系列故事的价值所在，其中最具代表性的为"田昆仑"，其他故事都仅有数行文字，篇幅短小。有鉴于此，此处只探讨"田昆仑"英译本的叙事结构特点。

"田昆仑"采用了"天鹅仙女故事"（Swan Maiden Tale）的主题模式，其情节源自干宝《搜神记》卷十四中的"羽衣人"和郭璞《玄中记》中的"姑获鸟"（项楚，1990：53 - 54）。该敦煌文本讲述田昆仑因家贫未娶，一日偶见自家水池中有三个天女洗浴，遂藏匿其中一女的天衣，并脱下自己的衣衫为其遮体，后者答应与昆仑结为夫妻。婚后天女产下一子，曰田章。田昆仑"点著西行"，临行与母共计藏天衣于床脚，"此后一去不还"。等天女养子三岁，向公婆求得天衣后腾空而去。经天上两日，三姊妹来凡间将小儿接回天界。天公怜爱外甥，教习其方术艺能，田章遂通晓天上下界。回凡间后田章为帝王解答"大人""小人""大声""小声""大鸟""小鸟"之问，帝王钦佩田章之才，拜其为仆射（王重民等，1957：882 - 885）。通过双语文本比对可见，目标语文本中增加了针对该故事出处的元叙述信息：

25）It may be worth mentioning here that a quasi-Swan Maiden story is told in the *Hsüan-chung Chi*, c. A. D. 300？, in order to explain why the goat-sucker bird carries off children："Once upon a time a man of Yü-chang, capital of Kiangsi, saw seven girls in the fields. He did not know that they were really birds. He crept towards them, meaning to take their feather robes and hide them. When he advanced upon the birds they rushed to their robes, put them on and flew away—all except one bird..."（Waley，1960：155）

第七章 《敦煌歌谣故事集》中其他英译文本的叙事结构和文体特点 183

与《叶净能诗》的英译相同，《田昆论》（"Tien K'un-lun"）也在文末通过插入自觉叙述，补充了所述故事直接相关的源语文化信息——此处值得一提的是，《玄中记》（约公元300年编）中也记述了一个相似的"天鹅处女"故事，解释了姑获鸟因何会偷走人家的孩子：

> 从前豫章（江西的首府）有个男子发现田里有七个女子。他并不知她们其实都是鸟，便匍匐向她们靠近，试图拿取她们的羽衣藏匿。等他逼近之时，所有的鸟都冲向羽衣披挂飞走，只剩下其中一只没有来得及。男子便与她结为夫妻，生下三个女儿。当她让女儿向其父打听到，羽衣原来藏在稻秆堆下时，便穿上羽衣径直飞走。后来她又穿着羽衣来接女儿，此时三个女儿也都有了羽衣，便随其母一同飞走了。（笔者回译）

不难发现，威利增添"元叙述"信息的策略是以所述故事相关的源语文化为导向的，也就是说，译者的翻译决策依据是源语文本的宏观叙事结构及有关其演进变化的源语文化信息：与《田昆仑》相同，文末所补充郭璞《玄中记》中的"姑获鸟"故事，都蕴含着源于中国民间的《俗仙婚配》"母女/子分离和团聚"的主题元素。需要指出，与威利所译的大多数故事一样，《田昆仑》（"Tien K'un-lun"）中也会增添判断或解释类叙述评论。比如，译文在主标题后所增加的副标题"A Swan Maiden Story"（一个天鹅女型故事），是对故事主题模式进行判断和解释的叙述评论（Waley，1960：149）。

26）"I was once a Heavenly Maiden. But now I am married to your son and we have had a child. How can you think I would leave you? Such a thing is impossible. " The mother-in-law gave in, but was still afraid that she might fly away, and set someone to keep strict watch at the main gate. (Waley, 1960: 151)

新妇曰:"先是天女,今与阿婆儿为夫妻,又产一子,岂容离背而去,必无此事。"阿婆恐畏新妇飞去,但令牢守堂门。(王重民等,1957: 883 - 884)

与天女成婚生子后,田昆仑"点著西行,一去不还",临行时他嘱托母亲藏好天衣。等天女恪守承诺养子三岁,她认为飞回天界的时机已到,便屡次向公婆求见天衣。"先是天女,今与阿婆儿为夫妻,又产一子,岂容离背而去,必无此事"(I was once a Heavenly Maiden. But now I am married to your son and we have had a child. How can you think I would leave you? Such a thing is impossible) 是其说服公婆的言语措辞。经过苦口劝说,阿婆终于同意给其观看所藏之物,但又恐新妇得天衣而飞去,故令牢守堂门。可以发现,译文增加了叙述评论"The mother-in-law gave in"(阿婆让了步),对此处的人物交际情景及阿婆的行为做了解释,使得译文此处的叙述变得更加自然和连贯。显然,添加解释、判断和评价性评论是威利翻译敦煌叙事文献的普遍策略。此外,译文中还采用了"音意兼译"的手段,对"天女"(Heavenly Maidens; *t'ien-nü*)、"天公"(the God, literarily "the heavenly elder"; *t'ien-kung*) 等源语文化术语进行了重构(Waley, 1960: 149; 153),也就是说,译者既保证了译文叙述的通畅性,又兼顾了对源语文化形式和内容的尽可能呈现。

第四节 《敦煌歌谣故事集》中佛经故事文本英译的叙事特点

《敦煌变文集》中收录的宗教主题的文献包括《祇园因由记》《太子成道变文》《目连缘起》等佛教人物故事，以及《妙法华经讲经文》《维摩诘经讲经文》《无常经讲经文》等佛经俗讲底本。威利仅选译了《太子成道变文（三、四）》（"Buddha's Marriage""Buddha's Son"）、《难陀出家缘起》（"Ananda"）、《破魔变文》（"The Devil"）等故事，其中最具代表性的散说英译为《太子成婚》（"Buddha's Marriage"）和《太子得子》（"Buddha's Son"）两篇。前者叙述悉达多太子成婚后，受神人相助逃离王宫，赴雪山修行；后者讲述太子临行时其妻耶输怀孕，十月后产子，父王生疑，命人将新妇及其子推入火坑，发愿说"如实为其孙子，火坑当变作清凉池"，彼时世尊相助，火坑瞬变清凉之池，池内母子各坐莲花一朵；梵王确认其孙子后，新妇便辞父王去雪山修行，变作一男子随佛出家，后"证得阿罗汉"（王重民等，1957：325-326；295-296）。通过文本比对可见，译文中将下列源语叙述信息明晰化，并以人物言语取代了源语转述：

27) 梵王夫人同议，欲与太子谋于婚媾（王重民等，1957：325）

The King and his wife talked together about how a marriage could be arranged for Prince Siddharta. (Waley, 1957: 203)

看到太子已年至婚配，梵王遂与夫人同议其婚媾之事。源语文本开篇并未明示太子为蓝毗尼的乔达摩·悉达多（释迦牟尼的俗家之名），其读者需结合上下文叙述通过推理来获得相应信息，可以发现，译文中增添了梵文转译词"Siddharta"（悉达多），使此处关于太子的相应叙述信息明晰化。需要指出，威利在其他敦煌叙事的英译中，也会采用该策略。

28）父王闻之，便知是我孙子。则唤新妇近前，即知新妇无虚。（王重民等，1957：295）

When the King heard this, he knew that the boy was his grandchild, He called his daughter-in-law to him and said, "Now I know that you were not deceiving me". (Waley, 1957: 206)

经过"火坑变清之池"的发愿验证，梵王相信新妇所生之子为其亲孙。"唤新妇近前，即知新妇无虚"是对其得知此事后行为的转述，显然，译文中将其转化为梵王的直接言语"Now I know that you were not deceiving me"（现在我方知你未欺骗于我）。通过让人物自己"说话"，优化了叙述内容的"展现性"（showing）。

第五节 小结

总体而言，威利选择英译的24个敦煌文献（其对应译名见表7.1），其主体为讲述中国传统文化的本土叙事文本，其主题包括"行孝劝善"（"The Story of Shun""Mu-lien Rescues His Mother"）、"英雄逃难与复仇报恩"（"Wu Tzu-hsü""The Crown Prince"）、"不畏权势捍卫正义和真知"（"The Swallow and the Sparrow""Confucius and the Boy Hsiang T'o")、"追求自由与爱情"("Han P'eng""Meng Chiang-nü""The Ballad of Tung Yung")以及"神鬼玄幻传奇"("The Doctor""T'ien K'un-lun""T'ai Tsung in Hell""Kuan Lo""Hou Hao""Tuan Tzu-Ching""Wang Tzu-chen")。其中通过讲述古代中国宗教人物事迹，宣扬佛教"宿世轮回""因果报应"思想的是"The Story of Hui-Yüan"，展示道教"辟谷符箓"之术的是"The Wizard Yeh Ching-neng"，但是纯粹的印度佛经人物故事仅有"Buddha's Marriage""Buddha's Son""Ananda"和"The Devil"。

通过双语语料的描写对比，可对上述敦煌叙事文献英译的叙事特点进行归纳。首先，目标语文本中会通过插入自觉叙述，增添针对叙事结构、情节演进以及叙事价值规范的互文性源语文化信息。比如，"Tien K'un-lun"的结尾部分通过讲述引自《玄中记》的"姑获鸟"故事，揭示了这两个"天鹅处女"主题的中国传统故事间的互文性关系（Waley，1960：155）；"The Wizard Yeh Ching-neng"末尾的"元叙述"，阐明了《叶净能诗》系列故事的主要人物实为叶法善，只是作者将其嫁接到了叶净能身上（Waley，1960：144）；根据《新编目连救母劝善戏文》等文献，译者分别在"Mu-lien Rescues his Mother"的文前和文末，补充了"目连救母"该本土化佛教故事从晋代到明代的演进过程信息（Waley，1960：216-236）；在《伍子胥变文》的译文中，威利参照《吴越春秋》《伍员吹箫》等源语文献，对"浣沙女三次赠食伍子胥"该事件相关的伦理规范进行评价（Waley，1960：30）；"Confucius and the Boy Hsiang T'o"的结尾部分通过引证"孔子杀少正卯"和"孔子杀侏儒"的故事，为"夫子杀项讬"叙事规范的构建提供了互文性支持（Waley，1960：90-91）。由此可见，译者翻译决策时首先关注的是源语敦煌文献的主题模式、叙事结构、价值规范相关的文化信息，也就是说是源语文本的宏观上层结构（superstructure）、深层语义结构及其文化内涵。

其次，译文中会通过增添叙述评论，对"主题相关性"较弱的叙述内容或重复部分进行概括和缩减，并对某些与叙事主题直接相关的语篇内容，进行评价、解释和判断，从而增进了译文叙述的连贯性，并在一定程度上维护了所构建的叙事价值规范；通过增加"let me tell you"等自觉叙述"声音"，凸显了敦煌话本的文类特征（Waley，1960：103；117）。同时，将源语叙述信息明晰化也是威利翻译敦煌叙事文献时普遍采用的策略。诚然，叙述信息从隐含变为明晰，尽管会缩短译文受述者、读者的审美、认知过程，但在一定程度上却使得讲述者与其受众的距离拉近，故而突出了敦煌讲唱文学即兴表演的特点。将古地名和时间名词具体化，使得叙述情景的现实性增强；而降低佛教、道教术语的专业度，进一步优化了敦煌俗文学叙事"俗"的特点。由此可见，源语文本的文类特征也是译者翻译策略选择的依据。

需要补充，威利对指代语篇主题的名词的处理方式也有规律性。如前文所述，语篇主题及主题相关的社会活动类型是描写文本所处情景语境的重要参数；按照"专业度"（technicality），可将社会活动依次分为技术、专门、常识和日常（"technical""specialized""common-sense""everyday"）四类（Eggins，1994：67）。通过对比指代双语文本主题及主题相关的社会活动，可探究翻译策略和译本文体特点（Steiner，2004：15-16）。通常，文本标题多是叙事性语篇主题的直接表述，故此双语文本的题名对比，是描写翻译策略和译本所处情景语境的途径。《敦煌变文集》所收录叙事文献的题目结构多为"指代主要人物、事件或场景的名词+文类名"，可以发现，威利在其译文题名中通常会删去文类名，仅保留前面的名词部分，具体如表7.1。

表7.1 威利敦煌叙事文本的英译及其源语文本篇名对比

源语文本题目	威利译文题目	源语文本题目	威利译文题目
燕子赋	Swallow and sparrow	孟姜女变文	Meng Chiang-nü
伍子胥变文	Wu Tzu Hsü	地狱变文	The World of the Dead
韩朋赋	Han P'eng	太子成道变文	Buddha's Marriage
孔子项托相问书	Confucius and the Boy	太子成道经	Buddha's Son
庐山远公话	The Story of Hui Yüan	破魔变文	The Devil
叶净能诗	The Wizard Yeh Ching Neng	大目乾连冥间救母变文	Mu-Lien Rescues His Mother

"赋""变文""书""话本""诗""经"是上述敦煌叙事文献的文类名称，它们和"伍子胥""韩朋""庐山远公""孟姜女"等专名构成了指代故事主题的题名。对当代语境的英文读者而言，上述叙事文本主题相关的活动应属于"专门"类，即从事相关读写活动需要具备专门的文学知识和阅读/写作技能，而译文篇名去掉了"文类"后，整个语篇结构和遣词措意也随之发生变化，主题相关的活动便降格成"日常"类，也就是说，不具专门文学知识的普通读者（general reader）也能完成该阅读活动（Waley，1960：238 - 239），从而使得敦煌文学叙事"俗"的特征变得更加突出。需要指出，威利在其译注中还补充了每篇敦煌俗文学作品的题名音译（Waley，1960：252 - 264），也就是说，他对题名的处理还是以源语文本为导向的。

与其他典籍文本的翻译相比较，敦煌叙事文献的英译中会遇到更多的翻译问题。对于因敦煌写本/抄本的错讹、遗漏，或由于不能在目标语中完整重构的语篇内容而产生的翻译问题,威利会以"主题相关性"为参照系,通过插入自觉叙述对源语文本的相应语篇内容进行概括和压缩,或对包含该翻译问题但与叙事主题直接相关的叙述方式和内容进行重构。对于因有违当今科学常识、伦理规范,而有损于主要人物形象塑造或叙事规范构建的语篇翻译问题,威利则会采用删减、压缩和列举等归结性翻译策略进行处理。诚然,译名是每位译者都需要面对的翻译问题。威利在多数情况下都会采用音译策略处理源语人名和地名,唯独对既与叙事主题直接相关,又体现源语命名文化的"韩擒虎"等主要人物名,采用了意译加音译注释结合的翻译手段。可见,"主题相关性"是威利进行翻译问题决策的依据。此外,与敦煌本《六祖坛经》的英译本相同,威利所译的《庐山远公话》《叶净能诗》等敦煌叙事文献中,在佛教圣子或道教神人的言语里也增添了第二人称代词"you""your"或"yourself",可见,宗教人物言语中添加语外照应词,是体现敦煌汉文叙事文献英译规范的规律性策略。

第八章

《降魔变文一卷》《张义潮变文》英译的叙事结构及文体特点

梅维恒（Mair，1983）的《敦煌通俗叙事文学作品》（*Tun-huang Popular Narratives*）中收录了四篇"典型"的敦煌变文英译，其中两篇为佛教题材："Transformation Text on the Subduing of Demons, One Scroll"（《降魔变文一卷》）和"Transformation Text on Mahāmaudgalyāyana Rescuing His Mother from the Underworld, with Pictures, One Scroll, with Preface"（《大目乾连冥间救母变文并图一卷并序》），另外两篇为历史人物叙事："Transformation Text on Chang I-ch'ao"（《张义潮变文》）、"The Story of Wu Tzu-hsü"（《伍子胥变文》）（Mair，1983：26）。梅维恒对《大目乾连冥间救母变文并图一卷并序》和《伍子胥变文》的英译叙事特点已在第五章、第六章做过描写分析，本章仅针对另外两篇敦煌叙事文本的英译，旨在进一步归纳该译者的翻译策略特点。

第一节 《降魔变文一卷》英译本的叙事特点

梅维恒的英译以胡适、罗振玉所藏写卷 T.361－389、

S. 5511、S. 4398v、P. 4524v、P. 4615 号敦煌文献，以及入矢义高的《敦煌变文集口语语汇索引》为基础（Mair，1983：174）。王重民等人（1957）所辑录的《降魔变文一卷》根据 S. 5511、S. 4398v、P. 4524v、P. 4615 号文献和罗振玉的藏本校订而成（1957：389-390）。通过比对可见，该版本与梅维恒的译本在语篇结构、段落和句词排列等方面基本一致，故此，本节以该校本为源语参照，分析梅维恒英译的叙事结构特点。

根据《降魔变文一卷》开篇段落中的表述"伏维我大唐汉圣主开元天宝圣文神武应道皇帝陛下"，可推出该文献成文时间应为玄宗天宝年间，具体说是在"天宝七年五月十三日"至"天宝八年闰六月五日"之间，它比已发现的其他敦煌变文年代都早（符国栋，1998：79）。《降魔变文一卷》的故事出自《贤愚经》第十卷《须达起经舍第四十一》（王重民等，1957：390）。该变文讲述了舍卫城辅相须达（给孤长者）派人在王舍国为小儿子寻觅佳偶，访得王舍城宰相护弥之女。须达在护弥府纳庆之际，深感佛祖德能，遂启请佛移至舍卫城供养。佛知须达"善根成熟"，便派遣舍利弗随其同往。经过四处勘察，他们最终在舍卫城选定了祇陀太子的花园，修建伽蓝之所。由于须达买园心切，便"设诡诈之词"，向太子诬说此园"妖灾竞起，怪鸟群鸣"，"物若作怪，必须转卖与人"。太子依须达之言出榜卖园，并"高索价直（值）"：买方须使园内"平地遍布黄金，树枝银钱皆满"。当太子亲查其园"与本无殊"，而且发现揭榜购园之人竟是须达，遂生愤怒。此时，首陀天王化作一长者从中撮合，帮须达与太子订立买卖文契。须达开库藏布金挂银，等"残功计数非多"之时，心中思忖"料度当开何藏"，太子问其是否反悔，须达答曰"假使身肉布地尚不辞劳，况复小小轻财"。须达向太子言明购园原委，太子深感其向佛诚心，遂"合心合意，共建伽蓝"。此事招致舍卫城国师外道六师的妒忌和不满。在国王的主持下，外道与舍利弗斗法。二人施展变化神通，舍利弗变化的金刚、雄狮和鸟王，依次战败了外道六师所变的宝山、水牛和毒龙（王重民等，1957：361－389）。《降魔变文一卷》对之后的中国神话小说产生了一定影响，比如《西游记》中的"悟空与牛魔王、二郎神斗法""三清观大圣留名"等诸多故事都与该敦煌文献有渊源（李润强，1994：29－31）；《封神演义》中神魔斗法的描述，也受到了该故事的影响（朱宏恢，1997：498）。

通过对比可见，双语文本的叙事结构与段落句词基本对应，译文并未有明显的增添和删减，同时还对于源语文本的段落切分，采用小节号"§"作了标记（Mair，1983：39；40；44；45；50；51；53；55；56；57；58；59；60；61；62；67；68；70；71；72；73；75；76；77；78；80；81；83；84）。就文类特征而言，《降魔变文一卷》具有唐五代时期话本的文类特征，比如开篇采用发语词"盖闻"，文中设有导引性叙述"声音"等（王重民等，1957：361；363）。通过双语文本对比可见，译文中均保留了这些文类标记（Mair，1983：31；34；84），例如：

1）或见不是处，有人读者，即与政著。（王重民等，1957：389）

If anyone who reads this see a part which is incorrect, I pray that he will correct it forthwith.（Mair，1983：84）

2）委被事状，述在下文。（王重民等，1957：363）

The details of the matter are presented in the following text. (Mair, 1983: 34)

"或见不是处，有人读者，即与政著"是该敦煌变文的结尾句。显然它是作者/叙述者直接"显身"，针对整个叙事作品所做的"自谦式"评论，这就是布斯（Booth，1952：165；1983：196）所说的"作者式介入"（authorial intrusions）。不难发现，目标语文本中对此进行了完整对译："If anyone who reads this... he will correct it forthwith"（如果有人读此文时发现某一部分不正确，祈请他立即予以纠正），留存了源语文本中的"作者式声音"。"委被事状，述在下文"是对下文所述"须达布金买地，修建伽蓝""祇陀睹其重法，施树同营"事件的预告，是叙述者的导引性评论。可以发现，目标语文本2）中对该评论进行了相应重构："The details of the matter are presented in the following text"（下文对该事件进行了细述）。

与《伍子胥变文》等其他敦煌变文相似，《降魔变文一卷》中每在散韵过渡之处都有"……处，若为陈说""……处，若为""且看……，若为""看……处，若为"等套语结构。梅维恒（2011：91-94）指出，该类套语标记了叙述的时间序列，表明此处变文的叙述内容与图画相对应；当"看"先于"处"时，套语之后所述内容应是相应图画的一部分。诚然，变文中的套语本身就是译者须面对的规约性翻译问题。通过梳理可见，源语文本中共有 17 例套语，译文中分别采用"Here/this is the place where... How does it go?"和"Look at/here is the place where... How is it?"结构，对其进行了对应重构（Mair，1983：40；43；50；53；55；57；60；61；67；70；71；73；75；76；78；82；83），具体如下表：

第八章 《降魔变文一卷》《张义潮变文》英译的叙事结构及文体特点 195

表8.1 《降魔变文一卷》及其英译本中的套语

《降魔变文一卷》	Transformation Text on the Subduing of Demons, One Scroll
注目瞻仰尊颜，悲喜交集处若为陈〔说〕？	Here is the place where his joy and sorrow mingled. How does it go?
舍利弗共长者商度处若为？	Here is the placer where Sariputra and the elder are holding their discussion-how is it?
免善事之留难处，若为？	Here is the place where the obstruction of a good work is avoided-how is it?
看布金处，若为？	Look at the place where the gold is being spread-how is it?
对须达祇陀说宿因处：	This is the place where he explains antecedent causes to Sudatta and Jeta：
且看诘问事由，若为陈说？	Please look where they are questioning about the particulars. How does it go?
且看指诉如来，若为陈说？	Please look where the Tathagata is being accused. How does it go?
立地过问因由处，若为？	Here is the place where, immediately, the inquiry into the causes begins-how is it?
舍利弗为适忧心夸显之处，若为？	Here is the place where Sariputra indulges in braggadocio so as to comfort Sudatta in his grief-how is it?
咨启之处若为？	This is the place where Sudatta confers with Sariputra-how is it?
希大圣之威加备之处，若为？	This is the place where he hopes that the Great Sage's awe-inspiring majesty will be bestowed upon him-how is it?
净能各拟逞威神，加被我如来大弟子，若为？	They matched abilities, each wishing to demonstrate his awe-inspiring majesty, and bestow it upon the great disciple of our Tathagata-how is it?
故云金刚智杵破邪山处，若为？	Therefore, in telling of the place where the adamantine mace of wisdom breaks the mountain of evil, how is it?

续表

《降魔变文一卷》	Transformation Text on the Subduing of Demons, One Scroll
六师乃悚惧恐惶，太子乃不胜庆快处，若为？	This is the place where Six Master trembled in horror and where the Crown Prince could not contain himself for joy-how is it?
二鬼一见，乞命连绵处，若为？	This is the place where the two monsters, after taking one look at him, incessantly beg for lives-how is it?
四众一时唱快处，若为？	This is the place where the officials of the entire country simultaneously exclaim in wonder-how is it?
合国人民，咸皆瞻仰处，若为？	This is the place where the heretics have no place to hide and where all those assembled readily shouted their approval-how is it?

　　在语篇的微观层面，源语文本采用了叠字、顶真、对仗、析字等多种修辞格构句，通过梳理可见，目标语文本中会以相同方式进行重构。比如"如来涅而不死，槃而不生"就采用了"析词"的修辞手段："涅槃"被分解成了"涅""槃"两部分（王重民等，1957：377）。可以发现，译句"The Tathagata at-nir without dying, He tained-vana without being born"中，也采用"析词"手段，将"at-tained"和"nir-vana"拆开，分置于两个小句中（Mair，1983：64），从而实现了与其源语表述的"修辞对应"。

　　就内容而言，《降魔变文一卷》主要叙述了"须达铺金购园"和"舍利弗外道斗变"两个事件，其语篇主旨在于"宣扬佛法威力宏大，即它能战胜一切外道邪魔"（李润强，1994：29）。也就是说，褒扬佛教而贬低"外道"是该敦煌叙事文献所构建的价值规范。需要指出，目标语文本中通过增添隐含叙述信息，凸显了该叙事规范。比如，"如来""给孤者""祇陀""舍利弗""须达"是该变文所维护的"正面"佛教人物，而"外道六师"则是其主要描述的"反派"人物。不难发现，译文中对这些"正面"佛教人物之名，均采用梵文转写词进行了重构，"Tathagata""Anathapindada""Jeta""Sariputra""Sudatta"（Mair，1983：31；33；34），唯独用普通英文词汇意译了反派人物"外道六师"之名："Six Master""Six Master Monk"（Mair，1983：66；77；83）。诚然，梵文被一般佛教徒认作是其守护神梵天构造的神圣语言，而文中的"外道"指正统佛教之外的其他信仰。不难发现，译文中放弃"外道"的梵文专名"Tirthika"，而采用日常英文词汇与之相对应，凸显了"外道"并非正统佛教的叙事规范。由于该信息需结合叙事内容和相关文化语境进行推理方能获取，故此属于隐含叙事信息。

敦煌文献中的汉语文化术语是译者须面对的规约性翻译问题。与梅维恒对《伍子胥变文》的英译相同，《降魔变文一卷》的英译"Transformation Text on the Subduing of Demons, One Scroll"中也会用目标语表述替换源语文化术语，例如：

3）会三点于真原（源），净六尘于人境。（王重民等，1957：361）

He conjoined in their true origin the three points of Alpha, Cleansed mankind of the six impurities of sense. (Mair, 1983: 31)

"真原（源）"是在道风禅意的中国古诗词中被多次引用的汉语文化名词，意指"元初、本性"，目标语文本中用源于拉丁文和古希腊文的英文词汇"Alpha"（初始）将其置换，使两者在词义和词源演进的时间跨度上相对应。需要指出，梅维恒对《伍子胥变文》中药名诗、道教咒语等文化术语的翻译，也同样采用了这种"对等替换"的策略。

第二节　《张义潮变文》英译的叙事特点

《张义潮变文》是直接以历史人物、事件为题材的敦煌叙事文献，是研究晚唐西北边陲的重要史料（田志勇、舒仁辉，2012：348－349）。原卷为P.2962号敦煌文献，本无题目，该题目是根据其内容所拟补的，故事讲述大中十年（856）到十一年（857）间，归义军节度使张义潮先后大败来犯的吐谷浑王所率蕃兵和纳职县的回鹘、吐浑部，并助大唐御史中丞王瑞（端）章及其属下陈元弘，从回鹘的五百背叛骑兵手中索回被劫国书的事迹（王重民等，1957：114－119）。与《降魔变文一卷》等其他敦煌变文一样，《张义潮变文》中也设有散韵过渡套语"……处"："蕃戎胆怯奔南北，汉将雄豪百当千处""杀戮横尸遍野处"（王重民等，1957：114－115）。可以发现，译文中也以"This is the place where…"句式进行重构，具体如下：

4）This is the place where the cowardly barbarian tribes flee north and south and where one hundred men of the heroic Chinese General stand against a thousand of the enemy.（Mair，1983：167）

This is the place where their slain corpses were strewn everywhere across the plain.（Mair，1983：169）

除了重构体现变文体制特征的源语套语结构，目标语文本中还用相应学术专名，分别对译了"匈奴"（Huns）、"回鹘"（Uighurs）、"吐谷浑"（Tuyughun）、"纳职"（Lapchuk）等历史名词。需要指出，对于源语文献中普通名词和数词所传达的叙述信息，译者也通过考察和计量，均做了较为细致的呈现，比如：

5）忽闻犬戎起狼心，叛逆西同把险林。（王重民等，1957：114）

Suddenly, it was heard that the barbarian dogs had begun to show their savagery, /that they had revolted at West Paulownia and held a strategic forest. （Mair, 1983：169）

仆射张义潮镇守敦煌，忽闻吐浑王"起狼心"，欲集结诸川蕃兵从西南方"侵凌抄掠"。"泡桐"（Paulownia）是生长于中国北部的直杆落叶乔木，"西同"即西边的泡桐林，是文中吐浑王凭险扎营之地，译文中采用"West Paulownia"，既明示了归义军进发的方向，还解释了吐浑王所把守"险林"的树木特点。又如：

6）敦煌北一千里伊州城西有纳职县，其时回鹘及吐浑居住在彼，频来抄劫伊州。（王重民等，1957：114）

Three hundred and fifty miles north of Tun-huang was Lapchuk District Town, a strategically important location west of the walled city of Hami. At that time, the Uighurs and the Tuyughun had settled there and frequently came to Hami to pillage. （Mair, 1983：169）

纳职县位于敦煌北约一千里处。一般而言，唐"里"等于540米（刘再聪、秦丙坤，2013：140），一英里（mile）约为1609.3米，经换算（1000×540÷1609.3＝335.5），两地间的距离刚好约"三百五十英里"（Three hundred and fifty miles）。显然，对"变文"套语、历史专名、数词和普通名词的"专业化"重构，既维护了源语文本的体制特征，又兼顾了《张义潮变文》的文献史料功能。诚然，在以书面文本为媒介的言语交际过程中，文献史料的主要功能为明晰、准确地传递学术信息。与梅维恒所译的其他敦煌叙事文献不同，《张义潮变文》的英译"Transformation Text on Chang I-ch'ao"中会增添提供背景信息的解释性叙述评论。不难发现，"a strategically important location west of the walled city of Hami"（哈密城西部的一个重要战略要地），是针对纳职县地理位置的叙述评论：由于该县是回鹘及吐浑部的聚居地，平定该县则可阻断他们对伊州（伊州即古哈密城，现指哈密的一个区）的"抄掠"，故具有重要的战略意义。译文中通过添加解释性评论，使得此处的叙述信息更明晰。由上可见，源语文本的历史文献功能是译者翻译决策的依据，也就是说其语言选择是以维护《张义潮变文》英译本的学术专业性为导向的。

第三节　小结

通过对比分析梅维恒英译的四篇敦煌叙事文本，可发现其翻译策略具有一定的规律性特点。首先，译者采用能产生相同或相似语境效果的英文/拉丁文修辞手段、俗语、文化表述和语言单位，对译敦煌文献中的摹形、析字、析词等修辞格，以及药名诗、符咒和占卜用语等具有丰富文化内涵的汉语习用表述，最大限度地维护了源语文本的语篇特点、叙事功能及其所传递的隐含叙述信息，同时译者还会在文学译本中添加凸显源语叙事规范的隐含信息。也就是说，与源语读者/受述者相比较，译文读者/受述者的认知、审美过程不但未缩减，反而有延长，这使得目标语文本作为案头读本的功能突出，从而淡化了敦煌叙事文献作为讲唱底本的语式特点。其次，基于文献查证和研究，译者纠正和弥补了源语文本的错讹与疏漏之处，并采用梵文转写词、梵文仿造词和佛学专业数词对译源语文本中的主要佛教专名和数量表达，以学术专名对译敦煌历史人物叙事中的古地名和民族名称，同时在页面标明源语文本的对应段落，这些策略优化了其译本作为国际敦煌学研究文献的学术专业性特点。

一般而言，唐五代时期的敦煌叙事文本具有案头文学读本和表演讲唱底本两种功用，自其20世纪之初被重新发现以来，又有了敦煌学研究的资料文献价值。可以发现，威利的英译突出了汉文叙事作为说唱底本的通俗性和表演性，而梅维恒的翻译则以其案头文学和学术文献功能为导向。面对因双语语言、文化差异而产生的规约性翻译问题，以及由源语文本的遗漏、错讹而造成的语篇翻译问题，梅维恒并未选择"厚译"或"深度翻译"策略，即每当翻译问题出现时，便在译文字里行间插入译注，解释源语语篇内容或说明其翻译理据，而是每五行对译文行数进行标记，并在翻译正文之后统一附上以行数标记的注解。这保证了那些专注于敦煌故事的普通文学读者认知的连续性，他们会选择性地跳过宗教和历史学术语、专名，将阅读注意力集中于叙述内容的整体识解上，从而使其避免了因参阅译注而花费额外的处理努力，同时又能为敦煌学研究者进行文献深度解读，提供便捷的学术参考信息。

需要指出，梅维恒在其译文后附录了丰富的译注，单论《降魔变文一卷》的英译"Transformation Text on the Subduing of

Demons, One Scroll"一篇，就设有 860 条注释，其中解释汉语单字或短语的有 443 条，针对梵文术语的 318 条，英、梵、汉语共现的注释 110 条，包含日文的注释 2 条、法文的注释 2 条、德文的注释 1 条，此外还有敦煌故事相关的壁画 3 幅（1 幅为莫高窟第八窟，另外 2 幅分别为日本和德国博物馆馆藏图画）；《张义潮变文》的译文注释也达 101 条（其中包含法文的 4 条、日文的 1 条）。也就是说，梅维恒的译注具有多语言、多模态特点。相对而言，威利对其英译的 24 篇敦煌文献所做的译注仅有 186 条，其中汉字部分均用威妥玛拼音替代，涉及梵文人名、佛经名的注释只有 10 条之多。显然，两者对译文加注的内容、方式和数量也体现了其不同的翻译策略特点。

第九章

20世纪敦煌汉文叙事文献的英译活动"重构"：规范、过程与功能

本书是一项针对20世纪敦煌汉文叙事文献英译的描写研究。如第一章所述，描写翻译研究分为语料描写和理论构建两个阶段，前者即通过双语文本对比收集实证数据、"重构"翻译规范，后者指构建针对翻译活动产品、过程和功能的理论解释，以及翻译活动方法论。从第四章开始，本书通过对比、描写《六祖坛经》《敦煌变文集》等敦煌汉文叙事文献，及其英译本的叙事结构和文体特点，归纳了陈荣捷、杨博斯基、威利、梅维恒等不同译者所采用翻译方法和策略的特点。本章将基于所收集的文本证据和副文本信息，"重构"20世纪敦煌汉文叙事文献的英译规范。鉴于描写翻译研究的对象是受"规范"等社会—文化规则约束的活动（Toury，2012：61），而活动理论是解析社会活动系统及其实现过程的哲学框架，为此，本章接下来拟采用活动理论框架，构建针对敦煌汉文叙事文献英译活动产品、过程和功能的理论解释，并探讨敦煌汉文叙事文献的复译伦理、翻译景观和翻译场等问题。

第一节　敦煌汉文叙事文献的
英译活动规范

翻译是受规范等社会—文化因素支配的活动（Toury，2012：61）。在同一个社团内，其成员在大量社会实践中，经过协商达成了针对某类情景行为的协议（agreement）和规约（convention），在此基础上，形成约束同类行为的社会规范，进而对惯例化的行为决策进行指引、预测和评估；规范是一个社团所共享价值、观念的体现，它规定了某一情景行为正确与否、详尽与否、适当与否，明确了该行为被禁止（forbidden）、容忍（tolerated）或许可（permitted）的程度和范围；规范本身并非策略，但它会"引起"（give rise to）策略，并为策略选择提供理据（Toury，2012：61–64）。

翻译规范影响翻译过程的各个阶段，具体可分为初始和操作规范两大类。初始规范（preliminary norm）包括翻译政策（translation policy）和翻译指向性（directness of translation）两方面，前者指哪些因素支配（govern）译者选择特定类型的源语文本，后者指目标语对译自"他者"语言文本的接受度。操作规范指导翻译操作过程中译者的语言决策，它直接影响目标语文本的语言材料分布、语篇构成（textual make-up）和语言方式选择；操作规范既指采用现成目标语材料（language material）替代相应源语材料，或在源语文本的某个位置进行增删、改变和操控（manipulation），更指在重构同类型译本语篇特征的过程中普遍选用的语言手段（Toury，2012：82–83）。翻译过程中，虽然初始规范在逻辑和空间上来讲先于操作规范，但两者之间会互相影响、彼此制约（Toury，2012：83）。需要指出，翻译规范是影响译者的源语文本选择，指引其在重构目标语文本的操作过程中选择特定翻译方法、策略和语言手段的社会—文化因素，至于它具体如何影响、指引翻译操作行动，图里等人也并未解释，其原因是这两者之间的距离过大（gross exaggeration）（Toury，1999：9）。尽管如此，图里（Toury，2012）指出翻译规范还是可以通过语内（textual）和语外（extratextual）两条途径进行"重构"（reconstruct），语内途径即从翻译文本本身获取数据，语外途径指翻译的规定性理论分析和译者、编者以及出版商等翻译活动参与者的访谈、陈述、注解等（Toury，2012：87-88）。

一 敦煌本《六祖坛经》的英译活动规范

对于敦煌本《六祖坛经》的英译，陈荣捷（Chan，1960：viii）指出，当时西方社会已经对禅宗产生了广泛兴趣（a tremendous amount of interest），为了实现对其思想内涵的真正理解，需要阅读基础文献《坛经》，而将最接近于祖本的敦煌本译介给英文读者是有益和必要的，有鉴于此，他在此时选择全译敦煌本《六祖坛经》。杨博斯基（Yampolsky，1967）的译本出版于1967年，与陈荣捷译本属于同一年代。杨博斯基（Yampolsky，1967）认为，在公元8世纪的唐朝，禅宗逐渐从一个不知名的学派成长为"一个显赫的宗派"（a sect of considerable prominence）。作为中国和日本禅宗界最受尊敬的人物，六祖惠能和菩提达摩自那时起就被认作是禅宗的奠基人（founders）。经历了数个世纪的流传，记录惠能禅学教义的《坛经》衍生出多个版本，其内容与敦煌本相比发生了很多变化，故此他选择翻译最接近祖本的敦煌本《坛经》（Yampolsky，1967：xv）。显然，20世纪五六十年代西方英文语境的文化需求，以及敦煌本《坛经》作为禅宗经典的源语文本地位，是促成上述译者选择同一个源语文本的动因。

就译著的章节构成而言，陈荣捷（Chan，1960）和杨博斯基（Yampolsky，1967）的译本都包含了"导言""正文""源语文本""注释"等部分。虽然他们都在"导言"部分回顾了禅宗的演进历史和惠能的生平事迹，但陈荣捷（Chan，1960: 1-25）侧重于禅宗思想及其影响的解析，以及其与儒家、道教思想和相关哲学典籍的比较；杨博斯基（Yampolsky，1967: 1-112）更注重派系分支、人物逸事和禅宗文献的梳理，从早期的入楞伽派（The Laṅkāvatāra School）到神会的菏泽宗都作了回顾，当然其重点还是惠能生平的叙述。也就是说，从副文本内容来看，杨博斯基更关注禅宗典籍的叙事性。需要指出，陈荣捷译本中的译文与其汉语原文正反面同页出现，便于双语读者对照查阅，杨博斯基译本中的汉语原文则被置于参考文献和索引目录之后。

通过第四章的双语文本对比描写，可以发现陈荣捷、杨博斯基、赤松等译者都将"六祖生平"部分的多人称复调叙述，转变为自叙传体的第一人称直陈式言语；并在六祖传法的"教谕式"言语里增添了第二人称代词，在其与五祖弘忍的对话中加入了第一人称代词，将说话人、听者等言语交际的情景因素纳入人物直接言语。参照译本的生成时间可见，这种人物言语中添加语外照应词的策略，复译本中的应用较前译本会愈加突出。也就是说，增强译文叙述的"展现性"特点，以及优化六祖言语交际的情景性和世俗性，是敦煌本《坛经》英译者普遍遵循的操作规范。当然，该操作规范还包括首译者通过增添叙述评论，缩小叙述者和受述者距离，采用日常通俗词汇替换源语佛教术语，降低译文宗教专业度；而复译者则会以人物言语替换源语文本转述，采用相应梵文转写词"还原"源语文本中的汉文佛经术语和专名等翻译手段。如第二章所述，该策略同样见于吐蕃占领敦煌时期（约786—848年）汉文佛经叙事文献的古藏文翻译活动,故此,它属于"支配"不同时期佛经类敦煌叙事文献翻译活动的操作规范。

二 敦煌汉文俗文学叙事文献的英译活动规范

作为敦煌变文的首位英译者,威利(Waley,1960)在其翻译后记中简述了20世纪之初王圆箓在莫高窟发现遗书,以及斯坦因、伯希和从王道士手中"诱购"(induced in return for small amount of money)敦煌写卷与书画的经过。威利同情当时中国学界将二人视为"抢掠者"(robber)的态度立场,指出斯坦因转运敦煌遗书的动机,并非出于考古学家考察中北亚地理和文物的学术需要,他当时已经意识到了中国人对其古代历史(remote past)有浓厚兴趣,而中国学者将这些古代文献视为宝藏(treasure-trove)的事实;尽管伯希和从敦煌返回时已经和中国学者取得了联系,但他依然继承了"欧洲人有权从欧洲之外的其他地方运回其发现之物"的"19世纪态度"(nineteenth century attitude)(1960:237-238)。显然,威利对于敦煌遗书被运至英、法等国的事实持有一种后殖民主义的批判立场。

威利(Waley,1960:240-241)指出虽然敦煌地域偏西,在历史上具有多民族、多人种混住的特点(mixed character),但它"一直是固执的中国之城"(remained stubbornly Chinese);尽管敦煌俗文学作品中不乏外国文化的影响之处,但其世俗文学部分一直"忠实于标准的中国主题"(remained faithful to standard Chinese themes),其中许多作品流行至今(retained their popularity to the present day),虽然佛教的影响无处不在(omnipresent),但在敦煌俗文学作品成文之前,佛教已经成为中国文化的一部分。故此,威利选译的敦煌文献主要是《舜子变》《伍子胥变文》《孟姜女》《董永变文》等集中体现中国传统文化特性的通俗文学文本。也就是说，文化典型性是威利文本选择的依据。

梅维恒（Mair，1983：26；13-14）指出，敦煌通俗叙事文献是了解唐五代时期民间文化活动的原始证据（primary evidence），尽管其中有明显的不妥当之处，但它们对中国小说和戏剧的发展具有重要意义。除了自己的个人偏好，他选择翻译四篇敦煌叙事文献的首要原因，就是它们具有研究印度文化影响中国通俗文学的特有语料价值：其中三篇是地道的变文（题名中标记变文），而《伍子胥变文》融合了《吴越春秋》《越绝书》的中国传统历史、传奇叙事形式与"佛教故事模式"（Buddhist Storytelling Model）。其次是所抽选语料具有题材的代表性：两篇为历史故事、两篇是宗教叙事，其中《伍子胥变文》是古代人物故事，《张义潮变文》是关于唐五代同时期的人物事迹，《大目乾连冥间救母变文》在中国是"最吸引人的（the most fascinating）、最受欢迎的佛教故事"，而《降魔变文一卷》是公认的该时期俗文学的"巅峰之作"（piece de resistance）。需要指出，关于变文的起源问题，学界有"来自印度""产自本土"和"中西文化交融产生"三种观点，梅维恒的主张倾向于第一种，他通过从佛经中进行词源考证，认为"变文"和"变相"中的"变"都是佛经中的"转变"（māyā）之意，在其诞生之初变文应该是一种佛教文学的体制（梅维恒，2011：44-90）。

不难发现，作为一位敦煌学家，梅维恒选译这四篇敦煌文献的动机，既有个人喜好的原因，更包含其探究印度佛教文化影响中国传统文学的学术意图。这显然与首译者威利依据中国文化的典型性，选择文本的出发点有所不同。诚然，威利的翻译完成于西方社会关注禅宗等东方文化的20世纪60年代，而梅维恒的译本出版于中国改革开放后，正值中国引进以国外科学技术、经济管理和文化艺术文献为主要内容的翻译高潮期（黄友义，2018：9-14）。此时，随着经济全球化进程的加快和敦煌学研究国际化水平的提升，中西文化的交流更加深入，研究西方文化对中国传统文学的影响也具有一定的社会意义。从某种程度而言，梅维恒实施翻译活动的出发点是其国际化的敦煌学学术立场。

如前文所述，翻译活动的操作规范与初始规范交互影响。基于第五章到第八章的双语文本描写，可"重构"敦煌俗文学叙事文献的汉—英翻译操作规范：首译者威利以"主题相关性"为参照，通过添加解释性叙述评论，对源语文本中与主要人物及其所实施的行为或参与的事件相关度较小，或与前文有重复的叙述内容进行缩减和概括，并用转述替代相关人物的直接言语，从而节约了话语时间，加快了叙述节奏，突出了短篇故事"整体连贯性"的特征；通过增添"let me tell you"等自觉叙述"声音"，凸显了话本类敦煌叙事文献的文类特点；依凭插入的表情性叙述评论，对与主题直接相关的人物言语及行为进行判断、评价和解释，这虽然使得相应源语内隐信息明晰化，但却维护了整个叙事语篇所构建的价值规范，增强了译文叙述的连贯性；通过增添自觉叙述，对源语文本特点、叙事结构及叙述内容进行解释和评价，化解了因源语文本的遗漏、错讹或标记性语篇特征而产生的翻译问题。虽然这些策略会淡化目标语叙事的"展现性"（showing），但让译文的叙述"声音"变得更急切、主动，使其所传递的叙述信息更加明晰而直接，从而拉近了叙述者/讲唱者和受述者/听众之间的距离，使得目标语文本更适于用作在同一空间进行面对面讲唱表演的底本。此外，威利面向普通读者（intended for general reader）（Waley，1960：238），采用日常词汇替换宗教术语、佛教典籍名、地名和人物专名，虽然降低了所译敦煌文献的宗教专业度，但是凸显了源语文学文本"俗"的特点。由此可见,汉文敦煌叙事文学作品的"讲唱""通俗"等文类特征,是首译者进行翻译策略和语言手段选择的依据,也是其所遵循翻译操作规范的主要方面。

此外,首译者通常会在文末添加"作者式"的评论,补充所述故事及其叙事规范在古代中国演进、发展的互文性文化信息。需要指出,面对因双语语言、文化的差异而产生的翻译问题,威利不惜削减具有产生特定审美效果的隐含叙述信息,而试图通过增添评价、判断和解释性评论和自觉叙述,所要维护的是"孝悌、慈爱、感恩、向善"等叙事价值规范,这正是唐五代时期中国民间文化的主要因素。如奈达(Nida,2001:13)所言,社会实践(practices)和价值观念(beliefs)是构成文化的主体部分。考虑到敦煌讲唱俗文学本身就是古代西北地区的民众社会实践的产物,为此,可以说首译者在其重构目标语文本的操作过程中,采用的整体翻译方法是以源语文化为导向的。这显然与威利对敦煌遗书被转运至英、法等国持一种后殖民主义的批评立场,以及在20世纪60年代西方兴起东方文化热的语境下,译者依据汉语文化的典型性选择文本等初始规范因素是连贯一致的。需要补充,作为一位资深的英国汉学家,威利并未摒弃由于双语语言、文化的差异,而无法完整重构的敦煌汉文叙事文献所特有的语言和语篇(linguistic and textual)特点,而是将其全都留在了与译著同年出版的《高本汉纪念文集》(*Karlgren Festschrift*)中作专门分析(Waley,1960:238)。对于敦煌叙事文献相关的壁画艺术,威利在《斯坦因敦煌所获绘画品目录》(*A Catalogue of Paintings Recovered from Tunhuang by Sir Aurel Stein*)一书中有系统研究。

相较而言,复译者梅维恒等人并未对目标语文本进行主动地"叙述干预",在其对《降魔变文一卷》等四篇敦煌文献的英译中，没有添加自觉叙述、"作者式评论"以及针对叙述内容的判断和评价性评论，解释性评论的增补仅有"Chang I-ch'ao"《张义潮变文》中的一例（见第八章），不具统计学的显著性。同时，源语叙事文献的叙述内容也未发生缩减或增添：从双语文本的宏观叙事结构到段落、句词等语篇微观结构都工整对齐（译文均对源语段落作了标记）。梅维恒非但不会通过添加叙述评论使源语信息明晰化，而且还会增加凸显源语叙事规范的隐含叙述信息；面对目标语中难以重构的析词、摹形、析字等汉语修辞格，以及药名诗、道教符咒、测字占卜用语等具有特定汉语文化内涵的习用表述，他选择用英文或拉丁文中，能产生相同或相近语境效果的修辞手段和语言使用单位互相替换，这种"功能对等"策略的应用和隐含叙述信息的增补，并未使得目标语读者/受述者的认知、审美过程，较源语读者/受述者有所缩短，反而被延长，从而突出了英译本的案头读本功用。诚然，虽然该策略维护了相应源语语篇特点的叙事功能及其所传达的隐含信息，但却弱化了源语文本作为讲唱底本的文本功能，同时更给目标语文本赋予了英语或拉丁语文化属性（也就是说，梅维恒的英译本中，伍子胥被楚平王追逃时放弃了道教符咒，却使用了拉丁语咒语保身，为了避人耳目，选用了欧洲或北美洲所产的药性植物或矿物名与其妻作诗交流）。这在一定程度上与全球化背景下多语文化交流更深入等制约翻译活动的初始规范因素是一致的。

此外，复译者通常采用梵文转写词或仿造词对译敦煌汉文文献中的佛教术语和专名，以学术专名替换历史叙事文献中的古地名和民族名，并从佛学专业角度，纠正佛教主题变文中的不准确数量表述。关于敦煌汉文文献中的遗漏和错讹，复译者并未通过添加叙述评论或插入注释进行解释说明，而是基于多种校注本的对比考证，在译文中对其进行弥补和纠正，并在译文正文后附录的注释中做了说明。需要指出，梅维恒对4篇敦煌文献的英译就做了137页2168条注释，其中对《大目乾连冥间救母变文》《降魔变文一卷》2篇佛教主题的敦煌文献英译所做的注释达1062条之多，包含535条梵文注解，而首译者威利的《敦煌歌谣故事集》（Ballads and Stories from Tun-huang, An Anthology）中包含英译24篇敦煌文献，但所附的译注仅有168条，涉及梵文的注释只有10条。此外，梅维恒的译注还包含9条日文注释、6条法文注释、5条德文注释，以及3幅以敦煌故事为主题的壁画，也就是说其具有多语言、多模态特点。不难看出，国际视域下敦煌学的学术性是复译者采用上述策略的主要依据。诚然，翻译操作过程中突出英译敦煌叙事文献的案头读本特性，而弱化其讲唱底本功能，以及在维护源语修辞功能和隐含叙述信息的同时，赋予目标语文本多元文化属性等规律性的翻译策略，与梅维恒在翻译活动的初始阶段所秉持的国际化的敦煌学学术立场是连贯、统一的。

三 敦煌汉文叙事文献英译活动规范的"再概括"

描写翻译研究是一个不断归纳、概括的过程（Toury, 2012：30-34）。在上述翻译方法、策略和手段归纳的基础上，可对敦煌汉文叙事文献的英译规范做进一步概括。图里（Toury, 2012：91-92）依据翻译规范的约束力，将其分为所有社团成员都须遵守的基础规范（basic norm）、约束一部分人翻译行为的二级规范（secondary norm）以及虽被社团接受但只有少部分人遵守的许可规范（tolerated norm）。可以发现，首译者通过添加叙述评论，干预译文叙述进程，并采用日常词汇对译源语汉文佛教或道教术语和专名，"稀释"译文叙述的宗教专业度；复译者则以直接言语替换源语转述，强化译文叙述的"展现性"，同时以梵文转写词对译源语汉文佛教术语和专名，这是制约20世纪敦煌汉文叙事文献反复英译活动的基础规范。在"六祖惠能""大罗宫帝释""十方诸佛"等宗教贤圣的"教谕式"直接言语里，增添指代其听者因素的语外照应词（尤其是第二人称代词），优化其言语交际的世俗性和情景性，是敦煌佛教典籍及宗教类文学叙事的英译者普遍遵循的操作规范，为此是宗教类叙事文献英译的基础规范，属于敦煌叙事文献英译的二级规范。此外，将古代地名和年代具体化，增加译文叙事的现实性，是多数译者都会采用的策略方案，是介于基础规范和二级规范之间的操作规范。需要补充，"主题相关性"和叙事"价值规范"是威利、梅维恒等敦煌文学叙事的英译者进行翻译决策的参照系：威利以此为据，插入叙述评论、概括重复性叙述内容，而梅维恒据此增添译文的隐含叙述信息，显然它们属于文学类敦煌叙事文献英译的基础规范。

第二节 敦煌汉文叙事文献英译活动的过程和功能

一 敦煌汉文叙事文献英译活动的构成要素

如第一章所述，本书是一项基于活动理论的描写翻译研究。根据活动理论，活动是主体（subject）在某种需求和动机的驱使下，在不同分工（division of labour）的社会个体参与下，采用一定的工具（artefact），将客体（object）转化为一个有意义成果（meaningful outcome）的过程，所谓"有意义"，指该结果既符合活动主体及参与者所在社团（community）社会规则（rules），又满足所有参与者的动机和需求；活动系统由主体、客体、工具、不同分工的社会个体、社团、社会规则和成果构成（Engeström，1987：78-79）。在活动系统内部，每两个构成因素通过第三方媒介（mediated）产生联系：主体通过工具将客体转变为成果，他/她通过遵守"规则"而融入社团，社团与客体因不同分工的活动参与者而建立联系（Leontjev, 1981: 210 – 213）。据此，可通过梳理翻译副文本（译本前言、附录、注释、参考文献等）信息及所收集的文本数据，解析翻译活动的主要构成要素，具体如表9.1。

表9.1　敦煌汉文叙事文献英译活动的构成要素

主体/时间	工具	客体	分工	社团
WALEY（1960）	《全唐诗》《诗经》《论语》《庄子》《大正新修大藏经》等	王重民等校《敦煌变文集》	George Allen and Unwin Ltd.	英国汉学、中国古典文学学界
V. H. MAIR（1983）	威利的英译本、入矢义高的《敦煌变文集口语语汇索引》、《中国药学大辞典》等	胡适所藏《降魔变文一卷》、S. 2614、S. 328、S2962	Cambridge University Press	美国汉学、敦煌学学界
W. T. CHAN（1963）	《金刚经》《楞伽经》《老子》《庄子》《禅宗史研究》（Zenshushi kenkyu）、《维摩诘经》（Vimalakirtinirdésa Sutra）等	英藏敦煌本《六祖坛经》	St. John's University Press	美国汉学、北美中国传统哲学学界
P. YAMPOLSKY（1967）	陈荣捷译本、《兴圣寺本坛经》、宗宝本《六祖坛经》、铃木大拙等人校《敦煌出土六祖坛经》等	英藏本《六祖坛经》	Columbia University Press	北美禅宗学界、日本宗教学界
RED PINE（2006）	陈荣捷、杨博斯基、铃木大拙的摘译本、宗宝本《坛经》等	杨曾文校敦博本《坛经》、宗宝本《坛经》第七品	Counterpoint Press	美国道教、佛教学界、中国文学翻译界
M. LIN（2004）	陈荣捷、杨博斯基的英译本、宗宝本的英译等	杨曾文校敦博本《坛经》、	台北嘉丰出版社	台湾、岭南和闽南地区佛教界

如表9.1所示，20世纪敦煌叙事文献的汉—英翻译活动主要由英、美汉学家在西方文化语境实施完成，其成果由英、美国家的大学或专业出版机构出版和发行。该类翻译活动的主体多身处西方汉学研究社团，其委托人多为英、美等国从事中国古代文学、宗教和哲学研究的学术团体和高校学部。由于活动客体既包含大量翻译问题，又需不断修订和勘校，为此，威利和陈荣捷等首译者，借助了相关源语文化典籍、辞书、佛经及有关敦煌学研究成果，以完善其对源语叙事文献的解释和分析；相较而言，梅维恒、杨博斯基等后译者除了采用这些工具，还会通过比较前译本和相关源语文献的其他英译本，进行翻译决策，也就是说，他们的翻译"工具"更多元。需要补充，关于该类翻译活动的"社会规则"及"成果"等因素，已在前文"翻译规范"、译本叙事结构和文体特点部分做过描写归纳，在此不再赘述。

二 敦煌汉文叙事文献英译活动的语境化实现过程和功能

活动理论者主张，受"社会规则"制约的活动，是由"目的导向"的系列个体行为（goal-directed actions）来实现，而行为最终需通过受制于客观"条件"的操作行动（conditioned operations）来变为现实（Leontjev，1978：65）。换言之，活动是一个受规则支配的分层系统（a rule-governed hierarchical system）：它由社会—文化层（social-cultural stratum）、行为和操作行动层构成，其中上层通过下层来实现，而下层又受上层因素的制约，这就是活动的实现机制（Leontjev，1978：65 - 67）。

翻译活动是译者在其生存、自我发展等需求、动机的驱使下，在出版商、委托人的参与下，依凭其所获得的翻译工具和认知技能，通过实施系列"目的导向"的翻译行为和受"条件"制约的操作行动,将源语文本转化为一个有意义的目标语文本的过程(桑仲刚,2015:76-77)。翻译活动的实现过程也是社会—文化因素、情景因素,以及制约翻译操作过程的"条件"因素相互作用,最终促成目标语文本重构的语境化过程(contextualization)(Sang,2018:128)。活动理论认为,理解决策主体的最小语境就是活动的实现过程(Leontjev,1981:210-213);要探究译者如何进行翻译决策和语言选择,就需解析翻译活动的分层次实现过程,即翻译的语境化过程(Sang,2018:128),具体如图9.1。

```
┌─────────────────────────────────────────┐
│   社会—文化层:规约化译本功能            │
│ 翻译规范、职业伦理、意识形态和翻译法规等社会规则 │
└─────────────────────────────────────────┘
                    ↕
┌─────────────────────────────────────────┐
│       行为层:译本的情景功能             │
│ 译者与委托人、出版商等的人际关系、场合、时间等情景因素 │
└─────────────────────────────────────────┘
                    ↕
┌─────────────────────────────────────────┐
│      操作行动层:源语文本功能            │
│ 语篇和规约性翻译问题、翻译工具、译者惯习等因素 │
└─────────────────────────────────────────┘
                    ↓
            ⬭ 译者决策 ⬭
```

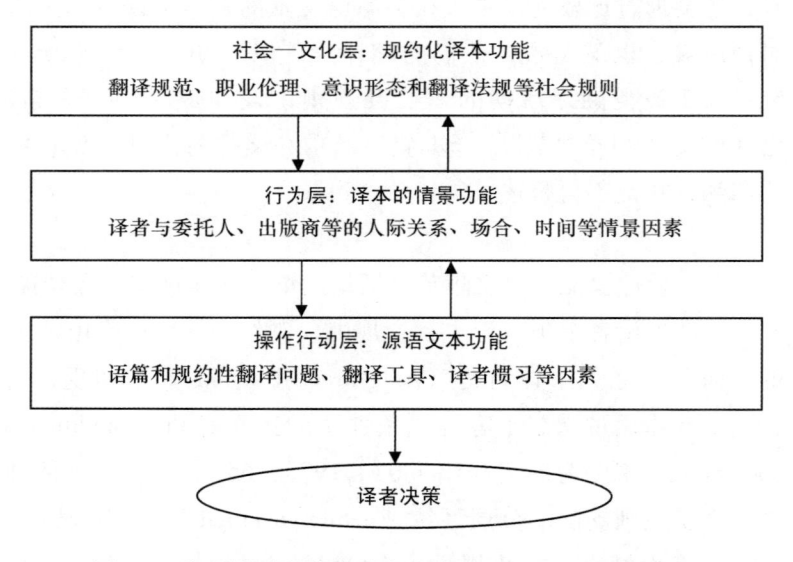

图 9.1　翻译活动的语境化实现过程(Sang,2018:130)

如图 9.1 所示,翻译活动受"翻译规范""职业伦理""翻译法规"等"社会规则"制约的社会—文化层,通过"人际关系""场合""时间"等情景因素约束的行为层来实现,翻译行为最终通过受"语篇和规约性翻译问题""翻译工具""译者惯习"等"条件"制约的操作行动来实现。这些分层语境因素"宏观调控"(macro-regulate)、"导向"(goal-directed)并最终促成(finalize)了译者的翻译决策。翻译活动实现过程中,这些分层语境因素依次被操作化为"规约化译本功能"(conventionalized translation functiuon)、"译本的情景功能"(situational function of translation)和"源语文本功能"(source text function),其中译本的规约化功能通过其情景功能和源语文本功能来实现,当它们彼此不一致时,后者需与前者保持一致(Sang,2018:130;134-135)。也就是说,面对因双语语言、文化的差异,或由于源语文本的标记性语篇特征而产生的规约性或语篇翻译问题,译者会参照源语文本功能进行翻译决策;当源语文本功能和译本的情景功能不相符时,译者则需以后者为依据。这样,在翻译活动的语境化实现过程中,译本的规约化功能、情景功能和源语文本功能,依次"调控""导向"和"促成"了译者的翻译决策和语言选择。所谓"规约化译本功能"指目标语文本产生的既符合翻译社团的社会规则,又满足译者、委托人、出版商等所有翻译活动参与者需求的语境效果;译本的情景功能,即在特定情景中的目标语读者身上产生的与译者意图相符的语境效果,它是译者翻译行为"目的"的具体体现(Sang,2018:130-131),故此也称之为意图性译本功能。如上文所述,敦煌汉文叙事文献英译活动的实施者及参与者,均处于英、美汉学或佛教社团,制约该类社团的翻译规范等社会规则与其成员的学术或宗教追求直接相关,规约化译本功能很大程度上与译者的翻译行为目的相符合,也就是说与译本的情景功能是一致的。

需要补充,制约翻译操作行动的"条件",主要指源语文本特点及"工具"属性(Sang,2011:299),具体包括源语文本功能、规约性和语篇翻译问题等因素(Sang,2018:134)。虽然敦煌汉文叙事文献都是载录古代中国故事的文学和宗教典籍，但其书写中不乏"误字""脱字"和"俗写别字"（王重民等，1957：5-7），也就是说，存在"字迹不清""错讹遗漏"之处（杨曾文，2004：6），这些是造成语篇翻译问题的原因之一。同时，由于敦煌原本的句读特点，译者对部分意群的切分理解会有不同，比如，对于《坛经》第10节中的"三年勿弘此法难起之后弘化善诱迷人若得心开……"，陈荣捷、杨博斯基、林光明等人的断句便各不相同（林光明等，2004：372-373）。当然，因敦煌汉文文献中的"药名诗""道教符咒"等具有标记性特点的语言使用单位，以及因汉语特有的摹形、析字、歇后语等修辞格而产生的语篇或规约性翻译问题，也是制约翻译操作过程的"条件"。

　　据此，可结合前文收集的"文本证据"，"重构"敦煌汉文叙事文献英译活动的语境化实现过程。敦煌本《六祖坛经》是现存的最早记录惠能生平及其授禅语录的权威叙事文献，具有僧传和禅宗佛典双重功能，也就是说，源语文本的主要功能为记述六祖生平信息和传达禅宗要义。陈荣捷、杨博斯基、赤松等译者均为从事美国汉学、禅宗及中国古代哲学研究的汉学家，出版商、委托人也是美国出版汉学、中国哲学、禅宗佛教著作的专业学术机构，在20世纪60年代禅宗大热的背景下，敦煌本《六祖坛经》英译活动的实施者和参与者多具有"禅宗情节"，其所处翻译社团的社会规则与其行为动机和意图是相符的，也就是说，源语文本功能在一定程度上与译本的规约化、情景功能是一致的。有鉴于此，《坛经》英译者以源语文本"僧传"的信息功能为依据，即在不改变信息内容的前提下，采用目标语读者更易接受的叙述方式，将源语"惠能生平"部分的复调叙述转化为直接言语，优化了译文叙事的真实性和"展现性"，增强了目标语文本在英语文化语境广泛传播的可能性。同时，他们将源语文本的佛典功能操作化，以贯穿

《坛经》的"法元在世间,勿离世间觉""即缘有众生,离众生无佛心"的禅宗思想为决策依据,在惠能传授"无相戒"、讲释般若波罗蜜法的"教谕式"言语里,添加了第二人称代词等语外照应词,将言语受众等日常情景因素包含其中,强化了六祖言语的世俗性,从而践行了"佛法不离间众生觉"的禅宗思想。

在 20 世纪 60 年代西方兴起"禅宗"和东方文化热的背景下,考虑到是首次向英语文化语境译介敦煌汉文俗文学叙事文献,同时源语文本又包含大量因双语语言、文化的差异而产生的规约性翻译问题,为此首译者、委托人及出版商,便将译本受众指向了目标语的广大普通读者,将规约化译本功能定义为主要向其传递汉文敦煌叙事文献的文化信息,淡化了源语文学文本的表达功能。面对制约翻译操作行动的上述"条件",首译者参阅了中国文化典籍、佛经及有关研究成果,通过添设自觉叙述和"作者式"评论,增加解释、概括或判断叙述内容的"叙述者声音",缩减了与源语叙事规范或主题相关度较弱的叙述内容,补充了关于敦煌故事演进、发展的互文性源语文化信息,降低了宗教术语、专名的"专业度"。这虽然使得部分源语隐含叙述信息明晰化,但却保证了普通目标语读者理解敦煌汉文叙事文献的通畅性,同时也凸显了源语故事所构建的价值规范和叙事主题,突出了敦煌文学文献"俗"的文类特点。

与其他社会活动一样,敦煌文献翻译活动的构成要素也是不断演进、发展的。随着 20 世纪 80 年代以来敦煌学的国际化、中西交流途径及文化信息传播手段的多元化,英语文化语境产生了更多从事汉学相关活动的"专业"读者群,普通读者对敦煌文献的阅读期待也逐渐在提高。因此,后译者及其委托人便"升格"了译本的规约化功能,在确保准确、专业地传递敦煌典籍文化信息的基础上,突出了其对源语文本文学表达功能的"再现"。在具体操作行动中,后译者一方面凭借相关文化典籍、辞书及已有研究成果,修缮了源语文本的错漏之处,并采用学术专名和佛教术语梵文转写词对译源语相应表述,增强译文叙事的"专业性";另一方面以人物直接言语替代源语转述,优化目标语文本的"展现性",并参照首译本及相关敦煌文献的英译,采用"成就性"策略解决翻译问题,以目标语中能产生相似语境效果的修辞手段和语言表述,替换歇后语、摹形、析字等汉语修辞格,以及药名诗、道教符咒等源语特有的语言使用单位,在一定程度上维护了汉文敦煌文献的审美、艺术等文学功能,但也使译本的相应部分获得了源语文本所未有的目标语文化属性。这与后译者在面对较 20 世纪 60 年代受众更为"专业"的读者群的情况下,探究西方文化影响中国传统文学的敦煌学学术意图,试图挑战语言、文化差异,重构那些被首译者所缩减的源语文本文学功能的翻译动机,是连贯一致的。

诚然,体现人类心理、意识和社会互动的文化记忆是人类文化传承的重要方式(顾军霞,2019:143)。在人类历史的长河里,从神话传说、童话故事,到电影广告和日常会话,各种各样的叙事话语是文化记忆得以过渡传承的重要载体(Assmann,2011:2-3)。本质上讲,叙事本身就是一种在时空层面连接过去、现在和将来的"记忆"行动(an act of memory)(Erll,2009:213-214)。敦煌汉文叙事写本、写卷是叙述唐五代时期中国文化记忆的文字载体,在中国文学史上是桥接唐传奇和宋元话本的"俗文学化石",是印证中国传统汉文化与印度佛教文化交融的重要文献,比如《大目乾连冥间救母变文并图一卷并序》是以"伪译"的《佛说盂兰盆经》为背景,融合了儒释道多元文化因素的汉语本土化佛教人物故事,而敦煌本《六祖坛经》是中国本土化的佛教典籍。

从活动理论的视角来看，文化形成的条件是处于同一社团、具有不同分工的社会个体，共同参与完成大量的社会活动，并在活动中逐渐形成约束每位成员行为习惯和信仰的"规则"。这些社会规则，无论是规约性还是强制性的，都是该社团"文化"的主要内容。一方面，"规则"的差异性是社团存在的基础，是标记该社团及其成员身份的主要依据；另一方面，社团之间对"差异"的交流是一个常态：生存和自我发展的需求，促使活动实施者和参与者不断改进工具、技能和知识，拓展其行为"客体"的范围，此时，某些成员会跨越社团界线，寻求与"他者"文化的交流。唐五代时期的敦煌汉文叙事文献，载录了古印度梵语佛教社团穿越西域诸地，与中原汉文化社团进行跨界交流的文化记忆，而20世纪中期从事汉—英翻译的西方汉学家，赋予了这些古代文献新的跨文化功能。

一般而言，文本功能可分为规约化功能、情景和工具功能三类，所谓规约化功能，指同类型文本所产生的能让某一社团认同、接受的语境效果；情景功能即在具体情景的受众身上，产生的与语言使用者意图相符的语境效果；工具功能指某类文本通常所具有的功用，比如合同书的工具功能是订立契约，驾驶执照的工具功能为车辆驾驶资质的官方认可等（Sang，2019：541-542）。如第八章所述，唐五代时期的汉文俗文学写本、写卷，具有讲唱表演和案头阅读两种工具功能，自其20世纪重新被发现以来，又增加了学术文献功能。在20世纪60年代的西方"禅宗热"的背景下，敦煌汉文叙事典籍的英译本，其在英语文化社团的规约化功能是满足普通读者群对"禅宗""中国传统文化"的好奇心，即以敦煌故事为媒介，给英文读者讲释唐五代时期的文化记忆和禅宗哲学。需要指出，此时在一些北美汉文化和东方文化社团，敦煌俗文学文献的英译本也会用作讲唱表演的底本；自20世纪80年代以来，文学类的英译敦煌叙事文献，其受众主要是从事中国哲学、文学研究或对此感兴趣的专业读者群，此时，它们便只有案头阅读和文献研究两种功用。还需要指出，21世纪以来，其目标语读者群已经从汉学研究逐渐向社会学、政治学等不同领域拓展。

第三节　从"复译假设"看敦煌汉文叙事文献英译活动

复译是20世纪敦煌叙事文献汉—英翻译活动的特点：梅维恒是《张义潮变文》《降魔变文一卷》等文学类文献的复译者，杨博斯基是敦煌本《六祖坛经》的复译者。如帕洛博斯基、科斯基宁（Paloposki & Koskinen，2010）所言，学界对复译本质的认识主要体现在"复译假设"里，即译本随着时间的推移也会"衰老"（ageing），其语言表述会过时，或者不再符合当时忠实或准确的标准；首译本本身具有同化性特征（assimilating qualities）（即以目标语读者接受为导向），这是未来需要以源语文本为导向（source-oriented translations）进行复译的原因。换言之，后译本会较前译本更接近原本（original），有时甚至会替换前译本（Paloposki & Koskinen，2010：30；34）。诚然，"复译假设"并非翻译法则或者规范，比如，它就不适用于文学或哲学经典的复译，因为有时前译者的翻译和解读会更接近原本；尽管如此，它至少可当作一个参照，用来分析真实情景中的复译活动（Paloposki & Koskinen，2010：40）。

如第二章所述，在面向古藏文、回鹘文、西夏文的敦煌汉文文献古代翻译活动中，后译本的语篇特征一般会更加接近源语汉文文本，唯独在佛教主题的文献复译中，后译者会直接采用梵文佛教术语或专名的目标语转写词,替代源语汉语表述。这与杨博斯基、梅维恒等人的处理是相同的,显然这既是对"复译假设"的偏离,也是佛教主题的敦煌汉文文献翻译活动的特点所在,当然这与佛教通常被认为发源于古印度迦毗罗卫国不无关系。此外,尽管敦煌本《六祖坛经》的首译者陈荣捷偶尔会增加叙述评论,但整体而言,他并未对源语文本进行明显的删减、替换或改变,而相比之下,复译者杨博斯基、林光明等人在六祖的言语里增添语外照应词的策略,比首译者更突出。可以发现,"复译假设"并不适用于20世纪敦煌本《六祖坛经》的英译活动。

  需要指出,文学类敦煌汉文文献的英文首译者,既会通过添加自觉叙述,缩减重复冗余或包含翻译问题的源语叙述内容,增添有关源语故事情节演进的互文性文化信息,同时也会插入叙述评论,对叙述内容进行评价、判断和解释,并将源语文本中的宗教术语通俗化。正是这些策略的应用,优化了短篇故事的"整体连贯"的特点,补充了源语故事相关的汉语文化信息,突出了敦煌俗文学文献"讲唱"表演的文本功能和"俗"的体制特点,也就是说,首译者的整体翻译方法还是以源语文本及文化为导向的。相对而言,后译本与源语文本语篇结构的对齐程度更高,同时采用学术专名和宗教专业术语对译源语文本表述,其"专业性"也更强。虽然如此,后译者却采用英文或拉丁文表述,处理因双语语言、文化的差异而产生的规约性翻译问题,从而使后译本获得了前译本和源语文本均不具有的目标语文化属性。可见,从语篇结构的对应程度而言,文学类敦煌汉文文献的英译活动与"复译假设"是契合的,但就翻译问题决策方案的文化导向而言,该类翻译活动与其并不一致。诚然,翻译活动实施过程中,译者是依据语境化的文本功能解决翻译问题的,其翻译决策和语言选择与该例翻译活动是否为复译相关性不大。基于此,我们可以对"复译假设"做进一步修订:文学类叙事文献的复译活动中,后译本在语篇结构上会较前译本更接近源语文本,但后译者的具体翻译问题决策不一定会以源语文本、文化为导向。

第四节 敦煌汉文叙事文献英译策略的"正当性":一个翻译伦理的视角

自2001年《译者》(*The Translator*)出版"伦理回归"(The Return to Ethics)专刊以来,翻译伦理便成了翻译学的一个热门领域。尽管如此,学界对如何界定该领域并未有一致结论(Pym,2001:130)。例如,贝尔曼(Berman,1984:226-286)倡导通过翻译活动坦诚、开放地接受异族文化(openness to foreign)、反对民族中心主义文化立场。韦努蒂(Venuti,1998:11)主张扶植、尊重弱势文化的翻译观。弗洛陶(Flotow,1991:71)呼吁采用凸显女性声音的翻译原则。皮姆(Pym,1997:132-133)认为优化交际双方的互利合作是评价翻译行为的最终伦理标准。诺德(Nord,1991:79)提出:"首先"忠诚"于客户、其次为目标语读者、最后"忠诚于"源语作者,是评估翻译行为的首要原则。科斯基宁(Koskinen,2000)指出,图里(Toury,1995:55)描写理论的核心概念"翻译规范",其本身也具有伦理—道德(ethical-moral)属性(Koskinen,2000:18)。

此外,切斯特曼(Chesterman,2001:144-150)还构建了五个翻译伦理模式,即"再现"源语文本、"服务"赞助人、确保"交际"顺畅、遵循"翻译规范"以及承担"职业责任"。显然,切斯特曼的模式涵括了皮姆的"文化间性"(interculturality)、图里的"翻译规范"和诺德的功能主义"目的论"等理论概念。如孙致礼（2007：14－18）所言，这些模式解释了译者的五种职责。然而，面对这些彼此间经常冲突的职责，译者是如何决策的问题，切斯特曼的模式也未能解答（Chesterman，2001：151－152）。基于切斯特曼的模式，科斯基宁（Koskinen，2000：14）将翻译伦理界定为用来评估翻译决策并使其合理化（evaluate and justify choices）的规则和标准。

所谓伦理，指在社会活动中形成的评价、判断社会行为的规约化态度、立场和价值体系，它的核心内容是被社会群体或社团普遍认可的价值标准，包含主体关于"自我"和"顾及他人"（regard for others）的价值两方面。前者指社会群体或社团关于知识、艺术、审美、自由、权力等的理想及"精神之生活"（life of spirit）；后者指社会行为受社团人际关系的制约，也就是说能独立实施社会行为并对其承担责任的成熟、理性的社会行为主体，应考虑对他人利益的尊重，具体体现为公平、互利、平等、正义、同情、慈善等价值标准（Dewey & Tufts，1932：8）。当然，伦理价值的应然性约束功能，还需通过主体实施的社会行为来体现，为此它还应该包含主体内化、践行这些价值观的主观认同和责任感。

显然，贝尔曼、韦努蒂、皮姆、弗洛陶的理论思想属于后者：如果从译者所处的民族文化社团或性别社会群体来看，其翻译决策须考虑对"他者"（其他社团和群体）的尊重，即应遵循公平、互利、平等、正义、同情、慈善等价值标准。需要指出，诺德的"目的论"与该价值标准并非一致：译者为了实现"忠诚"于客户、委托人的"目的"，有可能影响、妨碍其他译者或社团成员的利益。这是目前翻译伦理研究者需要探讨的一个理论问题。

需要指出，伦理是约束社会活动、个体行为的价值标准，该标准并非直接针对"操作行动"。如前文所述，"行为"和

"操作行动"的区别在于,前者具有"目的导向性"(Leontjev,1978:67),受主观意图的支配;而操作行动指将客体转化为"结果"的惯例化(routinized)过程和程序,受工具、对象等"条件"的制约(Leontjev,1978:67)。需要强调,虽然行为是通过系列行动来实现,但是伦理的直接约束对象是"目的导向"的情景行为,以及主体在一定动机的驱使下发起,在不同分工社会个体的参与下,实施并完成的活动,并非受"条件"约束的操作行动。例如,生活中我们不会因出租车的性能差开不快而指责司机,也不会因学生翻译作业中有错误而责备其不道德,这是由于出租车从打火、制动到行驶和翻译作业中的双语语言转化,同属于操作行动。换言之,制约翻译操作行动的"条件",是为译者减免伦理责任的客观语境因素。

可以发现,切斯特曼的伦理模式和科斯基宁的定义,将制约译者翻译决策的价值原则和语境因素均归于翻译伦理的范畴。也就是说,他们对翻译伦理的界定,不但包含约束翻译活动、行为的价值规范,而且涵括了在实施操作行动的过程中,译者会普遍采用的策略原则、程序和手段,而这些并非伦理问题。从这个意义上讲,翻译的伦理研究需要回归"伦理"本身,而并非将诸多制约译者翻译决策的翻译语境因素,都归结于"伦理",这也是翻译伦理研究需要厘清的问题。

诚然,敦煌本《六祖坛经》的英译者采用自叙传体的直陈式言语,替换源语复调叙述,在六祖讲释佛法的言语里添加指代情景因素的语外照应词,这种增强目标语叙事人性化和世俗情景性的翻译策略,其出发点是"法元在人间,勿离世间觉""菩提般若之智世人本自有之"的语篇主旨和叙事规范。也就是说通过该策略,翻译活动的实施者和参与者践行了该汉文佛典的禅宗要义,而这正是制约翻译操作行动的"条件"。

在文学类汉文叙事文献的英译活动中,威利通过插入叙述评论，缩减主题相关性弱或重复性的叙述信息，评判人物、事件甚至源语作品本身，补充有关故事演进的互文性文化信息，并降低源语宗教术语和专名的专业度，其所维护的正是制约翻译操作行动的"条件"因素：源语文本的文类特点、文化属性和叙事价值规范。同时译者还对缩减的语篇内容作了标记，分文在《高本汉纪念文集》（*Karlgren Festschrift*）中进行了专门解析。此外，梅维恒面对规约性翻译问题，采用"功能对等"式替换策略，增添了源语文本所不具有的英文、拉丁文文化属性，但这并非译者的有意"归化"，因为就整体而言，梅维恒译本的语篇结构和内容与其源语言文本工整对齐，不存在明显的增删和改变，而该策略正是译者面对制约翻译操作行动的"条件"因素——规约性和语篇翻译问题，不得已选择的变通策略。当然，译者选择该成就性翻译策略，一定程度上满足了其探究异域语言文化影响中国传统文化的动机和文学创意需求。简言之，对制约其翻译操作行动的"条件"因素的考量，是敦煌汉文叙事文献的英译者，选择"正当性"翻译方法、策略和手段，使其免受伦理批评的理据。

第五节　20世纪以来敦煌汉文叙事文献的翻译景观

翻译景观指相同源语文本在多元译本上所呈现的系列可视化形态和特征，复译是翻译景观形成的主要原因。一般而言，差异性重复是复译活动的本质特点：所谓"差异性"指译者主体和促成多元译本生成的语境因素各不相同，其直观体现便是译本的标记性可视化特征；"重复"即针对相同或相近的源语文本。诚然，中国翻译家在20世纪反复译介了系列国外文学和哲学典籍，绘成了多幅外译中的翻译景观。比如梁实秋、朱生豪、孙大雨、卞之琳、曹未风、余士雄、杨烈、竺容、林同济等人，就先后翻译了莎士比亚的《哈姆雷特》（*Hamlet*），为中文读者群构建了一幅关于英国经典戏剧的翻译景观；简·奥斯汀的《傲慢与偏见》（*Pride and Prejudice*）的汉译景观，就由杨缤（又名杨刚）、董仲篪、王科一、孙致礼、义海、张经浩等人所翻译的30多个不同版本所呈现。

自20世纪中期以来，陈荣捷、杨博斯基、托萨利（Toulsaly，1992）等汉学家通过其对敦煌本《六祖坛经》所实施的翻译活动，在西方文化语境中展现了一幅中国禅宗佛经的多语翻译景观，该景观包含"平行线"和"圆"两个图形。所谓平行线指译文和汉语原文都在这些英、法、西班牙语等目标语文本中共现，而"圆"指代这些译本中对汉语关键专名的翻译，经历了以日文、梵文转写词相替代，又回到根据源语汉文读音来音译的过程："禅"的翻译从早期的"dhyana""Zen"，逐渐到回归源语导向的音译"Chan"；早期有译者采用日文"Yeno"对译"惠能"，现已完全为"Hui-neng"所替代。需要指出，"坛经"的翻译有"Platform Scripture""Altar Sutra""Mandala Sutra""Platform Sutra""Tan-ching"等多个版本。从数量上来看，采用"Platform Sutra"和"Tan-ching"的译者较多，但"Tan-ching"已成为目前国际佛教界学术交流和佛经翻译研讨会上的通用语。一般而言，题名和出现频率最高的专名与文本主题直接相关，译者在翻译操作行动中对《六祖坛经》题名和关键专名的语言选择，是其整体翻译方案和策略的集中体现，因此可以说，敦煌本《坛经》翻译景观的形成，是长期以来译者在复译活动中践行源语导向的"文化自律"原则的结果。所谓"自律"指无论经历多少版本的复译，源语文本中本有的文化表述和文化思想，始终是译者进行翻译决策的根本依据。

此外，苏远明（Soymié，1954）、威利、梅维恒、太史文

第九章　20世纪敦煌汉文叙事文献的英译活动"重构"：规范、过程与功能　229

（Teiser，1988）等西方汉学家对敦煌俗文学文献的翻译活动，逐渐勾勒了出一幅多语、多模态的翻译景观。比如，梅维恒的译本中就收录了其所依据敦煌汉文写本残片的图像。

图9.3是S.328号英藏敦煌文献（该写本无题名），是"The Story of Wu Tzu-hsü"的源语文本；图9.4是法藏P.2962号文献，是《张义潮变文》全文写卷的微缩照；图9.5是英藏S.2614号敦煌文献《大目乾连冥间救母变文并图一卷并序》。图9.2是胡适所藏敦煌写本《降魔变文一卷》，也是梅维恒所参照的源语文本之一。需要指出，译本中还收录了以"降魔斗变"为主题的两幅图照，分别为法藏P.4524号"降魔变"图和伯希和复制的敦煌壁画，前者中舍卫城国王、太子和国相须达观阵，舍利弗变化成金刚吓走六师，后者中舍利弗使用风袋大败外道，具体如图9.6。

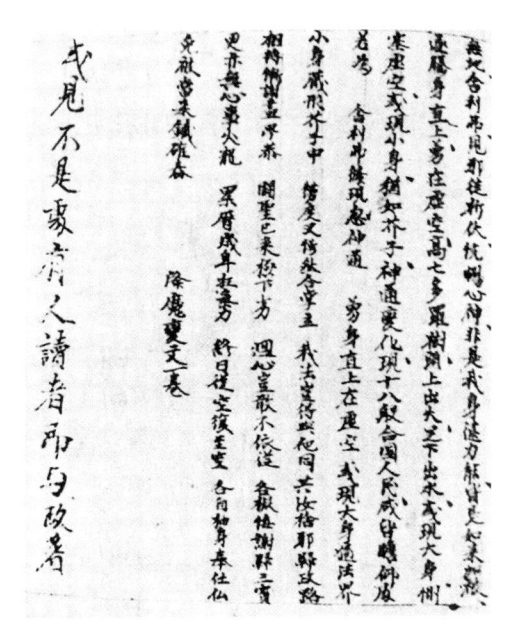

图9.2　降魔变文一卷（Mair，1983：30）

图 9.3　伍子胥变文（Mair，1983：122）

图 9.4　张义潮变文（Mair，1983：166）

第九章 20世纪敦煌汉文叙事文献的英译活动"重构"：规范、过程与功能　231

图 9.5　大目乾连冥间救母变文（Mair，1983：86）

图 9.6　舍利弗降魔变（Mair，1983：v）

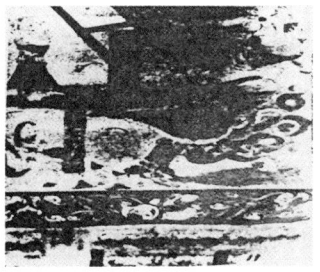

图 9.7　舍利弗斗外道（Mair，1983：221）

诚然，翻译景观产生的前提是复译场的形成。所谓复译场指针对相同源语文本而反复实施的文本生产活动中，多元译本、译者、委托人、出版商、目标语读者群之间建立的关系网络。在复译场中，不同译者、委托人和出版商为获得更多资本和目标语读者而彼此竞争，"源语文本指向性"是约束其竞争的逻辑规则。20世纪敦煌汉文叙事文献的英文复译场中，译文和原文平行出现、关键专名从用第三语表述相替代到回归源语音译的圆形翻译历程，以及译本中插入的源语敦煌写本及相关的故事图画等翻译景观，正是这种"源语文化自律"逻辑规则的体现。换言之，复译活动中，后译者会以源语文化和源语文本为导向设计整体翻译方法，践行这种获取资本和目标语读者的逻辑规则。当然，也不排除后译者面对规约性或语篇翻译问题，为了实现某种主观意图，而选择与该"规则"不相符的翻译策略，这是由于制约其翻译操作行动的"条件"能为其减免伦理责任。

第六节 小结

根据活动理论，翻译活动的功能是通过与其他活动的互动来实现的，也就是说，只有当其结果成为其他活动的客体/对象或工具时，该活动才有意义（Engeström，2001：136）。敦煌遗书是记述中国文化记忆的文字载体，自20世纪初期被发现以来，其先后经历了被转运、辑录、勘校、研究和译介等过程。来自英美国家的汉学家，从西方兴起禅宗和东方文化热的20世纪中叶起，借助汉文、梵文及日文等多语文献工具，反复实施敦煌汉文叙事文献的英文译介活动，其活动成果业已成为目标语文化语境的阅读活动，以及相关宗教、文学交流活动的对象或工具，也就是说已经实现了其社会功能。

叙事是传承、交流和传播文化的重要途径。尽管翻译活动主体及参与人并非来自源语文化语境的社会组织、机构或个体，但是针对《伍子胥变文》《六祖坛经》等叙事类敦煌文献的反复英译活动，在客观上促进了西方文化语境里中国传统伦理价值和哲学思想的传播。也就是说，西方汉学家通过译介讲述古代中国文化思想、社会变迁的元叙事文献，助力了中国传统文化的"走出去"。从这种意义上讲，20世纪敦煌叙事典籍的英译活动模式，能为全球化语境下以叙事为媒介的不同民族之间文化记忆的交流和传播，提供方法论依据。

第十章

叙事文献翻译活动方法论

　　方法论是对方法及如何应用方法的理论解析，它为解决问题时策略、工具、技巧的选择提供理据和方案；一般而言，方法论明示实践过程中需要解决的问题或任务，定义在特定场合适用的方法、策略、工具、手段或技巧，并为实践结果或产品的质量管理提供依据（Robson，1997：10）。作为一种跨语言、跨文化的社会实践，翻译活动亦需从方法论角度进行探究。"如何译"的问题是译者选择总体方案、策略和手段的依据，同时也是翻译教学、翻译批评和制定翻译政策的前提。目前，翻译学领域虽然跨学科理论范式多元共存，但它们彼此间缺少连接，目前仍缺少一个针对翻译实现过程的连贯理论解释（Chesterman，2005：197），也就是说，缺少解析译者如何选择翻译方法、策略和手段的系统学科理据。一般而言，翻译方法是译者为实施翻译活动所做的宏观布局和整体设计，具有超个体性特点（Superceanu，2004：197）；翻译策略是译者为了解决翻译问题而有意识、有目的地制定和实施的方案（Zabalbeascoa，2000：120）；翻译手段或技巧是翻译操作过程中从语篇结构的各个层面，重构目标语文本的具体语言途径或操作方式（Superceanu，2004：196）。基于前文敦煌汉文叙事文献英译的描写结果和活动理论框架，可探究叙事文献翻译活动中译者选择翻译方法、策略和手段的理据。

第一节 翻译语境化实现过程：
一个活动理论视角

如第九章所述，活动理论可作为解释翻译语境化实现过程的理论框架（Sang，2011：291-306；2018：125-141）。依照该框架，翻译语境并非一个由诸多影响、制约译本生成的主、客观因素构成的分层系统，它更指这些因素之间相互作用、导向、促成译者构建一个有意义目标语文本的动态过程即语境化过程；该过程也是译者以语境因素为策略资源、将源语文本转化成一个能实现其动机、意图，同时对其他翻译活动参与者都有意义的目标语文本的过程（Sang，2018：126-128）。一般而言，影响、制约翻译活动的语境因素分为三个层次：翻译规范、伦理价值、意识形态、法律规章等社会—文化因素，译者行为目的、人际关系和场合等情景因素，以及包括源语文本功能、因源语文本的标记性语篇特征或双语语言、文化差异而产生的翻译问题、译者的语言惯习等在内的操作条件因素。翻译语境化过程中，译本的规约化功能和情景功能，分别是这些分层语境因素约束下译者动机、意图的直接体现，当作为操作"条件"的源语文本功能与其不相符时，译者通常以上层文本功能，即以情景或规约化译本功能为决策依据（Sang，2018：130）。换言之，翻译活动实现过程中，译者的动机、意图与诸多语境因素之间的矛盾，需通过活动结果功能的实现得以解决。为此，译本的"功能"是评价翻译活动的标准。

译本的功能有规约化和情景功能之分。前者即译本所产生的既符合翻译社团的"社会规则"，又能满足翻译活动实施者和参与者需求的语境效果；后者指在特定情景的读者身上产生的与译者意图相符的效果。当这两种译本功能不相符时，译者需要以前者为据调整翻译行为。当然，译本的上述功能最终需通过受"条件"制约的操作行动来实现（Sang，2018：134－135）。在源语文本生产活动中，文本功能是特定语境因素制约下源语作者需求、动机和意图的体现，是其选择文类规范、语域特点和语言手段构建源语文本的依据，是翻译操作条件形成的主要原因。为此，在译本的规约化和情景功能与其相符的前提下，源语文本功能便成了实施翻译活动的操作化依据。需要指出，"源语文本功能"也分为规约化功能、情景功能和工具功能三个层次。如第九章所述，工具功能指具有相同文类规范文本的常规意义上的功能，如新闻文本的信息功能、诗歌的表达功能、广告的说服/感染功能等。语言使用过程中，文本的"规约化"功能既通过其情景和工具功能来实现，又对后两种功能进行制约。翻译操作过程中译者参照的主要为源语文本的规约化功能，这是由于源语文本的工具和情景功能都需与其保持一致。

第二节　翻译活动的方法论决策机制

如上文所述，翻译方法是实施翻译活动的整体路径，具有超个体性特点；翻译策略即翻译问题的解决方案；翻译手段或技巧指为重构目标语文本的语篇结构而选用的语言手段或方式。一方面，无论是翻译方法还是策略，都需要通过翻译手段来实现；一方面，翻译操作过程中语言手段的选择需要和所确定的翻译方法、翻译策略相一致。在翻译活动从情景行为到操作过程的逐层实现过程中，译者首先依据规约化译本功能确定翻译方法。需要指出，规约化功能是译本所产生的既符合翻译社团的社会规则，又能满足译者及其他翻译活动参与者需求的语境效果，为此翻译方法选择具有超个体性特点。如果翻译活动中未有翻译问题出现，源语文本功能便是译本规约化和情景功能的操作化体现，故此，它便成了选择翻译手段的理据。当译者遇到因译本的两种功能不相符而产生的翻译问题时，需依据其规约化功能进行翻译决策。对于因译本的情景功能和源语文本功能不一致而产生的翻译问题，译者需以前者为参照确定翻译策略、选择翻译手段。在源语文本功能与译本的规约化、情景功能一致的前提下，译者解决因双语语言、文化的差异或标记性源语语篇特征而产生的翻译问题，其策略依据为源语文本功能。

前文对敦煌汉文叙事文献英译活动的描写可见，"主题相关性"也是译者翻译决策和选择语言手段的参照。诚然，文本是能产生连贯主题思想、具有一定功能的语言使用活动的结果。语言使用过程中，文本或话语的功能是通过促成连贯主题的文本结构和语篇成分来实现的。如上文所述，受规约化译本功能"调控"的翻译方法，通过针对具体翻译问题的策略和语言手段来体现，而翻译策略和手段最终需通过具有一定主题相关性的语篇成分来实现。

由此可见，翻译活动过程中，译者根据规约化译本功能制定整体翻译方法，依据翻译方法选择策略解决翻译问题，而翻译策略最终需通过具体语言手段来实现；当没有翻译问题存在时，双语文本的语篇主题和功能一致，源语文本的语篇特点便是重构目标语文本的操作行动中，译者选择语言手段的根据。由于翻译方法和策略最终需通过具有不同主题相关性的语篇成分来实现，为此"主题相关性"是译者在确保与整体翻译方法一致的前提下，进行翻译问题决策和语言手段选择的依据。

第三节　叙事文献翻译方法、策略和手段的选择

就叙事文本而言，"主题相关性"指对于主要事件或主要人物所实施行为及叙事规范的重要性。所谓叙事规范，即"叙述中的既定规范"（the established norms in narration），指作品在道德、审美、心智等方面的价值规范，它是作者目的或意图在叙事文本中的直接（或反讽式）体现，是其选定叙述话语和叙述内容，赋予具体叙述细节（particulars）整体连贯性的标准（Booth，1983：182-183；211-215）。这样，可用图10.1解析叙事文献的翻译活动方法论：

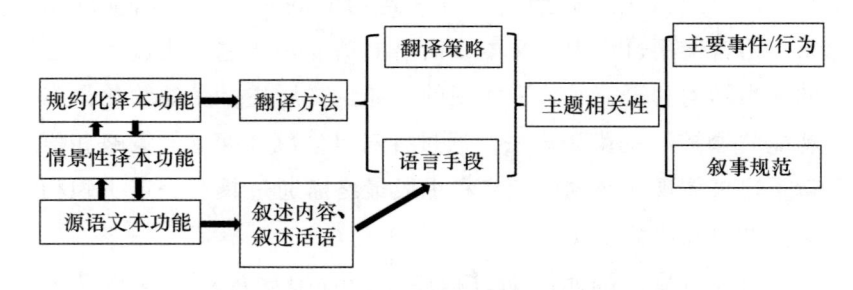

图10.1　叙事文献翻译方法、策略和手段的选择机制

如图10.1所示，叙事文献的翻译活动中，译者首先根据规约化译本功能确定整体翻译方法，并据此选择翻译策略和具体语言手段，解决翻译问题、重构目标语文本的语篇结构和文体特点。面对因文本的分层次语境化功能不相符，或由于双语语言、文化的差异，以及因源语文本的标记性语篇特点而产生的翻译问题，译者在遵循整体翻译方法的前提下，以"主题相关性"为参照，即通过衡量相应叙述内容之于主要事件/行为

和叙事规范的重要性，选择翻译策略和语言手段。如果译本的规约化功能与其情景功能一致，但后者又与源语文本功能相矛盾时，情景性译本功能便是译者确定整体翻译方法，并参照"主题相关性"进行翻译决策和语言选择的依据。然而，当双语文本功能一致时，源语文本功能和叙述内容的"主题相关性"，则是解决语篇或规约性翻译问题的依据；假如无任何翻译问题存在，源语叙述内容和叙述话语，便是译者语言决策的唯一参照，此时，双语文本中相应语篇成分的主题相关性也是一致的。

如第九章所述，敦煌本《六祖坛经》是中国本土化的佛经典籍。选择以源语禅宗佛典的文本功能为导向，且突出六祖言语真实性和世俗性的翻译方法，不仅符合在西方禅宗大热的历史语境下译者们所处社团的社会规则，而且也能满足英译活动参与者既要促进目标语文本的广泛传播，又要践行禅宗思想的需求。有鉴于此，译者们选择以自叙传式的直接言语，替换源语文本中惠能生平的复调叙述，并在六祖讲授禅理的言语里，增添第二人称代词等指代情景交际因素的语外照应词。这些语言手段的规律性选择，正是敦煌本《坛经》中"菩提般若之智世人本自有之""法元在人间，勿离世间觉"叙事规范的具体体现，也就是说与主题直接相关，当然它们与"源语文本为导向"的翻译方法是连贯统一的。

作为文学类敦煌汉文叙事文献的首位英译者，威利考虑到在20世纪60年代西方国家兴起东方文化热的背景下，确定以源语文化和敦煌俗文学文本表演功能为导向的翻译方法，既能满足同处于西方文化社团的委托人、出版商和目标语读者的需求和期待，又符合其所处翻译社团的社会规则，当然也与其实施翻译行为的意图或目的相吻合。也就是说，译者是依据规约化译本功能确定整体翻译方法的。面对因敦煌写本中的错讹、遗漏或重复、冗余的叙述内容而产生的语篇翻译问题，译者以"主题相关性"为参照，采用归结性策略，通过添加自觉叙述的语言手段缩减了相关叙述内容，从而加快了译文的叙述节奏、增强了其整体连贯性。对于因双语语言、文化的差异而产生的规约性翻译问题，译者通过插入叙述评论，对相应叙述细节进行解释、评价和判断，使之与译文整体叙事规范相连贯。并且，通过增添自觉叙述，补充了关于敦煌故事演进、发展的源语文化信息，并以日常普通词汇替换源语佛教、道教术语，降低了译文叙述的宗教"专业度"，突出了源语叙事文献"俗"的文类特点，这些语言手段无疑与整体翻译方法是一致的。此外，对于因双语语言、文化的差异而不可能在目标语完整重构的源语叙述内容，威利在同年出版的《高本汉纪念文集》(*Karlgren Festschrift*) 中专门进行了分析，从而满足了目标语专业读者的认知期待。

　　随着 20 世纪 80 年代后敦煌学的国际化，以及中西文化交流途径的多元化，西方英文语境中产生了更多专门从事汉学研究，或者对传统中国文学感兴趣的"专业"读者，为此，梅维恒等复译者确定了以维护源语敦煌文献的专业度和以文学读本功能为导向的翻译方法。通过考证和研究相关学术文献，对敦煌写本的错讹、遗漏之处进行了纠正和弥补，同时采用梵文转写词和学术话语，替换了源语敦煌汉文文献中的佛教术语和专名。面对因歇后语、析字、摹形等修辞格，或道教符箓、药名诗等汉语特有的语言表述而产生的翻译问题，译者采用了旨在维护源语文本文学功能的成就性翻译策略，以能产生相同或相似语境效果的英文表述替换了相应源语叙述内容。诚然，这种"功能对等"式的替换手段，固然在一定程度上维护了源语文本的艺术和审美效果，但为译本增添了源语文本所没有的"他者"文化属性，而这也在译者所处汉学社团"规则"的许可范围之内，同时也与其探究西方文化影响中国传统文学的学术动机相吻合（见第九章）。也就是说，采用上述翻译策略和语言手段，既维护了源语敦煌文献的"专业度"，又兼顾了源语文本文学功能的重构，从而保持了与其整体翻译方法的连贯性。

第四节　叙事文献翻译的"声音"策略*

所谓"声音"策略，是当译者面对因双语语言、文化、文本功能的差异，或源语文本的标记性语篇特征而产生的翻译问题时，为了保证叙述行为的通畅性，通过在目标语叙事文本中增添叙述评论，介入译文叙述者和受述者的交际行为，对叙述内容或话语进行解释、概括、判断或评价的翻译策略。由于叙述评论通常被认为是叙述者的"声音"（Chatman，1978：228），是其情感、态度、立场、知识等的流露，故将其定名为"声音"策略。"声音"策略在敦煌叙事文献英译中的应用实例，从第四章至第五章都有详细分析。

一般而言，叙述评论具有提供事实依据、衔接细节和保持叙述内容的价值连贯、凸显重要事件、操控"叙述语式"（mood）等功能（Booth，1983：169－205）。除了这些语篇功能，叙事文献翻译中所增添的叙述评论，其功用在于确保跨语言、跨文化叙事交际行为的顺畅和连贯。诚然，"声音"策略的应用，一方面使译者实现了对目标语叙述行为和叙述距离的调控，是其展现主体性的途径；另一方面由于该策略是针对制约翻译操作行动的客观"条件"——翻译问题，它能让译者避免承担"篡改"源语文本的伦理批评。

* 本节内容作者曾发表于《外国语》2021年第4期。

如第一章所述，叙事交际行为分为作者和读者、叙述者和受述者以及所述人物之间的交际三个层次（Rimmon-Kenan, 2002：89）。翻译过程中源语作者和目标语读者之间的第一层次交际，是通过译文叙述者和受述者的第二层交际来实现。翻译问题给第一层次的交际行为带来了障碍。对此，译者会采用增加脚注、尾注、文内注等副文本信息的手段，直接介入第一层交际，补充源语文本相关的语境信息。与此同时，译者也会选择干预第二层面即译文叙述者和受述者的交际，通过增添针对叙述内容、话语及其叙述行为的概括、解释、判断和评价性评论，在认知、审美、情感等方面调控两者之间的距离，从而实现促成第一层次交际行为的目的。相对而言，译者在面对叙事文献中的翻译问题时，所选择的厚译策略，凸显了源语作者及源语叙事文献的权威性，但同时又由于译者的反复介入和干预，使第一层交际变得零碎和片段化，译文读者的认知连续性降低。其选用的"声音"策略，维持了源语作者与译文读者交际的流畅性，但一定程度上间接"操纵"了译文读者的审美体验、价值判断和认知努力。需要补充，面向目标语读者补充副文本信息，是将翻译问题相关的源语信息直白化、明晰化，而在译文中增添隐含或反讽类叙述评论（即与叙事语篇的价值规范不相符或相矛盾的评论），则是对源语信息的内隐化处理。同时译者采用"声音"策略时所增添的叙述评论是译文叙述内容的一部分，而实施"厚译"的过程中所增添的译者评论则属于副文本信息。从这个意义上讲，虽然"厚译"和"声音"策略在语言操作层面都是"增添"叙述信息，但它们在"增添"的内容、方式及功能上都是不同的。

如本章前文所述，叙事文献翻译活动中译者是依照文本的分层次语境化功能，选择翻译方法、策略和语言手段的；在遵循规约化译本功能的前提下，其对翻译策略和语言手段的选择还需参照"主题相关性"。同样,"声音"策略的选择亦需依照文本的语境化功能,以及相关叙述内容与叙事主题的"相关性"。当然,如果这些文本功能彼此相一致,源语文献的语篇特点便是译者需要考虑的决策依据,此时需确保双语文本在叙事结构和价值规范等方面,都保持一致和连贯(Fisher,1987:47)——假如源语文本的上下文语境中均为反讽性叙述评论,所补充"声音"亦需具有反讽特点。需要指出,当这些语境化文本功能彼此不相符时,译者则需以情景或规约化译功能为据,调整"声音"策略。

就文学类叙事文献的翻译而言,过多地添加叙述评论,势必会影响目标语文本的艺术和审美价值。通常来说,叙述越客观,读者的审美感知过程则会更久长,其获得的审美体验会更丰富;反之亦然。如布斯所言,"本世纪的主流叙事诉求就是某种客观性"(the predominant demand in this century has been for some sort of objectivity)(Booth,1983:67);而通过叙述声音调控叙述距离、强化叙述客观性,是"艺术陌生化"、提高读者"审美感受力"的手段(白春香,2010:107-109)。为此,叙事文献的翻译过程中,译者对"声音策略"的选择还需考虑"适度"的问题。

诚然,叙事文献包含大量会造成翻译问题的文化信息,如果一味地采用"厚译"进行翻译决策,势必会降低目标语读者的认知连续性。此时,"声音"策略可作为译者摆脱该困境的一种途径。尽管"厚译"和"声音"策略都需通过增添叙述信息的语言操作手段来实现,但后者则更有助于维持目标语叙事的连贯性。需要补充,"声音"策略也可用于普通叙事文本乃至描写、说明、议论性文本的翻译中,当然前提条件是源语文本包含叙述"事件"的内容,以及因双语语言、文化、读者的差异等原因而产生的翻译问题。至于如何应用该策略,则要考虑语篇结构、上下文关系、文类特点、情景语境等因素。

第五节　文学虚构叙事中"造语"的翻译

一般而言，叙事文本可分为虚构类（fiction）和纪实类（factual）两类，其区别在于前者的叙述内容和叙述者并非在现实世界真实存在，而后者则具有"所指的真实性"（referential truthfulness）（Genette，1991：78 - 88）。就《伍子胥变文》而言，尽管其没有脱离历史的重大背景，但其情节则主要来源于对史实的大幅改造或虚构（单芳，2008：46），也就是说缺乏"所指的真实性"，因此，该敦煌叙事文献属于虚构叙事文本。从第五章对《伍子胥变文》的英译描写可见，"药名诗"等"造语"是文学类虚构叙事文本翻译中，译者需要面对的语篇翻译问题。

所谓造语（constructed，invented，artificial language or conlangs），指在某一语言社团新造语言的备用和使用单位，创建语言变体或新的语言符号系统的活动或活动的结果。造语与普通语言使用活动的区别在于：前者能产出现有语言中未有的词汇和表达方式，或者能生成有别于现有语言语法规则的话语或文本。语言备用单位的新造，可见于古代佛经翻译和明清时期的化学元素翻译中，以平常字加特殊偏旁的"造字"；当然，外来词引入和从其他语言音译也是新造语言备用单位的重要途径。语言使用单位的创建，可见于以熟语为模型，通过谐音字替换等手段，构造暗合产品功能的广告语，也可见于宋朝陈亚等人倡导的"药名诗"。语言变体的新造多见于虚构叙事文本，比如韩少功《马桥词典》中的"马桥方言"、《芬尼根守灵夜》（*Finnegans Wake*）中的自解语（idioglossia）、《发条橙子》（*Clockwork Orange*）中主人公亚历克斯（Alex）的个人言语纳查奇语（Nadsat）等。另外，用新造的目标语方言替代源语表述，是方言翻译的一种常用手段（Berezowski, 1997: 75; 86; Perteghella, 2002: 45-53）。

新造的语言系统可分为逻辑和辅助、艺术三类（Stockwell, 2006: 6）。其中逻辑造语是语言学家、哲学家等人为了讲释某些语言学或哲学原理，而专门设计的形式化语言系统，电脑程序语言多属于逻辑造语。辅助性造语如世界语（Esperanto）、空管英语（Air Traffic Control English）等，其使用目的在于辅助人类言语交际。艺术造语多见于文学/电影艺术作品，尤其是科幻或荒诞小说和戏剧，其功能在于构建虚构的艺术世界，制造特定的艺术和审美效果，如佛罗默尔（P. R. Frommer）为电影《阿凡达》（*Avatar*）设计的"纳威语"（Na'vi），托尔金（J. R. R. Tolkien）为《指环王》（*Lord of Ring*）等作品创造的精灵语（Elvish），姜峯楠（Ted Chiang）在《你一生的故事》（*Story of Your Life*）中创建的七肢桶文字（heptapod）等。以造语方式为据，又可将新造的语言系统分为"语前造语"（priori language）和"后续造语"（posteriori language），其区别在于前者并非是以现有自然语言为基础而创建的语言系统（Smith, 2011: 17-18）。

20 世纪中期以来，随着科幻、荒诞小说/电影的兴起，造语逐渐成为语言学、文学研究领域的重要课题。据估算，目前至少存在 1800 多种不同用途的造语语言体系，其中为虚构叙事而设立的就有 700 多种（Cheyne, 2008: 388）。大规模新造语言的产生，得益于 17 世纪以来人们对普世语言（universal language）的追求（Large, 1985: 33），以及 19 世纪 60 年代后人们构建国际通用语的愿望（Yaguello, 1991: 52）。当然，互联网和社交媒体的发展也使网络造语成为一种不容忽视的语言现象。通常，造语的研究不但有助于探究"萨丕尔—沃尔夫假说"（Sapir-Whorf hypothesis）等语言问题（Cheyne，2008：395；Stockwell，2006：9），更能为语言规划、语言政策的制定提供理据（Romaine，2011：193-194）。

如图里（Toury，2012：4）所言，翻译的理论研究分为普通与局部研究两类，局部研究主要针对翻译媒介、领域、层级（rank）、文类、时序及翻译问题。由于源语文本中的造语本身就是翻译问题，而虚构叙事文本是最多使用造语的文类，故此，虚构叙事中的"造语"翻译研究，是构建"基于问题"（problem-restricted）和"基于文类"（text type-restricted）翻译理论的途径。

一 造语及造语翻译的研究

目前，国内造语研究主要针对新词、外来语等新造语言备用单位（CNKI 数据库中以"新词""外来词""外来语"为篇名的论文达 5872 篇），其次是李宇明（1999：146-158）、周荐（2008：5-8）等人对以熟语为模板的"造词"研究，还有祝尚书（2001：122-127）对宋朝以来药名诗的缘起、发展及其造语原则的梳理，以及尹占华（2014：591-596）和刘瑞明（2016：70-73）对《伍子胥变文》中药名诗专名词义的考证等。

相对而言，国外的研究多针对新造语言体系，尤其是专为科幻、荒诞小说创建的语言系统，内容包括造语词汇的翻译方法、造语词汇表、发音规则、语音和书面语词形特点、音素特点和音位体系，以及造语的语法结构和语言特征（Cheyne，2008：391）。造语的系统研究始于20世纪70年代，早期的成果包括巴恩斯（Barnes，1974）、梅耶斯（Meyers，1980）、拉尔基（Large，1985）、马尔姆格伦（Malmgren，1993）、西斯科（Sisk，1997）等人对科幻小说中造语词汇及其语法规则的语文学探讨。

20世纪以来，先后涌现出多部专门探究文学叙事中造语的论著，其中包括康雷和凯恩（Conley & Cain, 2006）编著的新造语百科全书，书中收录了小说、电影、电视中的200种造语条目。如康雷和凯恩（Conley & Cain, 2006: xxii）所言，该书"旨在展示不同时代、不同民族的寓言家（fabulists）对人工语言所赋予的创造性"。彼得森（David Peterson）是《权力的游戏》中多斯拉克语（Dothraki）的创始人，他从语音、词汇、语言进化和书面语等方面解析了造语的复杂性（Peterson, 2015）。奥克楞特（Okrent, 2009）通过梳理启蒙运动理性主义和政治乌托邦主义等时代的语言构建活动，认为造语活动反映了造语者对其所处文化、政治语境的"着迷"（preoccupation），及其不满自然语言的歧义性和模糊性等缺点，而试图完善语言的愿望（2009: 17）。需要指出，奥克楞特（Okrent, 2009）本人对新造"完美"语言的活动持消极看法，她认为通过构建能够与外界社会、文化生活互动的新的言语社区（speech community），造语者无非会培养更多的造语使用者和支持者，而一旦将新造语交于后者之手，这种完善语言的努力便会终止（2009: 262）。亚当斯（Adams, 2011: 1 – 16）则认为，除了寻求对自然语言的完善，造语活动的动因还源自语言本身的艺术性和模因性；也就是说，通过模仿创造，造语者试图拓展语言塑造审美形象的功能。史密斯（Smith 2011: 17 – 48）指出，辅助性国际造语受制于复杂的社会、政治和宗教因素；杰克逊（Jackson, 2011: 49 – 75）则以"新说"（Newspeak）和纳查奇语（Nadsat）为例，分析了造语使用活动中过度强调这些因素的风险性。此外，奥克兰德和亚当斯（Okrand & Adams, 2011: 111 – 134）还解析了奥克兰德（Marc Okrand）本人在创建克林贡语（Klingon）过程中的市场制约因素：造语者需考虑小说文本在转译成电影叙事时，为了迎合以英语为母语的演员乃至观众便于朗诵、记忆的需求，而不得不对造语的词汇和语法进行修订和改编。

　　可以看出，与早期探究造语词汇和语法规则的成果不同，20世纪以来的研究已开始将视点转向了造语动机，以及影响、制约和促成造语活动的社会、政治、经济等宏观语境因素。上述研究表明：造语者创建语言系统的动机或是出于对现有自然语言的完善，对其所处政治、文化语境的"着迷"；或是为了展示其艺术创造力，或是通过构建新的语言社区，试图获得更多使用者的支持和追随。此外，与普通语言活动相同，造语的使用也是一种受多元主、客观语境因素制约的交际活动。

　　相对而言，造语尤其是虚构叙事中造语的翻译，还是一个有待探究的课题。目前，国内外专门针对造语翻译的研究并不多，现有成果主要是对造语翻译策略和手段的描写与归纳。比如，对于《一九八四》（*Nineteen Eighty-Four*）中的"新说"（Newspeak），孙晓辉、李博（2016：79）认为译者董乐山采用了"字字对应"的直译。文军、王斌（2016：110-116）通过分析戴从容对《芬尼根守灵》（*Finnegans Wake*）的中文译本，指出译者通过原文引用、增添释义注、文体注、文字游戏注、互文注，对包含造语的源语文本实现了"深度"翻译。曾丽玲（2014：109）则发现，戴从容"舍弃了传统加注的翻译方式，而在正文里以并列的方式罗列每个字的多义性，用短竖符号或不同号数的字体区别第一意义与其他可能的意义"，并"登录乔伊斯自创字的拉丁字母原文于译文之上"，成功地重现了源语文本里"意义驱散的原始精神"。需要指出，由于文本描写的视角和侧重点各异，不同研究中关于同一个译者造语翻译策略的发现也会不尽相同。

　　诚然，作为源语文本语篇特点的具体体现，造语是翻译过程中所有译者都需通过语言决策来完成的双语转换任务。目前，对于翻译问题的语言决策还缺少连贯的理论解释。可以发现，上述观察、归纳造语翻译策略和手段的描写性研究，也未能对此有新的发现。由于造语现象多见于虚构叙事文本，为此，译者面对源语虚构叙事中的造语时，是如何进行翻译决策的问题，是"基于问题"和"基于文本类型"的翻译研究需要探究的课题。

二 文学虚构叙事中造语的特点和功能

源语叙事文献中的造语是其语篇特点的体现，是制约翻译操作过程的具体条件。如托尔金（Tolkien，1997：198－219）所言，虚构叙事中的造语至少具有三个特点：造语符号的词形和语音都能产生审美愉悦（aesthetically pleasing）；造语与其所指代语义之间都具有有别于传统语言习惯的合理性（fitness），也就是说，造语符号的能指和所指虽不同于现有自然语言，但也能被现有自然语言使用者所接受；虚构叙事中的造语的构建和使用受系统、连贯的规则所支配。

作为构成源语文本的要素之一，文学虚构叙事文献中的造语还具有叙事、艺术和审美等方面的具体功能。首先，它是构建陌生化的艺术世界、塑造人物个性以及调控叙事距离的手段。通常，虚构叙事文献中人物的言语是呈现"故事"和塑造人物的重要方式，人物言语交际中新奇造语的使用，有助于为读者展示一个具有异质文化特点的虚构世界，有助于塑造标记性的人物个性。比如，《马桥词典》中作者使用具有粗朴性、私密性、禁忌性、轻女性、悖逆性等特点的造语方言，构造出了一个"时间静止""空间隔绝"的马桥世界，那里的人们拒绝科学、味觉迟钝、封闭排他、等级分明（黄怀玉，2003：61－63）。《发条橙子》中通过人物言语从造语纳查奇语（Nadsat）向标准英文的转变，揭示了主人公阿列克斯（Alex）的道德改造和智慧增长的过程，强化了读者对主人公内心活动的"参与"（involvement）；当然，对读者而言，包含造语的叙述还加大了虚构世界与其所处现实环境之间的距离（Stockwell，2006：3；5）。

其次，文学虚构叙事中的造语还具有艺术和审美功能。一方面，言语、描述中造语的应用，使虚构的场景、人物变得更翔实和逼真，增强了读者对所虚构的事件合理性的认可度（Stockwell，2006：9；Conley & Cain，2006：XIX）；另一方面，造语加大了读者的处理努力，延长了其对艺术作品的认知审美过程。一般而言，对艺术客体的陌生化加工，能扩展主体的审美过程（Shklovsky，1998：16）。与自然语言的理解相比，读者处理虚构叙事中陌生的造语所花的时间会更多（Cheyne，2008：399），其对整个作品的审美过程也会更长。如英加登（Ingarden，1973：78）所言，艺术作品的价值在于产生艺术和审美效果。从这个意义上讲，造语与整个文学类叙事文献的功能是一致的。需要指出，无论虚构叙事中的造语的特点和具体功能如何，其都须为整个叙事语篇的主题服务。

三　文学虚构叙事中造语翻译决策的语境化理据

文学虚构叙事中造语翻译的主要"条件"是源语文本的语篇特点和功能。通常，虚构叙事结构可分为"故事"和"话语"（discourse）两方面："故事"包括"事件""人物"和"场景"；"话语"即"表达故事内容的方式"（Chatman，1975：295）。当然，除了宏观层面的叙事结构，语音形式、词句类型、衔接手段、修辞技巧等语篇微观结构，也是分析源语叙事文本特点的重要参数。一般而言，小说等以"形式为中心"（form-focused）的虚构类文学文本，其主要功能是表达性的，其语言是审美和艺术性的（Reiss，2000：25 – 26；31 – 32）。可见，在译本的规约化功能、情景功能和源语文本功能一致的前提下，重构源语语篇形式和语言的审美、艺术特点，是译者翻译决策的参照。需要指出，作为叙事文本的一个元素，虚构叙事中造语的特点和功能也是译者的语言决策依据。当然，造语需要在语篇结构、人物塑造等方面和整个叙事文本保持一致（Fisher，1987：47），同时也应具有价值、功能和主题思想的整体连贯性。有鉴于此，可将文学虚构叙事中造语的翻译决策依据归纳为：译本的规约化和情景功能、源语文学虚构叙事中造语的特点、语篇功能及其主题相关性。例如：

1）蒿茛薑芥，泽泻无怜；仰叹槟榔……（王重民等，1957：10）

The mustard has not been cut, the flaxseed bed remains unvisited —Hemlocked in here without any neighbors, I raised my head and sighed for my Traveler's Joy... (Mair, 1983: 135)

如第五章所述，伍子胥妻自造的"药名诗"，共由"青蒿""茛薑""荆芥""槟榔""泽泻""远志"等数十味中药的名称构成（丛春雨，1994：716 – 719）。一般而言，谐音双关是药名诗的主要特点。1）中"蒿茛薑芥，泽泻无怜"，暗指其夫早年赴梁国为官，留下她"闲居独活"（王重民等，1957：10），居所蒿芥丛生，"簪歇"（泽泻）而无邻；"仰叹槟榔"中的"槟榔"即"宾郎"，意指其仰天向身为客卿的"宾郎"叹问（尹占华，2014：593）。

可以发现，目标语中分别采用"芥末"（mustard）（flaxseed)"铁杉"(Hemlock)"葡萄叶铁线莲"(traveler's Joy)等英文植物名对译了源语造语。显然，通过沿用源语文本中"字则正用、意须假借"的造语原则，译者试图尽可能保留源语虚构叙事中造语的文体特点。也就是说，通过这些源自花草植物名称的英文"造语"，译者试图重构源语文本中药名诗的叙事功能。由于上述信息目标语读者需要结合其所处的文化语境，进行推理方能获取，故此属于隐含信息。通常，隐含信息具有产生审美效果的特点（Sperber & Wilson，2001：222）。为此可以说，翻译操作过程中译者依凭植物名称的造语重构，不但兼顾了源语药名诗的文体特点，同时也尽可能实现了其在叙事、审美等方面的功能。诚然，译者重构的英文造语并未与双语小说在人物塑造、价值功能等和主题规范等方面存在不一致，也就是说具有整体连贯性。需要指出，作为《伍子胥变文》的英文首译者，威利却采用了"声音"策略，即通过添加叙述评论对源语药名诗的内容做了概括（Waley，1960：36）。

显然，面对相同文学虚构叙事中的语篇翻译问题，两位译者采用了不同的翻译策略和手段。如上文所述，翻译语境是译者的策略资源。实践中，支配翻译活动的社会—文化因素、约束行为的情景因素与制约操作过程的"条件"，依次被操作化为译本的"规约化功能""情景功能"及"源语文本的功能和特点"，这些分层次的文本功能分别调控、导向和直接促成译者的翻译决策。需要指出，《伍子胥变文》出自20世纪之初才被发现的敦煌古文献，经过学者的数十年勘校后，王重民等人将其辑录于1957年出版的《敦煌变文集》。威利（Waley，1960）所实施的翻译活动，第一次将该敦煌叙事文献译介给英文读者。无论对处于特定翻译情景的译者，还是对于和其同处一个文化社团的委托人、出版商和目标语读者而言，他们对该敦煌文献首个英译本的认知期待主要是获取源语文化信息，当然，这与以表达性为主的源语文本功能不相符。鉴于此，译者采用了以重构源语文化信息为导向的翻译手段，而敦煌叙事文献的案头文学读本功能及体现该功能的造语，并非其语言决策的主要依据。这是由于当译本的规约化功能、情景功能与源语文本功能不一致时，译者需参照文本的上层语境化功能进行翻译决策。

相比之下，在二十年后梅维恒（Mair，1983）所实施的翻译活动中，无论是译者还是其他不同分工的参与者，他们获取源语敦煌文献信息的途径和手段更丰富，其认知期待已经不仅是为了获取文化信息，而且指向了源语虚构叙事文献的语篇形式，也就是说，他们期待的是包含造语的源语叙事文献，作为案头文学读本时所产生的审美和艺术效果，这既是译者制定整体翻译方案所依据的规约化译本功能，同时也是"导向"译者翻译行为的情景化译本功能。需要指出，这与源语文本以表达性为主的功能是一致的。正由于此，梅维恒在其翻译操作过程中选择了旨在重构源语药名诗文体特点及其叙事、审美价值的上述策略。

简言之，作为源语文本的标记性语篇特征，文学虚构叙事中的造语具有构建陌生化的人物世界、调控叙事距离及增强艺术、审美效果等功能，它是双语转换过程中每位译者都需通过语言决策来解决的翻译问题。通常，语境是解决翻译问题的策略资源。虚构叙事中的造语的翻译过程中，译者需要自上而下地按照"译本的规约化和情景功能""源语文本的语篇特点及其功能""虚构叙事中的造语的特点及其在叙事结构、人物塑造、主题规范等方面的整体连贯性"，选择适当语言手段重构目标语文本；当这些分层次的操作化语境因素间存在不一致时，译者需要以上层因素为依据进行翻译决策。

第六节　翻译问题决策与翻译批评[*]

通过对敦煌汉文叙事文献英译的描写可见，该类翻译活动中译者的主要任务是翻译问题决策。在汉、英翻译活动日益频繁的全球化语境下，如何对翻译活动中译者的问题决策过程进行批评或评估，是目前翻译学领域需要探究的课题。如麦卡莱斯特（Mcalester，2000：231）所言，翻译批评指有理据地对翻译的适当性（appropriateness）及其价值（value）进行评判的过程。它是依照特定标准，采用一定的方法（如量化的、质性的或理论方法），对翻译的目标语文本进行分析、评论和评价（穆雷，2006：45）。翻译批评需要以针对"何为译""怎么译"问题的理论解释为依据：前者决定"批评"的内容，后者事关"批评"的标准。如铁木志科（Tymoczko，2005：1083）所言，"过去的半个世纪里，翻译研究领域的学者一直专注于对翻译的界定"，但围绕该话题的争论依然在继续。诚然，翻译过程是翻译批评的重要方面（Jääskeläinen，2016：89-106）。如前文所述，目前还鲜有针对该过程的连贯解释（Chesterman，2005：197-198）。故此，翻译批评仍缺少系统的方法论理据。

一　对目前翻译批评理论视角的"边看便思"

如前文第五章所述，当某一范畴的属性和特征不明确时，可对构成该范畴的系列成员进行"边看便思"（look and see），即通过广泛观察，并对其彼此间的联系和相似点进行概括，加深对该范畴的认识（Wittgenstein，1958：31-32）。有鉴于此，

---

[*] 本节内容作者曾发表于《西安外国语大学学报》2020年第3期。

有必要对目前翻译批评的主要理论视角"边看边思"。首先是翻译批评的"文本类型"视角。赖斯（Reiss，2000：90）将译本界定为"源语文本的目标语版本（version）"，翻译过程则是译者从文本类型、语言因素以及影响源语文本生成的非语言因素（non-linguistic determinants）等角度，用目标语对源语文本进行的"重构"（reproduce）；该定义排除了源语文本和目标语文本功能不同的双语转换情形。由于文本的类型、功能和语言使用者的语言手段选择直接相关，在双语文本功能相同的前提下，源语文本的类型和功能便是译者重构目标语文本的依据：重构以传达信息表征为主要功能的文本，译者的策略选择以语篇内容为重心（content-focused）；以态度、情感表达为主要功能的文本，语篇形式则是首要依据；而处理以说服、感染功能为主的源语文本，其呼吁、感染性语境效果则是翻译决策的指南（Reiss，2000：24 - 27）。这样，翻译批评首先要以文本的类型和功能为依据，同时还要参照源语文本的语义、词汇、语法、文体等语言因素，以及当下情景（immediate situation）、主题、时间、地点、受众、说话人、情感等非语言因素（Reiss，2000：47 - 83；114）。

其次是豪斯（House，1997；2015）、斯坦纳（Steiner，2004）等人关于翻译批评的"语域"视角。豪斯（House，2015：2）提出翻译是源语文本在另外一种语言的"再语境化"（re-contextualized），它是"语言—语篇操作"（linguistic-textual operation）的结果，该操作过程受到诸多语言—语篇因素和语外语境因素的制约和影响，文本的生成是这两种因素互动（interaction）的结果。为此，翻译的质量评估即对比体现这种互动的双语文本语域特点和文类目的（generic purpose），两者都是文本功能的载体，其中语域的构成要素包括"语场"（话语主题、社会行为）、"语旨"（参与者间的人际关系、角色、态度、作者的立场和出发点）和"语式"（House，2015：62）。基于此，斯坦纳（Steiner，2004）将翻译评估的这些语域参数进行了细化，比如"语场"被分成了"经验域"（experiential domain）、"目的导向"（goal orientation）和社会活动（social activity）（Steiner，2004：28-33），其中"经验域"即话语主旨，"目的导向"正是豪斯所指的"文类目的"。

不难看出，赖斯和豪斯都将翻译定义为重构源语文本的操作过程，而且她们都认为文本功能、语言—语篇特点和语境因素是分析该过程的要素，只是前者主张翻译批评的首要标准为源语文本的类型和功能，而豪斯、斯坦纳等人则强调双语文本的语域"相似度"是评估翻译质量的主要依据。由于语域是因语言使用的情景语境/文本环境的影响而产生的语言变体，故此豪斯、斯坦纳等人看重的是翻译批评中文本的语境因素。需要指出，豪斯还将针对双语社会—文化差异的"文化过滤"（cultural filter）概念引入了其理论框架，她指出"文化过滤"可作为评估译者"操纵"（manipulations）源语文本程度的参照（House，2015：68）。显然，豪斯业已考虑到了因双语文化的差异而产生的翻译问题，但她和赖斯一样，都排除了源语文本和目标语文本功能不相符的翻译现象。豪斯指出她的功能—语用（functional-pragmatic）途径的翻译批评模式，只注重针对双语文本语篇特点的"语言描写"（linguistic description），不关注社会—文化（socio-cultural）、政治、伦理等视角的社会评价（social evaluation）（House，2001：254-256）。

作为德国功能主义的代表人物，诺德在赖斯的"文本类型"理论的基础上，借鉴了瑞特（Von Wright）等人的行为理论，将翻译定义为一种目的性情景行为（purposeful situational action）（Nord，2001：10-12）。诺德认为翻译行为要以服务委托人和赞助者，即对后者"忠诚"和负责为目的，该"目的"最终需通过译本功能来实现,故此,"功能性"(functionality)是翻译的最重要标准(the most important criterion)(Nord,2001:123-128;2006:31-32)。由于译本的"意图性文本功能"(intended text function),即在特定交际情景中的目标语读者身上,产生与委托人/赞助者意图相符的语境效果,是"翻译目的"及交际情景因素的具体化,故此其成了评价翻译行为的操作化标准(Nord,2006:77-78;Vermeer,2004:229)。在"目的论"视角下,翻译批评是从"反时针"方向对翻译过程及制约该过程因素的解析,它首先以分析特定情景中的译本功能为起点,即检查目标语文本是否与其所在的情景相连贯、是否适合实现源自诸多文外语境因素的功能(the function derived from the constellation of extratextual factors);其次是界定翻译目的、翻译方法和翻译问题的决策手段,双语文本对比是获取该阶段信息的途径(Nord,2006:182-183)。需要指出,"目的论"业已将双语文本功能不一致的现象纳入了对翻译的上述定义,也就是说,假如在特定情景中体现委托人、赞助者意图的译本功能和源语文本不一致时,意图性译本功能便是翻译决策的首要依据,当然也是翻译批评的最重要标准。

诚然,基于结果主义(consequentialism)行为理论的翻译"目的论",并未将制约翻译行为的"翻译规范""伦理""意识形态""法律规章"等社会—文化因素,纳入其解释框架,假如译者以对委托人、赞助者的"忠诚性"和体现后者意图的译本功能为首要依据,其实施的翻译行为有可能妨碍或损害其他社会成员的利益,甚至有可能违反其所在社团的"社会规则"(桑仲刚,2018:93)。同时,在"目的论"的框架下,译者主体性问题并未有足够的理论地位,也就是说,译者实施翻译行为的动机和意图,仅是为了获得他人的"赞助"或

"资助"。此外,"目的论"虽然论及了翻译问题,但并未将其提升至理论层面,诺德(Nord,2006:177)仍认为译者能力的核心是双语转换能力(transfer competence),而并非解决翻译问题的策略能力。从这个意义上讲,翻译批评的"目的论"视角仍需改进。

一般而言,翻译的理论研究都会有翻译批评的性质(穆雷,2006:45)。比如以勒弗维尔(Lefevere,1992)等人为代表的翻译研究文化学派,主张意识形态超越了语言因素对翻译活动起主导作用(Lefevere,1992:39),为此它是评价翻译活动的重要依据;描写翻译研究者提出"翻译是受规范制约(norm-governed)的社会活动"(Toury,1999:9),翻译规范是衡量翻译活动的结果是否"可接受"(acceptable)、是否确切(adequate)的标准(Toury,2012:61;67-76)。采用"后殖民主义""女性主义"等文化批评视角的翻译研究者,倡导翻译既是拆解西方霸权、消减其压制异己的社会活动(Niranjana,1992:171),也是抵制歧视女性的社会行为(Maier,1998:102),他们主张少数群体和构成社会/社团的每个人是一样的(Venuti,1998:10),故此"公平、平等、正义"等伦理价值是评价翻译活动的标准。

诚然,尽管上述视角的翻译批评,其理论依据各不相同,但它们至少都论及翻译批评的某个或某些方面。综上可见,翻译批评的标准至少包括:双语文本特点的相似性、源语文本类型和功能、译本的意图性文本功能,翻译规范、意识形态以及"公平、平等、正义"等伦理价值。也就是说,译者是参照这些标准进行翻译决策的。需要指出,由于语言、文化等因素差异的存在,使得双语文本不可能完全相似,同时,源语文本功能与委托人期待在特定情景的目标语读者身上产生的语境效果有可能不相符,而意图性译本功能也有时与伦理规范等社会规则相违背,故此面对这些彼此并非一致的"标准",译者是如何决策的问题还有待探究,而该问题正是翻译批评的方法论前提。

二 翻译批评的理据之一:翻译是一种问题决策活动

上述翻译批评相关的理论中,翻译分别被定义为"用目标语重构源语文本的操作过程""目的性情景行为",或"受翻译规范、意识形态、伦理价值等约束的社会活动"。考虑到具有特定社会—文化属性的翻译活动,通过系列"目的导向"(goal-directed)的翻译行为(actions)来实现,而翻译行为最终通过受制于客观条件的操作过程(operations)来实现(Chesterman,1997:88-89;91),故此可将翻译定义为依次通过"目的行为"和"操作过程"逐层实现的"活动"(Sang,2011:299;2018:129)。需要指出,翻译既是一种社会活动,更是一个问题决策过程(Rothe-Neves,2003:117),而分析和解决翻译问题的策略能力是译者的核心能力(Kozlova & Presas,2005:610)。翻译活动中译者的主要任务是解决翻译问题,假如没有翻译问题,任何两种语言之间的交际都会顺畅无碍,译者的工作将完全被机器翻译所取代。有鉴于此,可将翻译进一步界定为一种"问题决策活动"(problem-solving activity)(Pym,2007:44),而翻译批评的核心内容便是分析、判断和评价翻译活动中译者的翻译问题决策。

如前文所述,翻译问题既非翻译错误或失误,亦非因译者个体能力及其技术水平的制约而产生的"困难",而是每位译者都需要花费较平常更多的处理努力来完成的翻译任务(桑仲刚,2018:92)。翻译问题可分为因制约操作过程的"条件"而产生的语篇和规约性翻译问题、由双语文本功能的差异而产生的情景性/语用翻译问题,以及因意图性译本功能与翻译规范、伦理价值、法律规章等社会规则不相符而产生的职业翻译问题（桑仲刚，2018：94-95）。在翻译活动的逐层实现过程中，制约其"操作过程层"的客观条件有两类：双语语言、文化表述（俗语、谚语、习语、方言、专名、术语等）、修辞和文类规范的差异；体现源语作者意图、源语文本文体风格及其所处情景语境的标记性语篇特点，如英文小说《发条橙子》（*Clockwork Orange*）中的自造语、《伍子胥变文》中的药名诗、《孔子项讬相问书》中孔子对小儿项讬所提的50多个问题等。前者造成的"问题"即规约性翻译问题，因后者产生的则为语篇翻译问题，它们是翻译过程中译者所面对的主要"任务"。意图性译本功能和源语文本功能的差异是情景/语用翻译问题产生的原因，假如译者受委托将杜甫的《石壕吏》翻译给一位需要了解晚唐社会的意大利历史学家，情景翻译问题便会产生：此处以传达叙述信息为主的意图性译本功能，与以情感表达为主的源语诗歌功能不一致。需要指出，当意图性译本功能有悖于翻译规范、伦理价值等规约性社会规则和法律、规章等强制性社会规则时，便会产生职业翻译问题，该类翻译问题的决策直接体现了译者的职业素养（桑仲刚，2018：95）。

三 翻译批评的理据之二：翻译活动中翻译问题的决策机制

语言使用是由使用者在一定动机的驱使下发起且实施的、由不同分工的社会个体参与完成的有意义的（meaningful）社会活动。所谓"有意义"指语言使用活动的结果（文本或话语）产生了既符合语言使用者所处社团的社会规则，又满足了所有参与者需求的语境效果，也就是说其结果（文本或话语）具有规约化功能（conventionalized function）。规约化文本/话语功能是衡量、评估语言使用活动的标准，它是制约语言使用活动的社会规范、伦理价值、意识形态、法律规章等社会规则的操作化体现（Sang，2019：544）。如斯坦纳（Steiner，1988）所言，语言使用活动通过目的导向的行为来实现，而行为通过操作过程来实现（1988：147）。作为一种语言使用活动，"规约化译本功能"是衡量、评估翻译活动的标准；它是译本所产生的既能满足译者及委托人、出版商、目标语读者等翻译活动参与者需求，又符合译者所处社团"社会规则"的语境效果，它是翻译规范、意识形态、职业伦理、翻译政策等"社会规则"在具体翻译活动中的操作化（Sang，2018：130）。

如前文所述，在翻译活动从翻译行为到操作过程的逐层实现过程中，双语文本的语境化功能（contextualized functions），即译本的规约化功能、意图性功能以及源语文本功能，分别是社会—文化语境因素、情景因素及操作条件的"体现"（crystallization），它们是译者翻译问题决策的依据；当它们之间彼此不一致时，译者会依据上层文本功能（首先是译本的规约化功能，其次是意图性功能）进行翻译决策（Sang，2018：129–134）。具体而言，当源语文本功能和意图性译本功能不相符时，便会产生情景翻译问题，译者的决策依据为后者；当意图性译本功能与其规约化功能相矛盾时，职业翻译问题便会产生，解决该类翻译问题的依据为规约化译本功能（桑仲刚，2018：96）。需要指出，无论是对于情景性翻译问题还是职业翻译问题，译者决策时都有可能对源语文本相应之处的语篇结构进行调整或改变。

当源语文本与意图性、规约化译本功能一致时，译者在翻译活动中所面对的主要是语篇和规约性翻译问题，其决策依据为源语文本的类型和功能：处理信息性文本中的这两类翻译问题，译者以准确、通畅地重构源语文本的信息内容为语言决策导向；而对于表达性文本，译者以尽可能重构源语语篇形式为问题决策的首要依据；对于感染/呼吁性文本中的语篇和规约性翻译问题，译者则会"优先考虑有助于实现双语文本语境效果最佳对应的策略和手段"；鉴于一个文本通常兼具多个功能，此时，译者会根据文本功能的显著性排序，分层次制定翻译问题的决策方案（桑仲刚，2018：96）。当翻译活动中这几种翻译问题都同时存在，也就是说译本的规约化功能、意图性功能与源语文本功能彼此不相符时，规约化译本功能便是所有翻译问题的决策依据；如果仅存在情景、语篇和规约性翻译问题，意图性译本功能则是译者的决策指南。理论上而言，假如不存在任何翻译问题，源语文本功能便与译本的语境化功能相同，重构目标语文本的操作过程也就直接升级为翻译行为和翻译活动，双语文本语篇结构和语篇成分的"相似性"便是译者语言决策的唯一依据。这就是翻译活动的问题决策机制，该机制明示了当"双语文本的相似性""源语文本的类型和功能""意图性译本功能"及"翻译规范、伦理、意识形态"等社会规则彼此间不相符时译者的翻译决策问题，从而为翻译批评提供了方法论理据。

四 基于"问题"的翻译批评

翻译是一种问题决策活动，翻译批评的主要内容是分析和评判译者翻译问题决策的适当性。在翻译活动的分层实现过程中，译者依次按照译本的语境化功能及源语文本功能，进行翻译问题决策：译本的规约化功能、意图性功能分别是职业和情景翻译问题的决策依据，而源语文本功能在与前两种译本功能一致的前提下，则是解决语篇和规约性翻译问题的策略参照，故此它们也是评判译者翻译问题决策的标准。需要指出，鉴于语篇或规约性翻译问题是因源语文本中，主题"相关度"不同的语篇成分而产生，在重构目标语文本的操作过程中，译者对于与主题"相关度"各不相同的各个语篇或规约性翻译问题，其翻译策略也会不同，为此，"主题相关度"是评估同类语篇或规约性翻译问题决策的依据。

一般而言，人物专名是常见的规约性翻译问题。比如在霍克斯（David Hawkes）的《红楼梦》英译（*The Story of the Stone*）中，对于主要人物之名如"贾宝玉"（Jia Baoyu）、"黛玉"（Lin Daiyu）、"薛宝钗"（Xue Baochai）、"王熙凤"（Wang Xifeng）、"贾政"（Jia Zheng）等，译者采用了旨在保留源语语音特点的音译策略，而对于地位卑微的非主要女性人物如雪雁（Snowgoose）、袭人（Aroma）、司棋（Chess）、入画（Picture）、鸳鸯（Faithful）、晴雯（Skybright）等人的名字，却借助花鸟、物件或形容词按其字面意义或人物特点，进行了意译重构（Cao, 1973）。诚然，小说叙事文本的主要功能为表达情感、审美、道德及态度立场。就叙事典籍而言，仅次于表达功能的是传达源语文化信息。同一个小说文本中，主要人物与语篇主题的"相关度"会较其他人物更高。可以发现，译者诉诸音译策略来维护源语主要人物之名的语音特点，其依据显然是源语文本的主要功能；而通过意译来重构"主题相关度"较低、地位卑微的女性人物名，则传达了平常百姓之家用花鸟、物件之名为女孩取名的源语文化信息，也就是说是出于对源语文本次要语篇功能的考虑。有鉴于此，上述规约性翻译问题的决策是适当的。

简言之，翻译批评即翻译问题决策评价，具体说就是以双语文本的语境化功能为参照，对上述类型的翻译问题决策进行判断和评估；当双语文本功能一致时，与源语文本主题的"相关度"是评判同类语篇或规约化翻译问题决策的依据。诚然，由于没有两种语法规则、词汇系统完全相同的自然语言，同时，使用不同语言的文化社团其观念、信仰体系和社会习惯的差异是客观存在的，故此，即使翻译活动中没有语篇、情景和职业翻译问题，译者总会遇到不同程度的规约性翻译问题；只有当翻译活动中不存在其他翻译问题，同时双语语言、文化的差异不显著时，语篇结构和语篇成分的"相似性"，才成为译者重构目标语文本的语言决策，当然也是翻译质量评估的标准参数。需要指出，翻译质量评估作为翻译批评的一种类型（Mundy，2016：20），其内容除了翻译问题决策评价，还包括对源语语篇结构和语篇成分重构的详尽程度，以及对目标语文本写作质量的估量和评判，至于这些参数之间的逻辑关系及其操作程序等问题，还需分文探讨。

第七节　从翻译方法论到翻译研究方法论

与其他实践活动一样，科学研究的方法论也可分为三个层次：哲学和学科层面的理论方法或视角，分析和解决研究问题的实施方法，以及收集和处理数据的工具和手段。目前，翻译学领域的跨学科理论视角多元共存。基于这些视角的翻译研究，多关注某个或某些语境因素与译者语言决策的关系，比如文化研究径向的研究者侧重意识形态和权力政治，社会学视角的翻译研究强调"场域""文化资本""惯习"等。诚然，这些跨学科理论视角的引入，无疑有助于更加宏观、全面地认识翻译活动。然而，翻译活动并非一个由某些制约因素决定的静态结构，而是译者在特定动机驱使下，在不同分工的社会个体的参与下，有目的、有意图地将源语文本转化成一个"有意义"目标语文本的动态过程。该过程是其面对特定社会—文化因素、情景因素和操作条件，以体现其动机、意图的语境化文本功能，即以译本的规约化、情景功能及源语文本功能为方法论依据，系统、连贯地确定翻译方法、制定策略和选择手段的过程。为此，在采用跨学科理论视角探究某个或某些语境因素的同时，更需考虑翻译活动过程的动态性和译者的主体性。此外，由于活动及其实施者本身都处于不断的演进中，翻译研究亦需整合历史和发展的视角。

人文、社会科学有解释主义和实证主义两个传统。实证主义研究可分为操控、干预性和自然、描写性两类，前者通过对研究变量的控制性干预，实现验证假设的目的；后者是对自然状态下的研究对象进行观察，归纳、概括模式和规律的过程。图里（Toury，1995）所倡导的描写翻译研究属于后者：以译本的接受性为出发点，通过描写、对比源语和目标语文本，收集可观察的文本数据和文外语境信息，进而归纳和概括行为规律、重构翻译规范（Toury，1995：70－102）。由于语境是一个宏观、开放的概念，研究中需收集哪些文外信息、它们和文本生成的关系如何解释，是描写翻译研究者必须面对的问题。解答该问题如未有一个连贯的理论参照，译者的主观阐释便会介入，描写翻译研究便会走向解释主义与实证主义的中间地带：折中主义。诚然，上文关于翻译活动方法论选择机制的理论解释，有望为探索该问题提供理据。参照该机制，描写翻译研究者在自下而上地收集可观察文本数据的同时，可自上而下地收集与语境化文本功能直接相关的文外信息；从数量上考虑某一翻译策略或手段在整个语篇出现盖然性的同时，亦需衡量其与语境化文本功能和语篇主题的关联度。

需要指出，描写翻译研究的盖然性结论，固然有助于认识翻译活动及相关翻译现象，但它并非具有解释功能的翻译理论。正由于此，切斯特曼（Chesterman，2008）认为，描写翻译研究中亦需要理论解释的支撑，后者是"桥接"理解的重要途径（2008：363－366）。有鉴于此，本书在描写敦煌叙事文献英译活动的基础上，参照翻译活动语境化实现过程的理论解释，解析了叙事文献翻译的方法论决策机制，提出了叙事文献翻译中"声音"策略的应用原则，和药名诗等文学"造语"的翻译理据，构建了"问题"导向的翻译批评模式。

参考文献

（战国）孟轲，2004，《孟子》，崇文书局。
（西汉）司马迁，2009，《史记》，华文出版社。
——，2016，《史记全本》（上），万卷出版公司。
（汉）赵晔，1937，《吴越春秋》，（明）吴管校，徐天佑注，商务印书馆。
（唐）惠能，1934，《敦煌出土六祖坛经》，公田连太郎、铃木大拙校，日本森江书店。
（唐）李白，1989，《古典名著普及文库：李太白集》，岳麓书社。
（唐）魏征等，1973，《隋书》（第三册），中华书局。
（唐）张鷟，2018，《朝野佥载》，山东人民出版社。
（宋）孟元老，1985，《东京梦华录》，中华书局。
（明）冯梦龙，1990，《东周列国志》，岳麓书社。
——，1996，《六祖坛经（汉英对照、文白对照）》，黄茂林英译，顾瑞荣今译，湖南出版社。
——，2014，《敦煌本坛经精校》，载王孺童编《坛经诸本集成》，宗教文化出版社。
白春香，2010，《叙述距离辨》，《外国文学》第3期。
卞孝萱，2000，《〈唐太宗入冥记〉与"玄武门之变"》，《敦煌学辑刊》第2期。

Butor，Michel，1987，《小说中人称代词的运用》，林青译，《小说评论》第 4 期。

才让，2013，《敦煌藏译本〈天地八阳神咒经〉之翻译特色及其流变研究》，载沈卫荣编《汉藏佛学研究：文本、人物、图像和历史》，中国藏学出版社。

——，2016，《菩提遗珠：敦煌藏文佛教文献的整理与解读》，上海古籍出版社。

陈福康，2011，《中国翻译学史》，上海外语教育出版社。

陈惠，2012，《阿瑟·韦利的翻译研究》，湖南教育出版社。

陈践，2011，《敦煌古藏文 P. T. 992〈孔子项托相问书〉释读》，《中国藏学》第 3 期。

陈泳超，2016，《"舜子变型"故事在中日两地的流传变异》，《民俗典籍文字研究》第 1 期。

程毅中，1989，《敦煌俗赋的渊源及其与变文的关系》，《文学遗产》第 1 期。

丛春雨，1994，《敦煌中医药全书》，中医古籍出版社。

单芳，2008，《〈伍子胥变文〉与〈伍员吹箫〉杂剧比较》，《敦煌研究》第 5 期。

党措，2006，《吐蕃时期法成在敦煌的密典传译及其影响》，硕士学位论文，陕西师范大学。

方立天，2000，《论南顿北渐》，《世界宗教研究》第 1 期。

方梦之，2013，《翻译策略的理据：要素与特征》，《上海翻译》第 2 期。

伏俊琏，2007，《敦煌俗赋的类型与体制特征》，《南京大学学报》（哲学·人文科学·社会科学版）第 4 期。

伏俊琏、杨爱军，2007，《韩朋故事考源》，《敦煌研究》第 3 期。

符国栋，1998，《石窟里的老传说：敦煌变文》，三环出版社。

顾军霞，2019，《文化记忆与阿来作品的全息性叙事》，《小说评论》第 5 期。

郭宏安等，1997，《二十世纪西方文论研究》，中国社会科学出版社。

郭在贻，2002，《郭在贻文集》（第二卷），中华书局。

韩江洪，2015，《国内翻译策略研究述评》，《外语与外语教学》第 1 期。

胡士莹，1980，《话本小说概论》，中华书局。

胡适，2012，《心与禅》，新世界出版社。

黄怀玉，2003，《地域方言与〈马桥词典〉》，《语文学刊》第 3 期。

黄陵渝，1992，《欧洲各国的佛教》，《西欧研究》第 4 期。

黄亚平，2003，《伍子胥故事的演变》，《敦煌学研究》第 2 期。

黄友义，2018，《40 年见证两轮翻译高潮》，《外国语（上海外国语大学学报）》第 5 期。

霍松林，1988，《中国古典小说六大名著鉴赏辞典》，华岳文艺出版社。

蒋坚松，2014，《〈坛经〉与中国禅文化的国外传播——兼论典籍英译的一种策略》，《燕山大学学报》（哲学社会科学版）第 4 期。

金荣华，1999，《〈前汉刘家太子传〉情节试探》，载《中国敦煌学百年文库·文学卷 5》，甘肃文化出版社。

Johnson，David，1986，《伍子胥变文及其来源（上）》，蔡振念译，《中国文学研究》第 8 期。

蓝吉富，1988，《禅宗全书》（第 37 册），台湾文殊文化有限公司。

李并成，1996，《敦煌遗书的概念刍议》，《社科纵横》第

4期。

——，2007，《敦煌学教程》，商务印书馆。

李润强，1994，《〈降魔变文〉〈破魔变文〉与〈西游记〉——谈敦煌变文和古代神话小说的渊源关系》，《社科纵横》第4期。

李小荣，2013，《敦煌变文》，甘肃教育出版社。

李学勤，1991，《中国最早的公文总集——〈尚书〉》，《应用写作》第3期。

李宇明，1999，《词语模》，载邢福义《汉语语法特点面面观》，北京语言大学出版社。

梁启超，2001，《四十二章经辨伪》，上海古籍出版社。

林光明等，2004，《六祖坛经及其英译》，台北嘉丰出版社。

林纾，1981，《跋》，载［美］斯土活《黑奴吁天录》，林纾、魏易译，商务印书馆。

凌翼云，1998，《目连戏与佛教》，广东高等教育出版社。

刘梦溪，2015，《大师与传统》，广西师范大学出版社。

刘瑞明，2016，《〈伍子胥变文〉的药名散文新校释》，《敦煌研究》第4期。

刘再聪、秦丙坤，2013，《敦煌吐鲁番研究：文献与文明》，甘肃文化出版社。

［日］柳田圣山，1974，《禅語録》（世界の名著），东京：中央公论社。

鲁迅，2017，《中国小说史略》，广西人民出版社。

陆永峰，2000，《敦煌变文研究》，巴蜀书社。

马学良等，1994，《藏族文学史》（上），四川民族出版社。

马祖毅，2006，《中国翻译通史》，湖北教育出版社。

穆雷，2006，《翻译批评与翻译标准——英汉/汉英翻译测试研究系列（三）》，《外语与外语教学》第4期。

潘春辉，2012，《〈张义潮变文〉解析》，载田志勇、舒仁辉《中国历史文选导读》，商务印书馆。

潘重规，1994，《敦煌变文集新书》，文津出版社。

仁欠卓玛，2016，《敦煌古藏文〈罗摩衍那〉翻译时间与故事文本探析》，《西藏大学学报》（社会科学版）第 1 期。

容镕，2016，《敦煌文献中新发现的藏医史料》，载潘文、袁仁智《敦煌医学文献研究集成》，中医古籍出版社。

［日］入矢义高，1961，《敦煌变文集口語語彙索引》，编者油印发行。

瑞法，2017，《佛教与世界和平——佛教在美国的传播及其发展趋势》，《法音》第 7 期。

［英］萨克雷，1986，《名利场》，杨必译，人民文学出版社。

桑仲刚，2015，《翻译家研究的活动理论途径》，《外国语》第 2 期。

——，2017，《策略能力导向的翻译教学模式构建：一个活动理论的视角》，《解放军外国语学院学报》第 2 期。

——，2018，《论翻译问题之问题：一个活动理论的视角》，《外语教学理论与实践》第 4 期。

——，2020，《翻译批评即翻译问题决策评价：论翻译批评的"问题"途径》，《西安外国语大学学报》第 3 期。

——，2021，《叙事典籍翻译的"声音"策略：以敦煌遗书〈孔子项讬相问书〉的英译为例》，《外国语》第 4 期。

［英］莎士比亚，1994，《莎士比亚经典名剧：哈姆莱特》，朱生豪译，人民文学出版社。

盛文林，2014，《文物艺术鉴赏》，北京工业大学出版社。

石昌渝，2004，《中国古代小说总目》（文言卷），山西教育出版社。

史金波，2003，《西夏文〈六祖坛经〉残页译释》，载广东新兴国恩寺编：《六祖坛经研究》（第四册），中国大百科全书出版社。

释慧皎，2010，《高僧传》（上），陕西人民出版社。

释明生，2012，《六祖坛经研究集成》，金城出版社。

宋家钰、刘忠编，2000，《英国收藏敦煌汉藏文献研究：纪念敦煌文献发现一百周年》，中国社会科学出版社。

宋晓春，2014，《论典籍翻译中的"深度翻译"倾向——以21世纪初三种〈中庸〉英译本为例》，《外语教学与研究》第6期。

孙楷第，1956，《俗讲、说话与白话小说》，作家出版社。

孙晓辉、李博，2016，《董乐山为何选择〈一九八四〉》，《芒种》第8期。

田志勇、舒仁辉，2012，《中国历史文选导读》，商务印书馆。

汪榕培、黄中习，2008，《加强民族典籍的英译，弘扬民族优秀文化》，《广西民族研究》第4期。

王国维，2017，《人间词话》，南京出版社。

王昊，2003，《〈韩擒虎话本〉——历史演义、英雄传奇的先声》，《明清小说研究》第4期。

王红梅，2000，《回鹘文藏传密宗文献〈转轮王曼陀罗〉第二十至三十页译释》，《敦煌学辑刊》第1期。

王培培，2016，《英藏汉文〈佛说天地八阳神咒经〉考释》，《西夏学》第1期。

王孺童，2014，《坛经诸本集成》，宗教文化出版社。

王铁钧，2006，《中国佛典翻译史稿》，中央编译出版社。

王文元，2013，《佛陀如是说》，世界图书出版公司。

王欣，2009，《20世纪60年代禅佛教在美国的传播》，博士学位论文，西北大学。

王尧，1984，《敦煌藏文写本手卷研究近况综述》，载中央民族学院藏族研究所《藏族研究文集》（第二集），民族出版社。

——，1992，《藏学零墨》，台湾佛光文化事业有限公司。

——，1994，《〈贤愚经〉藏文本及其译者考》，载王尧《西藏文史考信集》，中国藏学出版社。

——，2005，《西藏文史探微集》，中国藏学出版社。

王尧、陈践，1983，《敦煌吐蕃文献选》，四川民族出版社。

王振军、俞阅，2017，《中国古代文学精品导读》，中国广播电视出版社。

王重民等，1957，《敦煌变文集》，人民文学出版社。

温金玉，1997，《禅与西方世界》，《中华文化论坛》第4期。

文军、王斌，2016，《〈芬尼根的守灵夜〉深度翻译研究》，《外国语文》第1期。

项楚，1990，《敦煌本句道兴〈搜神记〉本事考》，《敦煌学辑刊》第2期。

萧红、徐晨迪、戴红贤，2019，《从〈伍子胥变文〉浅析晚唐五代西北方言的若干现象》，《南京师范大学文学院学报》第1期。

萧相恺，1993，《关于通俗小说起源研究中几个问题的辩证》，《复旦学报》（社会科学版）第5期。

萧欣桥，2004，《论敦煌宗教话本〈庐山远公话〉和〈叶净能诗〉》，《浙江大学学报》（人文社会科学版）第1期。

肖志兵，2016，《亚瑟·韦利英译敦煌变文研究》，《外语与翻译》第1期。

——，2017a，《论敦煌变文中韵文英译的散体化——〈目连救母〉三译本之比较研究》，《东方翻译》第2期。

——，2017b，《梅维恒英译敦煌变文研究》，《外语与翻译》第1期。

熊兵，2014，《翻译研究中的概念混淆——以"翻译策略"、

"翻译方法"和"翻译技巧"为例》,《中国翻译》第 3 期。
徐凯主,2013,《国学精华读本》,杭州出版社。
颜廷亮,1996,《敦煌文学概论》,东方出版社。
杨伯峻,1981,《春秋左传注》,中华书局。
杨富学,1999,《回鹘摩尼教研究百年回顾》,《敦煌学辑刊》第 2 期。
杨铭,2007,《〈敦煌西域古藏文社会历史文献〉译后记》,中国民族研究西南论坛。
——,2012,《国外敦煌学藏学研究:翻译与述评》,兰州大学出版社。
杨曾文,2003,《〈六祖坛经〉诸本的演变和惠能的禅法思想》,载广东新兴国恩寺《六祖坛经研究》(第二册),中国大百科全书出版社。
——,2004,《杨曾文教授序》,载林光明等《六祖坛经及其英译》,台北嘉丰出版社。
尹占华,2014,《唐宋文学与文献丛稿》,天津古籍出版社。
余仕麟等,2007,《儒家伦理思想与藏族传统社会》,民族出版社。
曾丽玲,2014,《存有之有所不对应——评戴从容译〈芬尼根的守灵夜〉》(第一卷),《英美文学评论》第 25 期。
扎西卓玛,2011,《藏传佛教佛经翻译史研究》,博士学位论文,兰州大学。
张鸿勋,1985,《敦煌本〈孔子项讬相问书〉研究》,《敦煌研究》第 2 期。
——,1987,《敦煌讲唱文学作品选注》,甘肃人民出版社。
——,1993,《敦煌话本词文俗赋导论》,台北新文丰出版公司。
——,2002,《敦煌俗文学研究》,甘肃教育出版社。

——，2012，《敦煌话本〈叶净能诗〉考辨》，载卓新平、杨富学《中国西北宗教文献·道教卷》，甘肃民族出版社。

张培基，1980，《英汉翻译教程》，上海外语教育出版社。

张铁山，2003，《莫高窟北区出土两件回鹘文佛经残片研究》，《敦煌学辑刊》第 2 期。

——，2005，《莫高窟北区 B125 窟出土回鹘文〈增壹阿含经〉残卷研究》，《敦煌学辑刊》第 3 期。

张锡厚，1980，《敦煌文学》，上海古籍出版社。

张延清，2008，《翻译家校阅大师法成及其校经目录》，《敦煌学辑刊》第 3 期。

张涌泉，2013，《敦煌写本文献学》，甘肃教育出版社。

张忠纲，2000，《全唐诗大辞典》，语文出版社。

张子开，2003，《敦煌本〈六祖坛经〉的修辞》，《敦煌研究》第 1 期。

赵匡为，2006，《简明宗教辞典》，上海辞书出版社。

赵永红，2003，《神奇的藏族文化》，民族出版社。

郑振铎，2013，《中国俗文学史》，上海古籍出版社。

钟达锋，2017，《〈文选·赋〉学术研究型深度翻译》，康达维译，《外语教学与研究》第 1 期。

钟茂森，2015，《儒释道文选一百篇》，中国华侨出版社。

周荐，2008，《"语模"造语浅说》，《语文研究》第 1 期。

周绍良，1963，《谈唐代民间文学——读〈中国文学史〉中〈变文〉节书后》，《新建设》第 1 期。

朱恒夫，1987，《〈佛说盂兰盆经〉的影响与对该经真伪的看法》，《世界宗教研究》第 2 期。

——，1993，《目连戏研究》，南京大学出版社。

朱宏恢，1997，《中国古典文学辞典》，江西教育出版社。

朱莹莹，2016，《〈六祖坛经〉代词用法初探》，《湖北科技学院学报》第 6 期。

朱志瑜、朱晓农，2006，《中国佛籍译论选辑评注》，清华大学出版社。

朱自清，2015，《经典常谈》，万卷出版公司。

祝尚书，2001，《漫话宋人药名诗》，《中国典籍与文化》第 2 期。

［美］梅维恒，2011，《唐代变文：佛教对中国白话小说及戏曲产生的贡献之研究》，中西书局。

［美］斯土活，1981，《黑奴吁天录》，林纾、魏易译，商务印书馆。

Adams, Michael, 2011, *From Elvish to Klingon: Exploring Invented Languages*, Oxford, UK: Oxford University Press.

Appiah, Kwame A., 1993, "Thick Translation", *Callaloo*, No. 4.

Assmann, Jan, 2011, *Cultural Memory and Early Civilization: Writing, Remembrance, and Political Imagination*, Cambridge: Cambridge University Press.

Bailey, Harold W., 1951, *Khotanese Buddhist Texts*, London: Taylor's Foreign Press.

——, 1981, *Khotanese Buddhist Texts*, Cambridge: Cambridge University Press.

Baker, Mona, 2006a, *Translation and Conflict: A Narrative Account*, London and New York: Routledge.

——, 2006b, "Contextualization in Translator and Interpreter-Mediated Events", *Journal of Pragmatics*, Vol. 38, No. 3.

Barnes, Myra Edwards, 1974, *Linguistics and Languages in Science Fiction-Fantasy*, New York: Arno.

Barrett, Timothy Hugh, 2013, "The Platform Sutra of the Sixth Patriarch: The Text of the Tun-huang Manuscript (Book Review)", *Bulletin of the School of Oriental and African Studies*, Vol. 76.

Bell, Roger T., 1998, "Psychological/Cognitive Approaches", in Baker, Mona, ed., *Routledge Encyclopedia of Translation Studies*, London and New York: Routledge.

Berezowski, Leszek, 1997, *Dialect in Translation*, Wydawn: Uniwersytetu Wroc-awskiego.

Berman, Antoine, 1984, *L'épreuve de l'étranger: Culture et traduction dans l'allemagne romantique*, Paris: Gallima.

Blofed, John, 1968, "Yampolsky: The Platform Sutra of the Sixth Patriarch: The Text of the Tun-huang Manuscript (Book Review)", *The Journal of Asian Studies*, Vol. 27, No. 3.

Bonheim, Helmut, 1982, *The Narrative Modes: Techniques of the Short Story*, Cambridge: D. S. Brewer.

Booth, Wayne C., 1952, "The Self-Conscious Narrator in Comic Fiction before Tristram Shandy", *Publications of the Modern Language Association of America*.

——, 1983, *The Rhetoric of Fiction (Second Edition)*, Chicago: University of Chicago Press.

Bouma, Garry D., 1993, *Research Process*, Melbourne: Oxford University Press.

Bühler, Karl, 1990, *Theory of Language: The Representational Function of Language*, Amsterdam: John Benjamins.

Cao, Xue-qin, 1973, *The Story of the Stone*, Hawkes, David, trans., London: Penguin Group.

Chan, Wing-tsit, ed./trans., 1963a, *The Platform Scripture: The Basic Classic of Zen Buddhism*, New York: St. John's University Press.

——, ed. /trans. , 1963b, "Platform Scripture", in Chan, Wing-tsit, ed. /trans. , *A Source Book in Chinese Philosophy*, Princeton: Princeton University Press.

Chatman, Seymour, 1975, "Towards a Theory of Narrative", *New Literary History*, No. 2.

——, 1978/1980, *Story and Discourse: Narrative Structure in Fiction and Film*, Ithaca: Cornell University Press.

Chesterman, Andrew, 1997, *Memes of Translation: The Spread of Ideas in Translation Theory*, Amsterdam: Benjamins.

——, 2001, "Proposal for a Hieronymic Oath", *The Translator*, Vol. 7, No. 2.

——, 2005, "Causality in Translator Training", in Tennent, Martha, ed. , *Training for New Millennium: Pedagogies for Translation and Interpreting*, Amsterdam and Philadelphia: John Benjamins.

——, 2008, "On Explanation", in Pym, Anthony. , Miriam Shlesinger. , and Daniel Simeoni, eds. , *Beyond Descriptive Translation Studies*, Amsterdam and Philadelphia: John Benjamins Publishing Company.

Cheyne, Ria, 2008, "Created Languages in Science Fiction", *Science Fiction Studies*, Vol. 35, No. 3.

Clauson, Gerald M. , 1937, "Tibetan Literary Texts and Documents Concerning Chinese Turkestan (Book Review)", *Journal of the Royal Asiatic Society*, Vol. 69, No. 1.

Conley, Tim, and Stephen Cain, 2006, *Encyclopedia of Fictional and Fantastic Languages*, Connecticut: Greenwood Publishing Group.

Crump, James I. , 1962, "A Review of *Ballads and Stories from*

Tun-huang, An Anthology", *The Journal of Asian Studies*, Vol. 21.

De Jong, Jan W., 1989, *The Story of Rāma in Tibet: Text and Translation of the Tun-huang Manuscripts*, Franz Steiner Verlag Wiesbaden GmbH.

Demiéville, Paul, ed./trans., 1958, *L'école du Tch'an: textes de littérature vulgaire de Touen-houang (Wang Fan-tche, II)*, Paris: Annuaire du collége de France.

Dewey, John, and James H. Tufts, 1932, *Ethics*, New York: Henry Holt and Company.

Dziemidok, Bohdan, and Peter McCormick, 1989, *On the Aesthetics of Roman Ingarden: Interpretation and Assessment*, Dordrecht: Kluwer Academic Publishers.

Edmiston, William F., 1989, "Focalization and the First-Person Narrator: A Revision of the Theory", *Poetics Today*, Vol. 10, No. 4.

Eggins, Suzanne, 1994, *An Introduction to Systemic Functional Linguistics*, London: Pinter Publishers.

Engeström, Yrjö, 1987, *Learning by Expanding: An Activity-Theoretical Approach to Developmental Research*, Helsinki: Orienta-Konsultit.

——, 2001, "Expansive Learning at Work: Towards an Activity Theoretical Reconceptualization", *Journal of Education and Work*, Vol. 14.

Eoyang, Eugene, trans., 1978, "The Great Maudgalyayana Rescues His Mother from Hell: From the Tun-huang Pien-wen Manuscript", in Ma, Yau-Woon, and Joseph S. M. Lau, eds., *Traditional Chinese Stories: Themes and Variations*, New York: Columbia University Press.

Erll, Astrid, 2009, "Narratology and Cultural Memory Studies", in Heinen, Sandra amd Roy Sommer, eds., *Narratology in the Age of Cross-Disciplinary Narrative Research*, Berlin: Walter de Gruyter.

Feifel, Eugen, 1984, "Tun-huang Popular Narratives by Victor H. Mair (Book Review)", *Monumenta Serica*, Vol. 36.

Fisher, Walter R., 1987, *Human Communication as Narration: Toward a Philosophy of Reason, Value, and Action*, Columbia: University of South Carolina Press.

Flotow, Luise V., 1991, "Feminist Translation: Contexts, Practices, Theories", *Traduction, Terminologie, Rédaction: Etudes sur le texte et ses transformations*, Vol. 4, No. 2.

Fromm, Erich, Daisetz Teitaro Suzuki, and Richard De Martino, 1960, *Zen Buddhism and Psychoanalysis*, Oxford, England: Harper.

Færch, Claus, and Gabriele Kasper, 1984, "Two Ways of Defining Communication Strategies", *Language Learning*, Vol. 34, No. 1.

Genette, Gerard, 1991, *Fiction and Diction*, Ithaca: Cornell UP.

Giles, Lionel, 1914, "Tun Huang Lu: Notes on the District of Tun-huang", *The Journal of the Royal Asiatic Society of Great Britain and Ireland*, Vol. 46, No. 3.

——, 1915, "The Tun Huang Lu Re-translated", *The Journal of the Royal Asiatic Society of Great Britain and Ireland*, Vol. 47, No. 1.

Giora, Rachel, 1985, "Notes towards a Theory of Text Coherence", *Poetics Today*, Vol. 6, No. 4.

Goldman, Robert P. , 1991, "The Story of Rāma in Tibet: Text and Translation of the Tun-huang Manuscripts (Book Review)", *Journal of the American Oriental Society*, Vol. 111, No. 3.

Gutt, Ernest A. , 1996, "On Nature and Treatment of Implicit Information in Literary Translation: A Relevance-Theoretic Perspective", *Target: International Journal of Translation Studies*, No. 8.

——, 2000, *Translation and Relevance: Cognition and Context*, Manchester: St. Jerome Publishing.

Hakeda, Yoshito S. , 1965, "The Platform Scripture. Trans, by Wing-tsit Chan (Book Review)", *Journal of Asian Studies*, Vol. 24, No. 3.

Hall, Donald E. , 2004, *Subjectivity*, London: Routledge.

Halliday, Michael A. K. , 1994, *An Introduction to Functional Grammar (2nd Edition)*, London: Edward Arnold.

House, Juliane, 1997, *Translation Quality Assessment: A Model Revisited*, Tübingen: Gunter Narr.

——, 2001, "Translation Quality Assessment: Linguistic Description versus Social Evaluation", *Meta*, No. 2.

——, 2006, "Text and Context in Translation", *Journal of Pragmatics*, Vol. 38, No. 3.

——, 2015, *Translation Quality Assessment: Present and Past*, London and New York: Routledge.

Hu, Suh, 1915, "Notes on Dr. Lionel Giles' Article on 'Tun Huang Lu'", *Journal of the Royal Asiatic Society of Great Britain and Ireland*, Vol. 47, No. 1.

Hudspeth, Wilfred H. , 1961, "A Review of Ballads and Stories from Tun-huang, An Anthology", *Folklore*, Vol. 72, No. 4.

Idema, Wilt L., 1985, "Review: Tun-huang Popular Narratives by Victor H. Mair", *T'oung Pao*, Vol. 71, No. 4/5.

Ingarden, Roman, 1973, *The Literary Work of Art: An Investigation on the Borderlines of Ontology, Logic, and Theory of Literature*, Evanston: Northwest University Press.

Ivanhoe, Philip J., trans., 2009, "The Dunhuang Version of the Platform Sutra Sec 12 – 19", in Ivanhoe, Philip J, *Readings from the Lu-Wang School of Neo-Confucianism*, Indianapolis: Hackett Publishing.

Jackson, Howard, 2011, "Invented Vocabularies", in Adams, Michael, ed., *From Elvish to Klingon: Exploring Invented Languages*, Oxford: Oxford University Press.

Johnson, David, 1981, "Epic and History in Early China: The Matter of Wu Tzu-hsü", *Journal of Asian Studies*, Vol. 40, No. 2.

Jung, Verena, 2002, *English-German Self-translation of Academic Texts and its Relevance for Translation Theory and Practice*, Frankfurt: Peter Lang.

Jääskeläinen, Riitta, 2016, "Quality and Translation Process Research", in Martin, Ricardo Muñoz, ed., *Re-embedding Translation Process Research*, Amsterdam: John Benjamins.

Kanaoka, Shōko, 1987, "A Review of Tun-huang Popular Narratives by Victor Mair", *Asian Folklore Studies*, Vol. 46, No. 2.

Kara, György, 1994, "Review: The Story of Rāma in Tibet: Text and Translation of the Tun-huang Manuscripts", *Acta Orientalia Academiae Scientiarum Hungaricae*, Vol. 47, No. 1 – 2.

Koskinen, Kaisa, 2000, *Beyond Ambivalence: Postmodernity and the Ethics of Translation*, Tampere University Press.

Kozlova, Inna, and Marisa Presas, 2005, "Investigating Translation Competence: Conceptual and Methodological Issues", *Meta*, No. 2.

Krings, Hans P., 1986, *Was in den Köpfen von Übersetzern vorgeht. Eine empirische Untersuchung der Struktur des Übersetzungsprozesses an fortgeschrittenen Französischlernern*, TÜbingen: Gunter Narr.

Kuutti, Kari, 1995, "Activity Theory as a Potential Framework for Human-Computer Interaction Research", in Nardi, Bonnie A., ed., *Context and Consciousness: Activity Theory and Human Computer Interaction*, Cambridge, MA: MIT Press.

Labov, William, 1972, *Language in the Inner City: Studies in the Black English Vernacular*, Philadelphia: University of Pennsylvania Press.

Lane, George S., 1952, "Khotanese Buddhist Texts by H. W. Bailey Paul (Book Review)", *Journal of Asian Studies*, Vol. 11, No. 4.

Large, Andrew, 1985, *The Artificial Language Movement*, Oxford: Blackwell.

Lefevere, André, 1992, *Translation, Rewriting and Manipulation of Literary Fame*, London: Routledge.

Leontjev, Aleksei Nikolaevich, 1978, *Activity, Consciousness and Personality*, Englewood Cliffs, NJ: Prentice-Hall.

——, 1981, *Problems of the Development of the Mind*. Moscow: Progress.

Lörscher, Wolfgang, 1991, *Translation Performance, Translation Process and Translation Strategies*, Tuebingen: Guten Narr.

Maier, Carol, 1998, "Issues in the Practice of Translating Women's

Fiction", *Bulletin of Spanish Studies*, Vol. 75, No. 1.

Mair, Victor H., ed./trans., 1983, *Tun-huang Popular Narratives*, Cambridge: New York: Cambridge University Press.

Malmgren, Carl, 1993, "The Languages of Science Fiction: Samuel Delany's Babel-17", *Extrapolation*, No. 34.

Marlan, Stanton, 1968, "The Platform Sutra of the Sixth Patriarch: The Text of the Tun-Huang Manuscript (Book Review)", *Philosophy East and West*, Vol. 18, No. 3.

Mcalester, Gerard, 2000, "The Evaluation of Translation into a Foreign Language", in Schaeffner Christina, ed., *Developing Translation Competence*, Amsterdam/Philadelphia: John Benjamins Publishing Company.

Meyers, Walter Earl, 1980, *Aliens and Linguists: Language Study and Science Fiction*, Athens: University of Georgia Press.

Molina, Lucía, and Amparo Hurtado Albir, 2002, "Translation Techniques Revisited: A Dynamic and Functionalist Approach", *Meta*, Vol. 47, No. 4.

Mundy, Jeremy, 2016, *Introducing Translation Studies*, London: Routledge.

Newmark, Peter, 1988, *A Textbook of Translation*, London: Prentice Hall International.

Nida, Eugene A., 1964, *Toward a Science of Translating with Special Reference to Principles and Procedures Involved in Bible Translating*, Leiden: E. J. Brill.

——, 2001, *Context in Translating*, Amsterdam: John Benjamins.

Niranjana, Tejaswini, 1992, *Sitting Translation: History, Poststructuralism and the Colonial Context*, Berkeley: University of California Press.

Nord, Christiane, 1997, *Translation as a Purposeful Activity: Functionalist Approaches Explained*, Manchester: St Jerome.

———, 2001, *Translation as a Purposeful Activity: Functionalist Approaches Explained*, Shanghai Foreign Language Education Press.

———, 2006, *Text Analysis in Translation: Theory, Methodology, and Didactic Application of a Model for Translation-oriented Text Analysis (Second Edition)*, Beijing: Foreign Language Teaching and Research Press.

Okrand, Marc, Michael Adams, et al., 2011, "Wild and Whirling Words", in Adams, Michael, ed., *From Elvish to Klingon: Exploring Invented Languages*, Oxford, UK: Oxford University Press.

Okrent, Arika, 2009, *In the Land of Invented Languages: Esperanto Rock Stars, Klingon Poets, Loglan Lovers, and the Mad Dreamers Who Tried to Build a Perfect Language*, New York: Spiegel & Grau.

Olschak, Blanche Christine, trans., 1967, *Perlen alttibetischer literatur-Eine Kleine Anthologie*, Basel, Stuttgart: Birkhauser.

Overmyer, Daniel L., 1985, "Tun-huang Popular Narratives (Book Review)", *Pacific Affairs*, Vol. 58, No. 1.

Paloposki, Outi, and Kaisa Koskinen, 2010, "Reprocessing Texts: The Fine Line between Retranslating and Revising", *Across Languages and Cultures*, Vol. 11, No. 1.

Perteghella, Manuela, 2002, "Language and Politics on Stage: Strategies for Translating Dialect and Slang with References to Shaw's Pygmalion and Bond's Saved", *Translation Review*, No. 1.

Peterson, David J., 2015, *The Art of Language Invention: From*

Horse-Lords to Dark Elves, the Words behind World-Building, New York: Penguin Books.

Popovič, Anton, 1976, *Dictionary for the Analysis of Literary Translation*, Edmonton: University of Alberta.

Pym, Anthony, 1997, *Pour une éthique du traducteur*, Arras: Artois Presses Université, Ottawa.

——, 2007, "Philosophy and Translation", in Kuhiwczak, Piotr, and Karin Littau, eds., *A Companion to Translation Studies*, Clevedon: Multilingual Matters.

Red Pine (Porter, Bill), trans., 2006, *The Platform Sutra: The Zen Teaching of Hui-neng*, Berkeley: Counterpoint Press.

Reiss, Katharina, 2000, *Translation Criticism: The Potentials and Limitations*, Manchester: St. Jerome.

Rimmon-Kenan, Shlomith, 2002, *Narrative Fiction: Contemporary Poetics*, London and New York: Routledge.

Robson, Wendy, 1997, *Strategic Management and Information Systems: An Integrated Approach*, London: Pitman Publishing.

Romaine, Suzanne, 2011, "Revitalized Languages as Invented Languages", in Adams, Michael, ed., *From Elvish to Klingon: Exploring Invented Languages*, Oxford: Oxford University Press.

Rothe-Neves, Rui, 2003, "The Influence of Working Memory Features on some Formal Aspects of Translation Performance", in dos Santos, Fábio Alves, ed., *Triangulating Translation. Perspectives in Process Oriented Research*, Philadelphia, PA, USA: John Benjamins Publishing Company.

Sang, Zhong-gang, 2006, "A Relevance Theory Perspective on Translating the Implicit Information in Literary Texts", *Journal of Translation*, No. 2.

——, 2011, "An Activity Theory Approach to Translation for a Pedagogical Purpose", *Perspectives: Studies in Translatology*, Vol. 19, No. 4.

——, 2018, "How does the Context Make a Translation Happen? An Activity Theory Perspective", *Social Semiotics*, No. 1.

——, 2019, "An Activity Theory Approach to the Contextualization Mechanism of Language Use: Taking Translation, Pseudo-Translation and Self-Translation as Examples", *Pragmatics and Society*, Vol. 10, No. 4.

Schleiermacher, Friedrich, 1977, "On the Different Methods of Translating", in Lefevere, André, ed./trans., *Translating Literature: The German Tradition from Luther to Rosenzweig*, Assen: Van Gorcum.

Scott-tennent, Christopher, Davies M. Gonzalez, and Torras F. Rodriguez, 2000, "Translation Strategies and Translation Solutions: Design of a Teaching Prototype and Empirical Study of its Results", in Beeby, Allison, Doris Ensinger, and Marisa Presas, eds., *Investigating Translation*, Amsterdam: John Benjamins.

Shakespeare, William, 1983, *Shakespeare's Tragedy of Hamlet*, London: Hodder & Stoughton.

Shklovskij, Viktor, 1998, "Art as Technique", in Rivkin, Julie, and Michael Ryan, eds., *Literary Theory: An Anthology*, Malden: Blackwell Publishing Ltd.

Sisk, David W., 1997, *Transformations of Language in Modern Dystopias*, Westport, CT: Greenwood7.

Smiley (Umberto A), 2015, "Review of Ballads and Stories from Tun-huang: An Anthology", https://www.goodreads.com/book/show/25636815-ballads-and-stories-from-tun-huang.

Smith, Arden R. 2011, "Confounding Babel", in Adams, Michael, ed., *From Elvish to Klingon: Exploring Invented Languages*, Oxford, UK: Oxford University Press.

Somers, Margaret R., 1992, "Narrativity, Narrative Identity, and Social Action: Rethinking English Working-Class Formation", *Social Science History*, Vol. 16, No. 4.

Soymié, Michel, 1954, "Lentrevue de Confucius et de Hiang To", *Journal Asiatique*, Vol. 242.

Sperber, Dan, and Deirdre Wilson, 2001, *Relevance: Communication and Cognition*, Beijing: Foreign Language Teaching and Research.

Steiner, Eric, 1988, "Describing Language as Activity: An Application to Child Language", in Halliday, Michael Alexander K., Robin P. Fawcett, and David J. Young, eds., *New Developments in Systemic Linguistics, Vol. 2: Theory and Applications*, London: Printer.

——, 2004, *Translated Texts: Properties, Variants, Evaluations*, Peter Lang Verlag: Frankfurt.

Stockwell, Peter, 2006, "Invented Language in Literature", in Brown, Keith, ed., *Encyclopedia of Language & Linguistics*, Oxford: Elsevier.

Stowe, Harriet B., 1995, *Uncle Tom's Cabin*, Hertfordshire: Wordsworth Editions Ltd.

Superceanu, Rodica, 2004, "Translation Procedures: A Didactic Perspective", *Perspectives: Studies in Translatology*, Vol. 12, No. 3.

Suzuki, Daisetz Teitaro, 1935, *Manual of Zen Buddhism*, Eastern Buddhist Society.

Teiser, Stephen F., 1988, *The Ghost Festival in Medieval China*, Princeton: Princeton University Press.

——, 1994, *The Scripture on the Ten Kings and the Making of Purgatory in Medieval Chinese Buddhism*, Honolulu: University of Hawaii Press.

Thackeray, William M., 1848, *Vanity Fair: A Novel without a Hero*, Leipzig: Bernhard Tauchnitz.

Thomas, Frederick W., 1935, *Tibetan Literary Texts and Documents concerning Chinese Turkestan I*, London: The Royal Asiatic Society.

——, 1951, *Tibetan Literary Texts and Documents concerning Chinese Turkestan II*, London: The Royal Asiatic Society.

——, 1957, *Ancient Folk-Literature from North-Eastern Tibet (Introduction, Texts, Translations and Notes)*, Berlin: Akademie-Verlag.

Thorndyke, Perry W., 1977, "Cognitive Structures in Comprehension and Memory of Narrative Discourse", *Cognitive Psychology*, No. 9.

Tolkien, John Ronald R., 1997, "A Secret Vice", in Tolkien, Christopher, ed., *The Monsters and the Critics and Other Essays*, London: Harper Collins.

Toulmin, Stephen, Richard Rieke, and Allan Janik, 1984, *An Introduction to Reasoning*, New York: Macmillan.

Toulsaly, Catherine, 1992, trad. et commenté. *Sūtra de la plateforme / sixième patriarche [Huineng]*. Paris: Librairie You Feng, 1992.

Toury, Gideon, 1995, *Descriptive Translation Studies and Beyond*, Amsterdam: John Benjamin.

——, 1999, "A Handful Paragraphs on 'Translation' and 'Norms'", in Schäeffner, Christina, ed., *Translation and Norms*, Clevedon: Multilingual Matters.

——, 2004, "Probabilistic Explanations in Translation Studies", in Mauranen Anna, and Pekka Kujamäki, eds., *Translation Universals: Do They Exist?* Amsterdam: John Benjamin.

——, 2010, "What's the Problem with 'Translation Problem'?" in Lewandowska-Tomaszczyk, Barbara, and Marcel Thelen, eds., *Meaning in Translation*, Frankfurt: Peter Lang.

——, 2012, *Descriptive Translation Studies and Beyond (Revised Edition)*, Amsterdam: John Benjamin.

Twitchett, Denis C., 1961, "Arthur Waley (tr.): Ballads and Stories from Tun-huang: An Anthology", *Bulletin of the School of Oriental and African Studies*, Vol. 24, No. 2.

Tymoczko, Maria, 2005, "Trajectories of Research in Translation Studies", *Meta*, No. 4.

Van Dijk, Teun A., 1975, "Action, Action Description, and Narrative", *New Literary History*, No. 6.

——, 1979, "Relevance Assignment in Discourse Comprehension", *Discourse Processes*, No. 2.

——, 1980, *Macrostructures: An Interdisciplinary Study of Global Structures in Discourse, Interaction and Cognition*, Hillsdale, NJ: Erlbaum.

——, 1997, *Discourses as Structure and Process*, London, UK: Sage.

——, 2014, *Discourse and Knowledge: A Sociocognitive Approach*, Cambridge: Cambridge University Press.

Venuti, Lawrence, 1998, *The Scandal of Translation: Towards an*

Ethics of Difference, London: Routledge.

Vermeer, Hans J., 2004, "Skopos and Commission in Translational Action", in Venuti, Lawrence, ed., *The Translation Studies Reader*, New York: Routledge.

Vinay, Jean Paul, and Jean Darbelnet, 1958, *Stylistique comparée du français et de l'anglais*, París: Didier: Georgetown University Press.

——, 1995, *Comparative Stylistics of French and English, a Methodology for Translation*, Amsterdam/Philadelphia: John Benjamins.

Waley, Arthur, ed./trans., 1960, *Ballads and Stories from Tun-huang, An Anthology*, New York: Macmillan.

——, 1963, "A Song from Tun-huang", *Bulletin of the School of Oriental and African Studies*, Vol. 26, No. 1.

Wertsch, James V, 1979, "The Concept of Activity in Soviet Psychology: An Introduction", in Wertsch, James V, ed., *The Concept of Activity in Soviet Psychology*, Armonk, NY: Sharpe, Inc.

Wittgenstein, Ludwig, 1958, *Philosophical Investigations*, Oxford: Basil Blackwell Ltd.

Yaguello, Marina, 1991, *Lunatic Lovers of Language: Imaginary Languages and Their Inventor.* London: Athlone.

Yampolsky, Philip B., ed./trans., 1967, *The Platform Sutra of the Sixth Patriarch: The Text of the Tun-huang*, New York and London: Columbia University Press.

Yu, Anthony, 1986, "A Review of *Tun-huang Popular Narratives* by Victor Mair", *Harvard Journal of Asiatic Studies*, Vol. 46, No. 2.

Zabalbeascoa, Patrick, 2000, "From Techniques to Types of Solutions", in Beeby, Allison, Doris Ensinger, and Marisa Presas, eds. , *Investigating Translation*, Amsterdam: John Benjamins.

Zhao, Henry, 1995, *The Uneasy Narrator: Chinese Fiction from the Traditional to the Modern*, Oxford: Oxford University Press.

Чугуевский, Л Е. , 1983, *пер. с кит.* , *Китайские докумеиты из дуньхуана*, Москва: Изд-во "Наука".